종교와 예술

종교와 예술

박수영 이명권 최자웅 김영주 공
강응섭 박종식 민태영 김준희 저

열린서원

차 례

무굴 건축의 기원, 그 선행자들

박 수 영

무굴 건축의 기원, 그 선행자들[1]

박수영

1. 이끄는 글

필자가 자주 보는 소셜 미디어 중에 "인도에는 타지 마할만 있는 것이 아니다"(India is not Taj Mahal Alone)(그림 1)라는 제목의 그룹이 있다. 최근 인도 인민당(BJP, Bharatiya Janata Party) 집권하에 힌두 근본주의 (Hindutva)가 득세하면서 이슬람 전통과 유산을 부정하고, 힌두 정신과 문화를 과도하게 옹호하는 분위기에 편승하는 이런 그룹의 모토는 역설 적으로 타지 마할이 얼마나 위대한 인도의 유산인지를 시사하고 있다. 사실 타지 마할은 16세기 초부터 19세기 중엽까지 인도를 통치한 무굴 제국 황제들이 세운 수많은 위대한 건축물 중의 하나에 불과하다. 타지 마할 등 수많은 건축으로 국고를 축낸 샤 자한(Shah Jahan, 재위 1628-

---

1) 본고는 캠브리지 대학교 출판부에서 1992년 출간한 캐서린 애셔(Catherine B. Asher, 1946-2023)의 『무굴제국의 건축』(Architecture of Mughal India) 제1장 "무굴 건축 의 선행자들(Precedents for Mughal Architecture)"을 번역한 글이다. 올해 4월 14 일 서거한 애셔는 미네소타 대학교(University of Minnesota) 예술사학과 교수로서 남 아시아의 예술과 건축을 연구하고 출판하는 데 일생을 바쳤다. 특히 애셔 교수는 인도 의 인도-이슬람 건축 전문가로서, 그녀의 획기적인 연구는 무굴제국의 예술적 유산에 대한 새로운 시각을 제시했다. (서두의 이끄는 글 및 각주는 번역자가 작성한 것이고, 인용한 사진들도 원저와 다른 것으로서 번역자가 선택한 것들이다.)

1658)을 보다 못해 그의 아들 아우랑제브(Aurangzeb, 재위 1658-1707)가 아버지를 아그라 성에 유폐한 유명한 이야기가 있지만, 국고를 축낼 정도의 위대한 건축은 샤 자한만 한 것은 아니다. 더욱이 지금까지 많은 학자들이 무굴 황제들이 건축한 위대한 작품들에 주목했지만, 덜 유명하거나 중앙에서 멀리 떨어졌다는 이유로 상대적으로 관심을 받지 못한 무굴식 건축들도 부지기수이다.

이 글의 원래 목적은 무굴제국 황제와 귀족들의 후원하에 지어진 모든 건축들에 대하여 전체적인 조망을 하는 것이다. 이를 위해서 먼저 이른바 무굴 양식(Mughal style)에 선행하는 델리 술탄 시대(Delhi Sultanate)의 건축을 살펴보고, 이어지는 글에서는 각 무굴 황제 시대의 건축 양식의 발전 과정을 추적한다. 무굴 건축 양식의 전개 과정은 정치적, 문화적, 종교적 이념과 직접적으로 관련되어 있는데, 무굴식 정원, 모스크, 계획 도시 등이 그 예이다. 중앙에서 벗어나 나왑(nawab), 니잠(nizam) 등 각 지역의 귀족들이 만든 건축들도 마찬가지 사례이다. 비록 18세기와 19세기 초에 무굴의 권위가 급격하게 쇠락하였지만, 무굴제국의 양식과 취향은 제국으로부터 독립한 각 지역의 군주들에게 모델이 되었고, 영국 식민지하의 무슬림들이 옹호하는 무굴식 문화적, 사회적 가치를 대표하게 된다.

그림 1. 타지 마할, 무굴 건축의 정점

2. 무굴 건축의 선행자들(Precedents for Mughal Architecture)

1526년, 티무르의 후손이라 자칭하는 바부르(Zahir al-Din Muhammad Babur, 1483-1530)는 로디(Lodi) 왕조의 마지막 통치자를 델리에서 북쪽으로 90km 떨어진 빠니빠뜨(Panipat)의 전투에서 패배시킨다. 로디는 1192년 이래 인도 아대륙 대부분을 지배했던 이른바 델리 술탄 시대 수많은 이슬람 정복 왕조들 중 하나이다. 로디 이후 1858년까지 북인도를 통치했던 바부르와 그의 계승자들의 왕조가 바로 무굴제국이다. 현대적 관점에서 이브라힘 로디에 대한 무함마드 바부르의 승리는 통치 권력의 변화를 초래한 수많은 전투들 중 하나에 불과할지도 모른다. 그러나 바부르의 손자 악바르(Akbar, 재위 1556-1605)가 통치하면서 당시 힌두스탄이라 부르던 인도 아대륙(亞大陸)2)에 끼친 문화적, 경제적, 정치적 영향력은 명확해졌다. 특히 건축의 영역에서 타지 마할 등을 만들어낸 무굴의 성취는 놀라운 것이었다.

당대 무굴에 이웃한 이란과 터키 지역을 지배했던 이른바 화약의 제국들(Islamic gunpowder empires), 즉 사파비드(Safavid)와 오토만(Ottoman) 제국과 달리 무굴은 대부분이 무슬림이 아닌 사람들을 통치했다. 그렇지만 무굴의 지배자들은 원주민들의 종교와 전통에 대해 관용을 베풀었으며, 많은 경우에는 오히려 그것을 존중하고 그들의 예술, 문학, 음악 등 다양한 전통을 이슬람 양식에 통합하기도 한다. 300년 넘는 이슬람의 통치기간 동안 인도 고유의 전통에 대한 무굴의 태도는 지속적으로 변화하는데, 예술의 영역에서도 마찬가지였다. 무굴제국의 초기에 그들

---

2) 아대륙(subcontinent)은 본래 일반적인 대륙보다 다소 작은 크기의 큰 땅을 가르키거나, 또는 지리적, 정치적, 문화적으로 뚜렷이 구분되는 대륙의 하위 단위를 말한다. 특히 인도를 지칭할 때 인도 아대륙이라는 표현을 써왔는데, 최근에는 중립적 느낌을 갖는 남아시아(South Asia)라는 말로 대체되고 있다.

은 비이슬람적인 인도 건축 전통에 관심이 거의 없었지만, 3대 황제인 악바르 시대에 이르러서는 인도 고유의 힌두와 이슬람 양식을 무굴 건축에 의도적으로 도입하기 시작한다. 그렇지만 이후의 무굴 건축에서는 이슬람적 특징을 드러내는 양식과 상징을 추구하기 위하여 인도 고유의 요소들이 때로는 무시되기도 한다.

　　무굴 건축은 인도, 티무르, 심지어는 유럽의 양식에서 빌린 것들을 창조적으로 혁신한 천재적 결과물이다. 무굴의 예술가들은 외부에서 차용한 양식들을 상징과 스타일의 관점에서 그들의 목적에 맞게 재해석했다. 그러나 많은 사람들이 오해하는 것처럼, 무굴 건축이 돔과 아치 등 표준적인 이슬람 양식과 함께 인도 고유의 모티프를 광범위하게 사용한 최초의 건축이었다고 예단하는 것은 무굴에 선행하는 인도의 이슬람 왕조들이 그들에게 물려준 유산을 간과하는 것이다. 이에 이어지는 글에서는 무굴제국 이전에 인도에서 꽃피워 후대 무굴 건축 영감의 근원이 된 초기의 이슬람 양식들을 살펴보고자 한다.

3. 델리 술탄 시대(The Delhi Sultanate, 1192-1451)

　　인도 아대륙에 남아 있는 최초의 이슬람 기념물 중에는 파키스탄 신드주(州) 탓따(Thatta) 근방의 반보르(Banbhore)에 있는 성곽 도시와 모스크의 건축 토대가 있다. 이 유적은 이슬람의 탄생 직후에 만들어지기 시작한 것으로서, 아마 남아시아 대륙 최초의 아랍인 정착지일 것이다. 초기 이슬람의 등장을 시사하는 다른 유적으로는 서부 인도 구자라트 해안가 마을인 바드레슈바르(Bhadreshvar)에서 발견된 무덤으로서 12세기 중반까지 소급된다. 이슬람 출현의 또 다른 양상은 주기적 침략으로서 영구 정착을 위한 건설적 흔적보다는 전리품 약탈을 의미하는 파괴적인 것이었다. 11세기 가즈니의 마흐무드(Mahmud of Ghazni)에 의한 인도 침입이 바로 이런 종류의 침략이다. 그의 침탈과 더불어 비로소 인도 아대륙에서 무슬림 세력이 강하게 느껴지기 시작했다. 오늘날 가즈니는 아프가니스탄 칸다하르(Kandahar)와 카불 사이에 있는 누추한 작은 마을에 불과하지만, 1001년부터 마흐무드는 거의 해마다 인도를 공격했다. 그의 군대는 인도로 잠입하여 힌두 사원을 파괴하고 전리품을 실어 날랐다. 1033년, 그의 사후엔 그의 후계자가 바라나시를 탈취했지만, 1038년에는 셀주크 터키족이 동부로 세력을 뻗쳐 가즈니를 장악했다. 이러한 초기의 침략은 약탈행위에 불과했지만, 점차 무슬림 세력이 지속적인 기반을 갖기 시작했다. 1192년 아프간 고리 왕조(Afghan Ghorid dynasty)의 모하메드가 빤잡을 가로질러 세력을 확장하고 아즈메르를 탈취했다. 다음 해에 그의 부하인 꾸뜹우딘 아이박(Qutb ud-Din Aibak)이 델리의 마지막 힌두 왕조를 정복한다. 수년 후 북인도 대부분은 고리의 지배하에 들어가고, 모하메드가 살해된 후, 1206년 아이박은 인도 최초의 술탄이 되며 이른바 델리 술탄 시대를 연다. 아이박과 후계자들은 무굴 예술의 토대가 되는 건축물들을 지었다.

정복자가 처음 관심을 갖게 된 것은 이슬람의 정착과 확장을 위해서뿐만이 아니라 새로 정복한 영토에서 술탄의 정통성을 위해서도 필요한 자미(Jami), 즉 회중(會衆) 모스크의 건축이었다. 아이박의 첫 번째 모스크는 새로운 무슬림 통치자의 수도인 델리에 세워진 꾸와프 알-이슬람(Quwwat al-Islam, 이슬람의 힘) 모스크였다. 여러 개의 사원으로 이루어진 사원군 집단의 한 부분으로 건축된 첫 번째 단계의 모스크는 아프간 고리 시대 모스크의 일반적인 형태를 느슨하게 모델로 한 것으로 보인다. 전형적인 이란 양식을 따르는 이러한 모스크에는 삼면으로 회랑이 있는 홀이 있고, 그 중앙에 개방된 안뜰이 있으며 기도실은 네 번째 방면에 있다. 각 측면에는 아이완(aiwan)이라 부르는 중앙에 둥근 천장을 갖는 입구가 있다. 그래서 이러한 모스크들은 4-아이완 타입으로 알려져 있다. 그렇지만 인도에서는 그 모습이 다소 변경되었고, 무굴 시대에는 아이완이라는 용어가 다른 의미를 갖게 되었다. 무굴 시대의 초기에는 입구가 둥근 천장으로 되어 있지 않았고, 기도실은 서쪽, 즉 메카를 향하는 방향에 위치해 있었다. 이러한 이란 양식의 4-아이완 모스크는 이후 다양하게 변형되면서 무굴 시대에도 계속해서 건설되었다.

그러나 고도(elevation)에 있어서 꾸와뜨 알 이슬람 모스크는 처음에 전통적인 인도 건축 기술을 따랐다. 즉, 초기 단계의 건물은 기둥과 상인방(上引枋)[3] 시스템을 엄격하게 적용하여 건축되었다. 이는 무슬림이 지배하는 대부분의 다른 지역에서 흔히 볼 수 있는 아치형 또는 둥근 천장 형태의 건물 유형과 대조된다. 그러나 인도-이슬람 건축에서는 무굴 시대에도 상인방 건축이 건축의 주요 방식 중 하나로써 지속되었다. 이하에서 검토하겠지만, 대부분의 학자들이 그랬던 것처럼, 특히 악바르의 파뗴뿌르 시끄리(Fatehpur Sikri)(그림 2)의 경우에서처럼 모든 상인방 구조물들이 힌두 양식의 부활 또는 심지어 의도적 적용이라고 가정하는 것은 잘못된 것이다.

그림 2. 파떼뿌르 시끄리

---

3) 건축물에서 입구 위에 수평으로 가로질러 놓인 석재로 린텔(lintel)이라고도 한다. 창이나 출입구 등 건물 입구의 각 기둥에 수평으로 걸쳐놓음으로써 창문틀의 상하벽 사이에서 윗부분의 무게를 구조적으로 지탱해 주는 뼈대의 역할을 한다. 상부에 있는 벽의 무게를 받치기 위해 때로는 나무를 개구부에 삽입하기도 한다. 건축에서 두 개의 기둥이나 벽을 수직으로 세우고 그 위에 대들보에 해당하는 린텔을 수평으로 얹는 구조는 고대 이집트나 고대 그리스에서도 사용되었던 가장 고전적이고 기초적인 축조 기법으로 알려져 있다.

아이박은 힌두와 자이나교 사원에서 약탈한 자재들로만 지어진 그의 모스크가 전통적 모스크라기보다는 재배치된 사원과 더 유사하다는 것을 분명히 알고 있었다. 1198년에 아이박은 그의 모스크가 그의 고향에 있는 모스크를 더 가깝게 반영할 수 있도록 기도실 전면에 아치형 스크린(그림 3)을 건설했다. 이 스크린은 아랍어 캘리그라피가 새겨진 수직 띠와 자연적으로 자라는 덩굴로 풍성하게 장식되어 있다. 꾸란 구절을 새긴 아랍어 문자는 일반적으로 이슬람 세계 전체에서 기도실 파사드 (facade)를 장식하지만, 자연주의적이고 유기적인 형태의 외관은 훨씬 더 이례적이다. 고리 왕조의 이란 고향에서 일반적으로 발견되는 것보다 평면화되고 추상화된 패턴 대신 나타나는 이러한 자연주의적 형태는 의심할 바 없이 그들 고유의 방식으로 작업을 계속하는 인도 석공들에게서 유래할 수 있다.

그림 3. 꾸와뜨 알-이슬람 모스크

빠르게 늘어나는 무슬림 인구로 인해 더 큰 모스크가 필요하게 되었다. 따라서 아이박의 구조물은 그의 사위이자 후계자인 일뚜뜨미쉬(Iltutmish)에 의해 크기가 두 배로 늘어났다. 그는 기도실 앞에 아이박의 것과는 다른 장식을 갖는 아치형 스크린을 만들었다. 일뚜뜨미쉬가 만든 스크린의 모티프는 아프가니스탄 북부 가르기스탄(Ghargistan)의 샤이 마쉬하드 마드라사(Shah-i Mashhad Madrasa)와 같은 고리식 구조물에서 볼 수 있는 것과 밀접하게 관련되어 있다. 그것들은 아이박의 스크린보다 더 추상적이며 깊고 평평한 부조로 새겨져 있다. 전체적인 외관은 풍성한 태피스트리로 거의 공간 공포(horror vacui)[4] 디자인에 가깝다. 돌로 조각된 전체 표면에 강렬한 패턴을 적용하려는 이러한 경향은 무굴 건축의 초기 단계에서 다시 나타난다. 풍부한 표면 장식은 인도가 아닌 많은 이슬람 장식의 특징이다.

일뚜뜨미쉬 시대에 아대륙 최초의 기념비적인 무덤들이 건설되었다. 오늘날 가리 술탄(Sultan Ghari) 무덤으로 알려진 것 중 하나는 그의 아들을 위해 건설되었고, 두 번째는 자신을 위해 건설되었는데 두 개 모두 델리에 있다. 일뚜뜨미쉬의 정사각형 무덤 내부는 꾸와트 알-이슬람 모스크에 있는 스크린과 유사한 방식으로 장식되었다. 꾸란의 약 30개 장(章)이 무덤 내부 벽에 새겨져 있다. 이 비문에서 선택된 장의 주제들은 신의 유일성, 독실한 신자의 의무, 신의 권능을 포함한다. 이것들이 아이박과 일뚜뜨미쉬 시대에 건설된 꾸와뜨 알 이슬람 모스크와 그 첨탑인 꾸뜹 미나르에 있는 비문에 새겨진 주제들의 전부이다. 그리고 일뚜뜨미쉬의 무덤 비문에 새로운 주제가 도입되었다. 심판의 날에 진실한 신자를 위한 보상으로써 영원한 천국이 주어진다는 내용인데 무굴 시대에 특히 중요한 주제가 되었다. 이로부터 인도에서는 무덤 건설에

---

4) 자기 앞에 펼쳐진 공백에 대한 공포감.

서 천국의 이미지에 대한 전통이 시작되었다. 무굴제국 시대에 특히 타지 마할과 함께 정점에 이른 이 주제는 비문뿐만 아니라 건축물의 전체적 개념에서 놀라운 효과가 발휘되었다.

일뚜뜨미쉬가 죽은 1235년부터 14세기 초까지 인도에는 중요한 이슬람 건축물이 남아 있지 않다. 그러나 칼지(Khalji) 술탄 알라 알-딘(Ala al-Din, 재위 1296-1316) 치하에서 건축은 새로운 중요성을 갖게 되었다. 상징적으로 가장 중요한 건축물에 초점을 맞춰 알라 알-딘은 꾸와뜨 알-이슬람 모스크를 원래 크기의 3배로 확장했다. 비록 그 계획이 완성되지는 않았지만, 그 방대한 스케일은 제2의 알렉산더 대왕이 되고자 했던 왕자의 야망을 반영한다. 그는 남부 인도뿐만 아니라 중국까지도 자신의 영토에 통합시키려고 했다. 사실 꾸와뜨 알-이슬람 모스크 단지에 칼지 왕조가 추가한 것들은 미완성된 거대한 미나레, 기둥이 있는 회랑, 알라이 다르와자(Alai Darwaza)(그림 4)로 알려진 남쪽의 출입문 등에 불과하다. 1311년에 작성된 이 문에 새겨진 많은 비문들의 내용은 꾸란이 아니라 후원자인 알라 알-딘 칼지 술탄을 찬양하는 과장된 표현들이다. 이것들은 기념비적인 건축물은 아니지만, 후기 건축가들, 그중에서도 특히 초기 무굴인들이 영감의 원천으로 여겼던 건축물이다.

정사각형 모양 출입문의 배치는 일뚜뜨미쉬 무덤의 것과 매우 닮았다. 그러나 장식에는 큰 차이가 존재한다. 일뚜뜨미쉬 무덤의 외부는 소박하며 대부분 평범한 돌로 구성되어 있다. 그러나 이와 대조적으로, 알라이 다르와자의 파사드와 내부는 모두 조각된 돌로 구성되어 있다. 이 장식은 인도 고유의 전통과 인도 이슬람 패턴이 아닌 것을 기반으로 한 것으로 보인다. 예를 들어, 아랍어 문자 새김, 납작하게 자른 스텐실 같은 아라베스크, 흉벽 모티프(kungura)[5] 및 기하학적 패턴 등은 초기

---

5) 성안에서 총을 쏠 수 있게 위쪽에 총안(銃眼)이 있는 낮은 성벽(흉벽)에서 얻은 디자인

이란 전통에서 유래한 반면, 조각된 연꽃 메달과 싹이 돋은 덩굴 문양은 초기 인도의 모티프를 적용한 것이다.

그림 4. 꾸뜹 미나르와 알라이 다르와자

칼지(Khalji) 시대까지 인도-이슬람 문화가 그 고유의 양식을 발전시킨다. 이를 강조한 것은 여전히 가장 위대한 인도 시인 중 한 명으로 여

모티프로써, 우르두어로는 "kungura"라고 한다.

겨지는 아미르 호스로우(Amir Khusrau, 1253-1325)의 당대에 쓴 작품에
서이다. 인도 아대륙에서 명멸했던 대부분의 무슬림 궁정과 왕들의 공
식 언어인 페르시아어로 글을 쓴 호스로우는 인도에서만 발견되는 앵무
새, 망고, 꽃과 같은 모티프를 사용하여 아대륙에는 이질적인 삼나무,
튤립과 같은 페르시아 이미지를 보완했다. 이때까지 건축과 문학에서
사용된 모티프들에 엄격하게 적용된 종파적 의미는 없었다. 어떤 모티
프를 힌두교 또는 이슬람교적이라고 부르는 것은 거의 의미가 없었다.
왜냐하면 꾸와뜨 알-이슬람 모스크에 알라 알-딘이 후대에 추가한 부분
에서 여전히 발견되는 연꽃이나 심지어 상인방 구조의 건축물과 같은
요소들은 인도 술탄 시대에 개발되어 이제는 확고하게 자리잡은 건축
전통이기 때문이다.

　알라이 다르와자는 조각된 돌과 서예 문양으로 덮여 있어 질감이 풍
부한 외관을 선사한다. 아랍어 서예 문양에 자주 사용되는 흰색 대리석
의 긴 띠는 파사드의 붉은 사암 바닥과 강렬한 대조를 이룬다. 예를 들
어 바야나(Bayana)에 있는 칼지 시대의 우카(Ukha) 모스크에서도 볼 수
있듯이 파사드의 대비되는 색상에 대한 이러한 관심은 아마도 궁극적으
로는 셀주크 터키의 건축 전통에서 유래되었을 것이다. 셀주크 디자인
에 대한 기억은 몽골 침략을 피해 도망친 귀족, 지식인, 예술인들에 의
해 인도로 전해졌다. 상감석(象嵌石)으로 구성된 다양한 색상의 파사드는
향후 200년 동안 거의 볼 수 없다. 그러나 16세기 초부터 파사드를 다
양한 색상의 돌로 상감 장식한 건축물이 매우 높은 빈도로 나타난다. 알
라이 다르와자가 이러한 구조에 대한 직접적인 영감의 원천이 되었으
며, 이는 악바르 통치 초기에 건축된 아따가 칸(Ataga Khan)의 무덤 또
는 파떼뿌르 시끄리 자미 모스크와 같은 건물 장식에 대한 영감이 되었
다고 믿을 만한 이유가 있다.

칼지에 이어 뚜글라끄(Tughlaq 또는 Tughluq)가 새로운 지배 세력으로 등장한다. 1320년에 인도 아대륙의 대부분을 포함하는 지역에 대한 지배권을 갖게 되었지만, 지방 총독들이 델리의 세 번째 술탄인 뚜글라끄로부터 독립을 선언하면서 그들의 영토는 빠르게 줄어들었고, 그 영토는 델리와 그 교외 지역에 불과했다. 뚜글라끄 왕조는 명목상 1412년까지 존속했지만, 델리는 1399년 무굴 왕조의 조상인 티무르의 침공으로 약탈당했다.

뚜글라끄 시대에 많은 건축물들이 지어졌다. 특히 세 번째 통치자인 피루즈 샤(Firuz Shah, 재위 1351-1388) 치하에서 많이 지어졌는데, 그의 광범위한 건축 활동은 어떤 의미에서는 정치적으로 약한 기반을 상쇄하기 위한 것이었다. 일반적으로 뚜글라끄 왕조 시대의 건축은 14세기에 들어서면서 점점 더 엄격해진다. 예를 들어, 화려하게 조각된 석재로 만들어진 파사드와 내부는 평범한 치장벽토(stucco) 베니어판으로 대체되었으며, 꾸란의 비문은 어떤 구조물에도 거의 장식되지 않았다. 뚜글라끄의 건축물들은 표면을 다양한 색상의 돌로 장식하는 경우는 거의 없었고 대부분은 페인트로만 칠을 했다. 4-아이완 모스크 유형을 제외하고, 그들의 통치 기간에 만들어진 건축 형태와 장식은 무굴 건축과 거의 직접적인 연관이 없는 것으로 보인다. 그럼에도 불구하고 뚜글라끄의 작품들은 무굴 건축의 몇몇 측면을 예고한다.

피루즈 샤 뚜글라끄는 그의 백성들의 종교적, 경제적 복지를 향상시키기 위한 목적으로 토목공사, 모스크, 종교 교육을 위한 학교(madrasa) 등 다양한 건축물들을 광범위하게 건설했다. 그러한 프로젝트는 훌륭한 이슬람 통치자의 이론적 의무에 잘 부합하지만, 인도에서는 지금까지 어떤 술탄도 그렇게 광범위하게 공공 시설을 건설한 적이 없었다. 무굴 왕조는 그들의 전임자 뚜글라끄처럼 모든 백성들에게 도움이 되는 기반

시설을 만들었다. 예를 들어, 뚜글라끄 술탄과 귀족들은 힌두 신민들을 위하여 힌두 사원을 만들었는데, 무굴 왕조 시대에도 힌두 건축물을 지어 힌두인들을 후원하였다. 전통적으로 우상 파괴자이자 사원 파괴자로 여겨졌던 아우랑제브(Aurangzeb, 재위 1658-1707)조차도 힌두교도와 힌두 사원을 보호하라는 명령을 내렸다. 그리고 무굴 왕조의 일부 힌두 귀족들은 이슬람 건물에 기금을 제공하기도 했다.

최초의 뚜글라끄 통치자 기야스 알-딘(Ghiyas al-Din)의 무덤에서는 낙원적 이미지를 더욱 발전시킨다. 인도에만 독특한 것은 아니지만 이 이미지는 무굴 시대의 무덤 건축에서 가장 완벽하게 발전되었다. 기야스 알-딘의 무덤은 이 술탄의 거대한 델리 요새인 뚜글라끄바드(Tughlaqabad)의 약간 서쪽에 위치해 있다. 원래는 긴 아치형 다리로 연결되어 있던 무덤은 인근의 더 큰 요새를 반영하는 오각형 벽 안에 위치해 있다. 오늘날 사각형 무덤은 곡식을 심은 밭 한가운데 자리잡고 있지만 원래는 넓은 수로로 둘러싸여 있는데다, 이미 경사진 성벽으로 보호되어 있어 그의 무덤은 더욱 접근하기 어렵다.

무덤의 요새 같은 디자인은 당시의 정치적 불안정을 반영하고 있으며, 기야스 알-딘이 적으로부터 자신을 보호하는 데 사용할 수 있도록 평생에 걸쳐 건설되었다는 주장이 있어 왔다. 그러나 그러한 구조는 사실 장기적인 보호를 제공할 수 없다. 무덤이 수로 한가운데 자리잡은 것은 오히려 이슬람의 발상지인 아라비아의 사막 거주민들에게 매우 귀중한 이미지인 낙원의 풍부한 물을 수없이 언급한 꾸란을 상기하게 했다. 이 못은 무슬림 신도들이 낙원에 들어갈 때 갈증을 해소하는 물 저수조를 가리킨다. 천국을 상징하는 무덤 구조물과 물의 결합은 무굴 건축에서 주요 모티프로 지속된다.

일뚜뜨미쉬의 무덤이 꾸란 구절의 가상 창고이고, 기야스 알-딘 뚜글라끄의 무덤이 천국의 개인적 비전이라면, 피루즈 샤 뚜글라끄의 무덤은 이슬람 신학교 한가운데에 있는 것이 적합한 아주 소박한 것이다. 또한 피루즈 샤의 무덤에 가까운 이 마드라사의 터에는 차뜨리(chattri)라고 알려진 작은 키오스크 모양의 구조물들이 있다. 그것들은 6개 또는 8개의 기둥으로 지지되는 돔 모양의 구조를 가지고 있다. 이 차뜨리라는 구조물은 학교 터에 묻힐 만큼 충분히 경건한 사람이나 성자들의 무덤을 나타낸다. 인근의 피루즈 샤 무덤에서는 무덤으로 적합한 위치인 대형 저수조가 내려다 보인다. 그 시대 무덤의 특징은 정사각형 모양이라는 것이다. 외벽에는 장식되지 않은 두꺼운 치장벽토 베니어판이 있다. 내부도 치장벽토로 마감되어 있으며, 일반적으로 단순하지만 돔 내부는 하늘의 이미지를 연상시키기 위해 무늬 등을 새기고, 여러 색으로 칠해져 있다. 메달과 꽃무늬 외에도 돔에는 꾸란의 구절과 예언자 무함마드(hadis)의 말씀이 새겨져 있다. 천국에 대한 희망은 이 구절들의 주요 테마이며, 무굴 무덤의 도상학(iconography)을 지배하게 될 주제이다.

4. 뚜글라끄의 계승자들(The Successor States of the Tughlaqs)

지방 정부에 대한 중앙 뚜글라끄의 권위가 약화됨에 따라 각 지역의 태수들은 독립을 주장하며 일련의 후계 국가들을 창설한다. 데칸과 벵갈 태수의 경우, 14세기 중반에 뚜글라끄 술탄과의 관계를 끊었고, 점차 15세기 초까지 다른 지역의 태수들도 독립을 선언했다. 이들 지역의 대부분은 무굴 시대가 시작될 때까지 자치권을 유지했다. 예술적 경향은 대체로 정치적 경향을 반영한다. 즉, 뚜글라끄 지배 기간이나 그 직후에 이 지역에 건설된 구조물들은 델리의 뚜글라끄 건축물을 밀접하게 모델로 삼았다. 예를 들어, 벵갈 지역 일리야스 샤히 왕조(Ilyas Shahi

dynasty, 1352-1415; 1433-86)의 첫 회중 모스크인, 1374년에 지어진 빤
두아(Pandua)의 아디나(Adina) 모스크는 설계계획과 전체적 외관 모두
에서 델리에 있는 무함마드 샤 뚜글라끄(Muhammad Shah Tughlaq)의
회중 모스크, 즉 베굼뿌리(Begumpuri) 모스크(c. 1343)에서 영감을 받았
다. 14세기 초에 세워진 샤르끼 왕조(Sharqi)의 최초 회중 모스크인 자
운푸르(Jaunpur)에 있는 아딸라(Atala) 모스크(그림 5)도 마찬가지이다.
그러나 뚜글라끄 술탄으로부터 독립한 초기에 건축된 건물들은 일반적
으로 그 지역 고유의 설계와 모티프를 사용하고 있다. 이것은 무굴제국
후기에 무굴로부터 독립한 각 지역의 건축에서도 반영된 패턴이다.

그림 5. 아딸라 마스지드

뚜렷한 지역적 스타일의 가장 극적인 예는 벵갈과 구자라뜨의 건축
전통에서 발견된다. 벵갈 지역에서는 폭우에 적합한 경사진 지붕을 갖

춘 시골 오두막의 형태가 무덤과 모스크에 적용되었다. 예를 들면, 오늘날 방글라데시 다카 지역에 위치한 람빨(Rampal)의 바바 아담 모스크 (Baba Adam mosque, 1483)(그림 6)와 15세기의 것으로 추정되는 서벵갈 빤두아의 에끌라키(Eklakhi) 무덤이 그 예이다. 곡선 지붕은 궁전 건축에도 사용되었을 것으로 추정되지만, 현재 남아 있는 사례는 없다. 비슷한 지붕은 17세기 중반에 시작된 무굴 건축에서 흔히 볼 수 있다. 이러한 지붕은 무굴 문서에서 방갈라(bangala)라고 불렸으며 벵갈에서 멀리 떨어진 지역의 무굴 건축에서 17세기 말까지 종종 사용되었다.

그림 6. 바바 아담 모스크

독립한 벵갈의 술탄하에 만들어진 건축과 이후 무굴 시대에 세워진 건축물을 연결하는 다른 연결 고리는 거의 없다. 예를 들어, 가우르(Gaur)의 딴띠뽀라(Tantipora) 모스크에서 볼 수 있는 섬세한 벽돌 세공이나 빤두아의 아다나 모스크의 절묘한 돌 조각은 이후의 무굴 건축물에 거의 영향을 미치지 않았다. 종과 체인 등 몇 가지 모티프는 술탄국 벵갈과 무굴의 건축 양식에 공통적으로 적용되지만, 이러한 모티프는 술탄의 다른 영역, 특히 구자라뜨의 건축 양식에서도 볼 수 있다. 따라서 "벵길의 훌륭한 스타일"이 악바르 건축물(Akbari architecture)의 발전에 결정적이었다는 악바르의 연대기 작가 아부 알-파즐(Abu al-Fazl)의 주장은 유적 자체에 의해서는 거의 입증되지 않았다.

벵갈과 마찬가지로 구자라뜨에서 새로 만들어진 아흐마드 샤히 왕조(Ahmad Shahi dynasty, 1408-1578) 시대의 건축물은 뚜렷한 지역적 성격을 띠었다. 무덤, 모스크, 성지(dargah)에서 흔히 볼 수 있는 특징으로는 뱀 모양의 일주문(torana) 또는 기도용 작은 틈(mihrab) 위의 상인방(上引枋, lintel), 기둥과 벽에 새겨진 종과 체인 모티프, 코르벨 돔(corbelled domes)을 지탱하는 기둥, 천장 삽입물과 종종 나무를 묘사하는 조각 패널 등이 있는데, 이것들은 모두 궁극적으로 구자라뜨의 사원 전통에서 유래했다. 이러한 구자라뜨 양식의 차용으로 인해, 어떤 학자들은 의식적이고 지속적인 힌두교의 영향을 추정해왔다. 그러나 이러한 특징들은 해당 지역의 이슬람 건축 작업을 위해 계약을 맺은 현지 힌두 기술자들에 의해 처음 사용되었을 가능성이 높으며, 그것들의 원래 의미가 아닌 외적 형태만이 표준적인 건축 양식에 동화되어갔다. 따라서 이러한 것들과 동일한 아이디어가 악바르의 건축물에 많이 나타날 때 이를 특정 종파적 전통과 연관시킬 이유가 없다.

이러한 특징들이 구자라뜨에만 국한되지는 않는다. 이는 또한 구자라뜨와 정치적, 지리적으로 연관된 만두(Mandu), 그리고 찬데리(Chanderi) 지역 건축의 특징이기도 하다. 예를 들어, 구자라뜨 사르케지(Sarkhej)의 15세기 중반 모스크에서 볼 수 있는 뱀 모양의 브라켓(bracket)은 찬데리의 자미 모스크와 만두의 호상 샤(Hoshang Shah) 무덤에서도 나타난다. 마찬가지로 상감한 흰색 대리석은 구자라프와 만두 모두에서 지배적인 건축 자재였다. 인도 서부와 중북부 일부 지역에서 이러한 특징들을 동시에 사용했다는 것은 이러한 특징들이 일반적인 무굴 건축에 중요한 의미를 갖는다. 일반적으로 악바르 궁전을 지은 기술자들이 구자라프 출신이라고 가정하지만, 그러한 모티프가 폭넓게 사용됐다는 점은 기술자들이 더 넓은 지역에서 왔을 가능성을 열어둔다.

구자라프의 개별적 모티프들을 차용한 것보다 더 중요한 것은 15세기 사르케지(Sarkhej)의 샤이크 아흐마드 카뚜(Shaikh Ahmad Khattu)의 다르가(dargah)6)(그림 7)가 무굴 무덤의 디자인에 미친 전반적인 영향이다. 아흐마다바드 외곽에 위치한 이 무덤은 구멍을 뚫어 조각한 스크린(jali)으로 파사드를 장식한 흰색 대리석 신전이다. 재료와 스크린 모두 무굴 건축의 주요 특징이 되었다. 또한 무덤의 설계뿐만 아니라 바닥에

그림 7. 샤이크 아흐마드의 무덤과 모스크

---

6) 수피(Sufi) 성자 등 존경받는 종교적 인물의 무덤 위에 세워진 사당(shrine)을 말한다. 오늘날 다르가는 성자들이 기도하고 명상하는 영적 장소로 간주된다.

병치되어 사용된 다채로운 돌도 무굴 영묘(靈廟, mausoleum)7)에 큰 영향을 미쳤다.

북인도 지역과 마찬가지로, 데칸의 독립적 왕국의 통치자들이 세운 초기 구조물들은 뚜글라끄 양식을 엄격하게 고수했다. 그러나 구자라뜨와 벵갈의 건축물과 달리 데칸의 건축은 그 지역의 고유한 스타일을 발전시키는 과정에서 이란계 셀주크 및 티무르의 양식의 영향을 받았다. 이러한 셀주크의 영향은 무굴 예술과 직접적 관련이 없지만, 데칸에서는 티무르의 영향이 컸다. 왜냐하면 데칸은 북인도 이전에 이란계 티무르 전통의 영향을 느꼈기 때문이다. 예를 들어, 티무르가 고안한 장치인 교차 펜던트(intersecting pendentive)는 북인도에서 사용되기 직전에 깔림 알라(Kalim Allah, 1527년 사망) 술탄의 무덤이 있는 비다르(Bidar)8) 지역에서 나타난다. 따라서 티무르의 무굴족은 인도에 왔을 때 그들의 티무르계 전통을 직접 가져온 것이 아니라 데칸 지역에서 발달한 티무르 양식을 채택했을 가능성이 있다. 그러나 이러한 예술적 양식이 남쪽에서 북쪽으로 이동했다는 실질적 증거는 없다.

5. 무굴 직전의 선행자들: 로디와 수르의 전통
(The Lodi and Sur Traditions)

델리가 거의 명성을 누리지 못했던 수백 년의 시간이 지난 후, 아프가니스탄 출신의 로디 왕조(Lodi dynasty, 1451-1526)는 도시의 위상을 되살리기 위해 활발한 노력을 기울였다. 로디는 그들의 적인 자운뿌르

---

7) 영묘는 죽은 사람의 매장실(burial chamber)을 둘러싸는 기념물로 만들어진 외부의 독립된 건물이다. 죽은 사람의 유해가 없는 영묘를 "cenotaph"이라고 한다. 영묘는 일종의 무덤으로 간주될 수도 있고, 무덤이 영묘 내에 있는 것으로 간주될 수도 있다.
8) 비다르는 인도 까르나따까(Karnataka)주 북동부의 도시이다. 마하라슈뜨라(Maharashtra)주와 뗄랑가나(Telangana)주를 경계로 하는 비다르구의 거점 도시이다.

(Jaunpur)의 샤르끼(Sharqi)9)를 정복하고 곧이어 델리에 대규모의 건축을 시작했다. 로디 건축물의 어떤 모티프들은 이전에 자운뿌르에서만 볼 수 있었던 것과 동일하다. 예를 들면, 오늘날 로디 정원(Lodi Garden)으로 알려진 로디 통치자들의 묘지, 바기 주드(Bagh-i Jud)의 정문으로 건설된 바라 굼바드(Bara Gumbad)(그림 8)에 뒤섞인 패턴으로 장식된 작은 기둥들(colonette)이 바로 그런 예이다. 이는 델리 술탄 시대의 전통적 수도인 델리의 위신을 되살리기 위해 당시까지 이슬람 인도의 문화 중심지로 간주되었던 자운뿌르에서 델리로 예술가들을 데려왔음을 시사한다. 델리의 부흥은 로디 왕조를 계승한 무굴제국의 처음 두 황제들인 바부르(Babur)와 후마윤(Humayun)의 치세 아래 가속화되었다. 그러나 그들의 통치 이후 인도에서 무굴의 권위는 1540년에 아프가니스탄의 통치자 셰르 샤 수르(Sher Shah Sur)와 그의 후계자들(1538-1555)이 델리의 왕좌를 차지하면서 잠시 중단되었다. 15년간의 무굴 통치가 로디와 수르의

그림 8. 바라 굼바드 모스크 내부

___

9) 자운뿌르 술탄국(Jaunpur Sultanate)은 1394년부터 1479년까지 인도 북부에 있었던 페르시아계 무슬림 왕국으로, 샤르끼 왕조의 지배를 받았다.

지배 기간을 분리했지만, 이 두 개의 아프가니스탄 왕조에서 만들어진 건축은 양식과 정신이 유사하기 때문에 동시에 논의될 수 있다.

로디 시대에 새로운 유형의 모스크가 개발되었는데, 이는 궁극적으로 무굴제국 모스크의 주요 유형이 되었다. 델리 술탄 시대 초기에 선호되었던 대규모의 회중 모스크 대신에 일반적으로 3 또는 5개의 구역(bay)으로 구성된 작은 단일 통로의 모스크가 건설되었다. 이 유형이 어떻게, 왜 개발되었는지 완전히 이해되지는 않지만, 술탄 시깐다르 로디(Sultan Sikandar Lodi)가 1494년에 건설한 자미 모스크10)가 첫 번째 사례인 것으로 보인다. 이어지는 예로는 시깐다르 로디의 총리가 1510년경 델리에 지은 모트-끼 마스지드(Moth-ki Masjid)와 무굴이 인도를 정복한 직후에 로디 양식으로 지은 자말리 모스크가 있다. 자말리 모스크는 로디 왕조뿐만 아니라 무굴의 처음 두 황제인 후마윤과 바부르가 사랑했던 시인이자 성자인 자말리(Jamali, 1536 사망)의 집 근처에 지어졌다. 이는 소형 단일 통로 유형의 발달된 예를 나타낸다. 이 모스크의 파사드는 칼지(Khalji) 시대 이후 델리의 모스크에서는 볼 수 없지만, 이후의 많은 무굴 모스크 건축의 발달과정에서 중요한 몇 가지 특징을 보여준다. 자말리 모스크의 상감석, 시깐다르 로디 자미 모스크의 캘리그라피, 그리고 대부분의 모스크에 있는 매우 높은 중앙 정문(pishtaq) 등은 파사드의 기념비적 외관에 새로운 관심을 암시한다.

오늘날 뿌라나 깔라(Purana Qala)로 알려진 델리의 쉐르 샤 수르(Sher Shah Sur)의 성벽 안에는 아마도 이 수르 술탄의 자미 모스크였을 것으로 추정되는 웅장한 단일 통로 모스크가 있다. 이 성채는 무굴제국 두 번째 황제인 후마윤에 의해 착공되었지만, 아마도 1540년에 힌두스

---

10) 델리의 로디 가든에 있으며, 오늘날에는 바라 굼바드(Bara Gumbad) 모스크로 알려져 있다.

탄에서 무굴제국을 몰아낸 아프가니스탄의 강탈자 쉐르 샤(재위 1538-
1545)에 의해 완공되었을 것으로 추정된다. 오늘날 깔라이 꾸흐나 모스
크(Qala-i Kuhna mosque)(그림 9)로 알려진 이 모스크는 일부 사람들에
의해 후마윤의 것으로 간주되지만, 적어도 하나의 다른 건물, 즉 쉐르
샤가 할아버지를 위해 나르나울(Narnaul)에 세운 무덤에서 볼 수 있는
형태를 따르고 모티프를 활용한다. 더욱이 이 건물은 현존하는 어떤 후
마윤의 건물과도 공통점이 거의 없다. 풍부한 질감의 외부에 캘리그라
피 및 대비되는 색상의 돌을 사용한 것은 알라 알-딘 칼지(Ala al-Din
Khalji)의 알라이 다르와자(Alai Darwaza)의 모습을 연상시킨다. 중요한
것은 쉐르 샤의 정부가 알라 알-딘 정부의 많은 행정적 특징들을 부활시
켰다는 것이다. 쉐르 샤는 이러한 특징들을 델리 술탄 시대 명성의 부활
과 연관시켰다. 악바르의 공식 연대기 작가인 아부 알-파즐은 이 아프간
신생 정권에 대한 무굴의 경멸에도 불구하고 이러한 부활된 행정 기능

그림 9. 깔라이 꾸흐나 모스크

들에 대해 조심스럽게 박수를 보냈다. 이 모스크 파사드의 전체적인 모습은 미래 무굴 건축의 발전에 중요할 뿐만 아니라, 그곳에서 발견된 많은 디테일들도 후대의 건물에 영향을 미친다. 모스크에서는 많은 특징들이 악바르의 건축물보다 조금 덜 정교한 방식으로 표현된다. 그것들은 여기에서 어떤 프로토타입보다 더 발전되어, 어떤 의미에서는 후대에 이어지는 무굴 장식에 대한 다리 역할을 한다.

단일 통로 설계(single-aisled plan)는 로디와 수르 왕조의 자미 모스크 및 많은 소규모 모스크에만 독점적으로 사용된다. 그럼에도 불구하고 종종 상인방과 평평한 지붕을 갖춘 단순한 형태의 다중 통로, 다중 베이 모스크가 인도 전역에 계속 건설되었다. 그 예로는 1549-1550년에 지어진 비하르(Bihar)주 풀와리 샤리프(Phulwari Sharif)에 있는 상기(Sangi) 모스크와 라자스탄(Rajasthan)주 나가우르(Nagaur)에 있는 1553년에 만들어진 초욱끼(Chowk-ki) 마스지드가 있다. 상인방과 평평한 지붕 구조는 오랜 인도 전통을 이어가고 있다. 그것들은 결코 비이슬람으로 분류될 수 있는 스타일을 나타내지 않는다.

로디 이전에는 왕과 왕족, 존경받는 성인들을 위해서만 정교한 무덤이 지어졌다. 로디의 왕은 세 명밖에 없었지만 로디 왕조의 후원으로 건설된 대형 무덤이 델리에만도 100개 이상 남아 있는데, 이는 이전 왕조에서 만들어진 무덤의 몇 배에 달하는 수치이다. 이 짧은 기간 동안 정교한 무덤을 지을 만한 성자가 100명도 되지 않은 이유에 대해서는 로디 통치하의 왕권에 대한 태도에 그 답이 있는 것으로 보인다. 초기 인도-이슬람 왕조의 술탄은 독재자로 간주되었고, 통치자의 권력은 절대적이었다. 그러나 로디족은 아프가니스탄 출신의 부족이었다. 로디족이 오랫동안 인도에 정착했지만 다른 아프간계 부족의 구성원들이 로디를 지지했다.

이들 부족장들은 왕을 절대자가 아닌 동급자 중 첫 번째인 동지로 여겼다. 이와 같은 맥락에서, 이 귀족들은 그들 역시 이전에는 왕실만의 특권이었던 무덤을 누릴 권리가 있다고 느꼈다. 종종 이 귀족들의 무덤은 왕족의 무덤보다 훨씬 더 크기도 하다. 일반적으로 왕족의 무덤은 팔각형이지만, 귀족들의 무덤은 정사각형 모양이다. 전형적인 정사각형 무덤은 델리 남부에 1481-1482년 지어진 무바라크 칸(Mubarak Khan)의 무덤이다. 이 무덤의 파사드는 여러 층의 아치형 벽감과 창문이 줄로 나누어져 표시되어 있어 이 단층 구조가 여러 층처럼 보인다. 무바라크 칸의 무덤은 하나의 돔으로 덮여 있으며, 차뜨리(chattri)는 지붕의 각 모서리를 표시한다. 이런 일반 설계를 고수하는 정사각형 무덤은 18세기까지도 무굴제국에 의해 건설되었다.

쉐르 샤 수르(Sher Shah Sur)에게는 무덤 건설과 신분의 연관성이 훨씬 더 중요하다고 생각되었다. 인도의 술탄 중 유일한 하급 가문 출신이었던 쉐르 샤는 자신이 이슬람 최고 주권자에게 요구되는 경건함과 높은 출생 신분을 가지고 있음을 나타내기 위해 고상한 계보로 조작하고 싶었다. 1540년 델리 왕좌에 오른 직후, 이 술탄은 오래전에 죽은 할아버지와 아버지를 위해 사후에 높은 지위를 암시하는 거대하고 장엄한 무덤을 건설했다. 나르나울(Narnaul)에 있는 그의 할아버지의 무덤은 특별한 관심을 불러일으킨다. 왜냐하면 이 무덤은 고위급 로디 귀족들에게만 허용되었던 유형의 정사각형 무덤일 뿐만 아니라, 로디의 프로토타입보다 더 크고 더 정밀하게 제작되었기 때문이다. 이 거대한 무덤의 파사드는 회색과 붉은색 돌이 대비되어 정교하게 표현되어 있다. 이것은 로디 왕조를 곧바로 계승하는 무굴 시대 최고의 정사각형 무덤의 모델 역할을 한다. 사사람(Sasaram)에서 쉐르 샤는 그의 아버지를 위해 일반적으로 왕족에게만 허용되는 유형인 거대한 3층 팔각형 영묘를 지었는데, 이는 로디 프로토타입보다 훨씬 큰 무덤이었다. 모스크, 마드라사, 세라이(serai), 종교적 명상을 위한 홀, 계단식 우물 등 일반적으로 성지에서 발견되는 구조물들이 있는 벽으로 둘러싸인 건축물의 중앙에 위치하는 이 무덤은 하층 계급 출신이었던 쉐르 샤의 아버지에게 성자와 왕의 상징을 부여했다.

1545년에 완성된 기념비적인 팔각형 영묘는 세르 샤가 자신을 위해 역시 사사람에 건설했는데, 당시 인도 전체에서 건설된 무덤 중 가장 큰 것이었다. 인공 호수 한가운데에 있는 이 무덤의 배경은 꾸란에 묘사된 천국의 풍부한 물을 시각적으로 암시한 것이다. 특히 이 저수조는 신자들이 천국에 들어갈 때 갈증을 해소하는 연못을 의미하며, 무덤 내부에 새겨진 특정 꾸란 구절(108:1-3)을 통해 이 사실이 더욱 명확해졌다. 무덤의 팔각형 모양은 이슬람의 낙원 개념을 구성하는 8개 층을 다시 시사하는 것이다. 무덤 주변의 8면 보행로를 통해 무덤 주변을 돌 수 있는데, 이는 그 자체로 숭배의 행위이다. 이 무덤에 나타난 상징성은 무굴 무덤의 상징성을 예상하게 한다. 따라서 무굴 영묘의 뿌리는 인도 외부에만 있는 것이 아니다.

술탄 시대는 일반적으로 비무슬림에 대한 관용이 거의 없었던 시대 중 하나로 여겨지지만, 이 기간 동안에도 인도 북부에서는 힌두교와 자이나교 건축물들이 계속해서 지어졌다. 예를 들어, 비하르(Bihar)에 있는 적어도 세 개의 사원은 술탄 시대에 지어진 것으로 추정된다. 그중 하나는 힌두교 순례 도시인 가야(Gaya)에 있는데, 거기에는 전통적으로 호전적인 반힌두교 통치자로 여겨졌던 무슬림 군주 피루즈 샤 뚜글라끄(Firuz Shah Tughlaq)를 찬양하는 명문이 새겨져 있다. 이 시대의 일부 사원은 1516년 아리아냐까빠르반(Aryanyakaparvan)을 묘사한 그림에서 알 수 있듯이 돔형이다. 따라서 돔형 건축물은 이슬람교도들에게만 국한된 것으로 간주될 수는 없다.

힌두교도들의 후원 아래 이 시기에 세워진 세속적 건축은 이후의 세속적 건물들, 특히 무굴제국의 세속 건축물에 상당한 영향을 미쳤다. 한 가지 훌륭한 예는 라자 만 싱 또마르(Raja Man Singh Tomar)가 1500년 경 그왈리오르(Gwalior)에 지은 만 만디르(Man Mandir) 궁전(그림 10)이다. 인도에서 바부르가 감복한 몇 안 되는 건물 중 하나인 이 궁전은 악바르가 자신의 궁전을 설계하는 데 영향을 미친 것으로 정당하게 평가된다. 고대 그왈리오르 요새가 자리잡은 높고 평평한 고원 꼭대기에 위치한 이 궁전의 외부는 일련의 원형 지지대가 각 기둥 위에 높은 돔형 차트리(chattri)가 주요 특징인데, 파사드는 대부분 파란색 또는 노란색 유약 타일로 장식되어 있다. 그왈리오르 궁전의 외부는 악바르의 아그라 요새(Agra fort)에 있는 델리 게이트의 상감 모자이크 파사드에 영향을 주었지만, 이 궁전의 내부는 악바르의 건축에 훨씬 더 큰 영향을 미쳤다. 궁전의 주요 부분은 서로 연결된 일련의 작은 안뜰로 구성되어 있으며, 그 주변에는 방이 있는 갤러리들이 있다. 이 방은 결코 아치형이 아니지만 본질적으로 평평한 지붕을 가지고 있는데, 이는 악바르의 아

그림 10. 만 만디르 궁전

그라성과 파떼흐뿌르 시끄리(Fatehpur Sikri) 궁전에서 다시 나타나는 유형이다. 이를 계승한 무굴 궁전들과 마찬가지로 그왈리오르 궁전은 갤러리 처마(chajja)를 지지하는 동물 모양 브래킷을 사용하는데, 아마도 궁극적으로는 토라나(torana) 모티프를 모델로 하여 벽을 장식하는 용도와 기능성 등 두 가지 목적을 위하여 사용되었다.

아그라와 파떼흐뿌르 시끄리에서 멀지 않은 만 싱의 궁전은 악바르의 건축에 명백한 영향을 미쳤지만, 그왈리오르 궁전의 형태를 힌두교에만 독특한 것으로 간주하는 것은 잘못된 것이다. 오히려 그것은 델리 술탄 시대 후반에 힌두교도와 비힌두교도 모두가 활용했던 일종의 인도 내부에 고유한 건축 양식에 속한다.

6. 이란의 전통(The Iranian Tradition)

인도의 오랜 이슬람 유산에도 불구하고 무굴 통치자들은 스스로를 이란 티무르 전통의 정당한 상속자로 여겼으며, 이란 전통이 인도-이슬람 문화보다 우월하다고 느꼈다. 무굴 왕조가 채택한 티무르의 예술 전통 중 중요한 것은, 티무르를 계승한 부하라의 샤이바니(Shaibani of Bukhara) 왕조에 의해 유지되고 더욱 세련되어진 전통들이다. 그들의 통치는 인도에 대한 무굴 지배의 시작과 동시대였다. 따라서 사파비드 왕조의 통치와 예술적 표현이 이란 세계의 대부분을 지배했다는 사실에도 불구하고, 샤이바니는 티무르의 건축 양식을 무굴에 전달하는 통로의 역할을 했다.

티무르 선조로부터 채택한 무굴 건축 양식은 장엄함과 고도로 정교하게 구현된 기하학적 비율 등을 포함한다. 티무르의 건축가들은 새로운 공간 조직을 만들기 위해 단단한 벽 대신 상호 연결되면서 서로 가로

지르는 아치를 사용하는 방법에 대한 이해를 발전시켰다. 이로 인해 작은 방과 다양한 크기의 아치형 입구로 둘러싸인 큰 중앙 방이 있는 구조가 탄생되었다. 이런 구조는 사마르칸드의 왕조 영묘인 티무르 이슈라트 카나(Timurid Ishrat Khana)에서 볼 수 있는데, 이는 티무르 왕조의 여성들을 위해 지어졌으며, 1464년경에 완성되었다. 흔히 무굴 황제들의 무덤은 비슷한 계획, 특히 9개의 베이로 구성된 무덤으로 설계되었다. 즉, 중앙의 큰 방은 전체의 기하학적 분할에 따라 배치, 크기 및 모양이 달라지는 8개의 작은 방으로 둘러싸여 있다. 사마르칸드의 악-세라이(Ak-serai) 무덤은 문서로 전해진 설명을 통해 알려진 일부 정원 파빌리온과 마찬가지로 이러한 유형이었다. 이러한 유형의 다른 티무르식 사례로는 키르만(Kirman)에 1558-1559년 만들어진 까심 샤이크(Qasim Shaikh)의 캉까(khanqah)11)와 가즈니(Ghazni)에 있는 울렉 벡 미란샤(Uleg Beg Miranshah, 1506년 사망)의 무덤이 있다. 무굴제국에서 처음으로 티무르의 영감을 받은 무덤인 후마윤의 무덤(그림 11)을 만든 건축가는 부하라에서 왔으며, 그곳에서 다양한 유형의 건물들을 설계했기

그림 11. 후마윤 무덤

---

11) 수피 형제단(Sufi brotherhood)이나 타리까(tariqa) 모임을 위해 특별히 설계된 건물로서, 영적 수행과 종교 교육을 위한 장소.

때문에 이 무덤과 이후의 무굴 무덤에 대한 티무르의 영감은 놀라운 일이 아니다. 티무르 건축의 성숙 단계에서 아치형 입구로 둘러싸인 중앙의 큰 방을 둘러싼 8개의 작은 방들은 8층의 천국을 상징하게 되었으며, 이는 무굴 영묘에서도 채택된 개념이다.

티무르 건축 계획에 사용된 복잡한 기하학적 공식과 벽의 아치형 시스템 덕분에 넓은 바닥 공간을 점점 더 비례적으로 좁아지는 상부 구조로 덮을 수 있었다. 교차하는 아치에 의해 형성된 각도를 보완하기 위해 든모 홍예(squinch)12)의 아치 그물로 구성된 새로운 둥근 천장 시스템(vaulting system)이 만들어졌다. 종종 구조물의 기하학적 비율을 기반으로 하는 별 모양들로 내부 돔과 둥근 천장을 장식하였다. 이것들은 처음에는 티무르에서, 그 다음에는 무굴 건축의 둥근 천장에서 발견된다.

이란의 오랜 전통에 따라 천국을 상징하는 정원이 티무르와 이어지는 무굴 왕조에 의해 개발되었다. 비공식적으로 나무를 심은 벽으로 둘러싸인 정원은 흐르는 개울, 못, 파빌리온 등을 갖추었는데, 대규모 티무르 도시에 내재하는 고유한 부분이었다. 최초의 무굴 황제인 바부르는 그의 회고록에서 아프가니스탄의 티무르 도시 헤라트(Herat)에서 그

그림 12. 칼란 모스크 내부

---

12) 돔을 지지하도록 만들어진 구조물.

를 기쁘게 했던 수많은 정원을 나열한다. 헤라트의 화려한 궁전과 정원
은 인도에서 바부르의 건축 계획에 큰 영향을 미쳤다. 이 정원들을 차르
바그(char bagh)[13]라고 불렀는데, 오늘날 남아 있는 정원이 없기 때문에
실제 배치(layout)에 대해서는 논란의 여지가 있다. 어떤 사람들은 이러
한 유형의 정원이 무굴 무덤에서처럼 4개의 구역으로 나누어졌을 것이
라고 믿는 반면, 다른 사람들은 이 용어가 4개의 구역에 식물을 심는 관
행에서 유래했으며, 수로를 통해 정원을 4등분한 것은 무굴 시대의 혁
신이라고 믿는다.

　무굴제국 시대에 개발된 자미 또는 대규모 회중 모스크의 유형은 대
규모 티무르 모스크에서 유래한다. 이것들은 중앙에 개방된 안뜰이 있
는 4개의 아이완 구조이다. 이 모스크의 기도실은 커다란 아치형 문을
통해 들어간다. 측면의 시설은 기둥이 있는 복도이다. 예를 들어, 사마
르칸드의 비비하눔(Bibi Khanum, 1398-1405)이나 부하라의 칼란 모스
크(Kalan mosque, 15-16세기)(그림 12)와 같은 유형의 티무르 모스크는
12세기 후반 델리를 정복한 고리(Ghori) 통치자들이 세운 모스크의 원
형이기도 했던 초기 셀주크 모델과 밀접하게 연관되어 있다. 이는 티무
르 유형을 이상적 모델로 여긴 초기 무굴 모스크가 종종 델리 술탄 시대
의 모스크들과 유사한 이유를 설명한다.

7. 무굴에 계승된 전통(Mughul Taste Anticipated)

　새로운 무굴 통치자들과 그들의 백성들이 물려받은 유산은 풍부하
고 다양했다. 여기에는 이란, 인도 고유의 양식, 심지어는 유럽의 형태
와 상징까지 포함된다. 이 유산에 대한 태도는 이후 300년 동안 제국과

---

13) 4개의 정원이라는 의미.

지방 정권 모두에서 무굴의 미학을 형성하고 독특한 문화적 표현을 창조한다.

무굴의 건축적 취향과 패턴은 중심에서 바깥쪽으로 진화한다. 그것이 자의적이지는 않았지만, 정치적, 문화적 이데올로기에 내재된 제국주의적 성향에 의해 촉발되었다. 통치자가 중앙 도시 지역 외부의 건설에 대해서 책임을 지는 경우는 거의 없다. 오히려 그곳에 건물을 짓는 책임은 대개 고위층, 부유하고 세련된 귀족들에게 있다. 귀족들은 중앙에 위협적인 권력 기반의 구축을 막기 위해 매 2년 마다 다른 곳으로 이동해야 했지만, 급여 대신 지급된 토지에 많은 건축물을 지었다. 거의 항상 당대의 무굴 양식에 뿌리를 두고 있지만, 종종 지역적 취향도 반영하는 이러한 건축물은 본질적으로 황제의 환심을 사고 권력과 성공을 얻는 방법이었다. 그 댓가로 세워진 모스크, 사원, 궁전, 정원 및 기타 작품들은 무굴의 존재와 권위의 상징으로서의 역할을 한다. 수도인 델리가 점점 무굴제국의 심장이자 동시에 주변부가 된 18세기와 19세기 동안에도 무굴제국의 건축 미학과 취향은 무굴로부터 분할·독립하는 지방 정권들의 건축 모델이 되었다. 무굴 스타일은 결국 무굴의 권위가 아니라 무굴제국 시대에 확립된 문화적, 사회적 가치를 대표하게 되었다. 이러한 가치는 점차 서구 식민 통치하에 살게된 무슬림들에게 소중히 여겨지게 되었다. 이것이 어떻게, 왜, 어디서 발생했는지는 다음 기회에 다룰 것이다.

노자 『도덕경』의 언어예술 철학

이 명 권

노자 『도덕경』의 언어예술 철학

-비유와 역설의 수사(修辭) 변증법-

이 명 권 (동양철학자, 비교종교학자)

Ⅰ. 서론

노자는 그의 저서 『도덕경』에서 수많은 언어적 수사법을 사용하고 있다. 그의 수사학적 방법은 기본적으로 은유나 직유를 담은 비유법을 포함하여 모순과 대립의 개념을 대조하여 표면적 현상과 내면의 진실을 대조하는 역설의 변증법을 사용하기도 한다. 노자 본문의 도처에 자리한 수많은 비유와 역설의 내용을 다 수록할 수는 없기에, 제2장에서 대표적인 비유의 사례를 고찰할 것이다. 이를 위해 『노자』 5장에서 '추구(芻狗)'와 '탁약(橐籥)'의 비유를 살펴보고, 28장에서는 '수컷과 암컷(雌雄)'의 비유, 32장의 '천곡(川谷)과 강해(江海)'의 비유를 통해 노자가 말하는 도의 모습이 어떠한 수사적 비유로 드러나는 가를 고찰할 것이다.

제3장에서는 노자의 역설적 표현들을 중심으로 고찰 할 것이다. 『노자』 41장의 역설적 비유들을 통해, 명도(明道), 진도(進道), 이도(夷道)라는 도의 역설적 비유와 상덕(上德), 광덕(廣德), 건덕(建德)이라는 덕의 역설적 비유, 그리고 백(白), 방(方), 기(器), 음(音), 상(象)이라는 다섯 가지 큰 것(五大)의 역설적 비유를 고찰하게 될 것이다. 『노자』 45장에서도 '5가지

큰 것'의 역설적 비유는 계속 된다. 예컨대, '성(成), 영(盈), 직(直), 교(巧), 변(辯)'의 모순 대립의 역설이다. 뿐만 아니라, 『노자』 36장에서도 은미한 밝음(微明)의 역설을 보여주고 있다. 예컨대, 4가지 변증적 역설이다. '흡(翕), 약(弱), 폐(廢), 탈(奪)'과 이에 대비되는 '장(張), 강(强), 흥(興), 여(與)'의 대조적 기법으로 역설 속에 담긴 변증적 진실을 밝히고자 한다. 노자 36장에는 이 밖에도 '부드러움(柔)과 강함(强)'의 역설이 담겨있다. 이른바 "부드럽고 약한 것이 굳세고 강한 것을 이긴다(柔弱勝剛强)"는 노자의 역설은 유명하다. 그리고 『노자』의 마지막 장인 81장에서도 '진선미(眞善美)'의 역설이 나타난다. 이러한 일련의 비유와 역설은 모두 도와 덕과 관련되어 있다. 사물 사건에 빗대어 인간의 행위의 준칙으로서의 도와 덕행에 있어서 어떻게 살아야 하는 것인지를 노자는 비유와 역설의 변증법적 수사를 통해 잘 전달하고 있다. 이에 대한 연구를 노자 본문에 대해 역사적으로나 문헌비평학적으로 가장 의미 있는 해석으로 정평이 나 있는 위진(魏晉)시대의 현학적 주석가인 왕필이나 한나라 시대의 하상공 등의 탁월한 고전적 주석가들의 본문해석을 참고하며 고찰할 것이다.

II. 노자의 비유적 언어들

1. 『노자』 5장의 '추구(芻狗)'와 '탁약(橐籥)'의 비유

1) '추구(芻狗)': 자연의 자치질서에 대한 은유

노자가 표현하는 '도(道)'의 은유적 수사에 대한 왕필의 대표적인 해석은 『노자』 5장에 나타난 '추구(芻狗)'의 사례에서도 볼 수 있다. 노자 본문은 이러하다.

"하늘과 땅은 어질지 않다.
만물을 풀이나 개(풀로 만든 개 모양)와 같이 여긴다."
"天地不仁, 以萬物爲芻狗."

위의 표현에서 '강아지 모양으로 묶은 풀'을 뜻하는 '추구(芻狗)'는 제 사용으로 사용된 도구다. 노자가 '천지불인'과 관련하여 '추구'를 비유로 들어서 사용한 경우에 대한 일반적인 해석은 하상공(河上公)의 주석을 따르는 경우가 많다. 하상공은 '추구'의 용도를 제물로 바치는 제사용으로 '희생(犧牲)한 이후에 내던져 버려지는(抛棄)' 것으로 해석하는 경우다. 이것은 일종의 문화적 창조물과 관련된 해석적 특징이 있다.1) 위의 노자 본문에 대한 하상공의 주석을 보면 다음과 같다.

"하늘은 베풀고 땅은 변화시킴에 있어서, 인(仁)이나 은혜(恩)로 하지 않고, 스스로 그러함(自然)에 맡긴다. 천지는 만물을 생성시키고, 인간이 가장 귀한 존재가 되지만, 천지는 그것을 마치 풀로 만든 강아지처럼 여기면서 그 보응을 책망하지 않는다."2)

여기서도 하상공은 노자의 '추구'에 대해 '풀로 만든 강아지'처럼 여긴다는 '무관심' 정도의 차원으로 '버려짐(抛棄)'의 뜻으로 해석하고 있다. 그럼에도 불구하고 노자가 왜 이 '추구'라는 단어를 사용했는지 하는 문제에 대해 분명한 답을 제시하는 사례는 드물다. 한편 노자의 본문

---

1) [德] 瓦格納 著, 『王弼「老子注」硏究』, (南京: 江蘇人民出版社, 2009), p.240.
2) [漢] 河上公 著, 『道德經集釋王』, (北京: 中國書店, 2015), p.7. "天施地化, 不以仁恩, 任自然. 天地生萬物, 人最爲貴, 天地視之如芻草拘畜, 不責望其報."

을 도교(道敎)적 입장에서 해석하는 상이주(想尒注)에 의하면, '추구'의 기원에 대한 이야기는 『장자』와 다르지만 동일한 해석적 문제에 직면해 있다. 반면에 왕필은 위의 『노자』 본문에 대해 다음과 같이 해석한다.

> "천지는 짐승을 위하여 풀이 생겨나게 하지 않지만 짐승은 풀을 먹는다. 사람을 위하여 개를 생기게 하지 않지만 사람은 개를 먹는다. 만물에 대하여 무위(無爲)로 대하지만 만물은 각각 그 적합한 쓰임이 있어서 넉넉하지 않을 수 없다. 만일 지혜가 자신에게서 비롯되는 잔꾀가 되면 스스로 그러함에 맡기는 일에 부족함이 있다."[3]

이러한 진술과 해석 방식은 스스로 움직이는 자연의 자치적인 질서에 대한 하나의 은유다. 하늘과 땅은 어떠한 사물에도 은혜를 베풀지 않지만 모든 사물을 위해 존재 조건을 제공한다. '추구'는 '풀과 개', 혹은 '풀로 만들어진 개'로서 잔꾀를 부리지 않는 일개 자연물에 불과하다. 그러한 '추구'는 동시에 자연물로 되돌아가는 '무위'의 상징이자 은유다.

2) '탁약(槖籥)': 풀무와 피리의 비유

노자가 도를 설명함에 있어서 견주어 비유하는 비의(比擬)적 표현은 『노자』 5장의 다른 본문에서도 찾아 볼 수 있다. 그것은 앞선 '추구'에 이어서 언급되는 '탁약(槖籥)'이다. 노자는 그것을 다음과 같이 언급한다.

> "하늘과 땅 사이는 그 것이 마치 탁약(풀무와 피리)과 같다. 비어 있으나 굴함(다함)이 없고, 움직일수록 바람이나 소리가 더욱 넘쳐 나온다."[4]

---

3) [魏] 王弼 注, 『老子道德經注』, (北京: 中華書局, 2011), p. "天地不爲獸生芻, 而獸食芻; 不爲人生狗, 而人食狗. 無爲于萬物而萬物各適其所用, 則莫不贍矣."
4) ibid., p.15. "天地之間, 其猶槖籥乎, 虛而不屈, 動而愈出."

왕필은 이 뜻을 다음과 같이 해석한다.

"탁(槖)은 풀무를 말하고, 약(籥)은 피리를 말한다. 풀무와 피리의 속이 텅 비어 있어 감정도 작위가 없기 때문에 비어있어도 궁색해지거나 굴하지 않고, 움직여도 다함이 없다. 하늘과 땅의 중간은 텅 비어서 스스로 그러함에 맡기므로 다함이 없는 것은 마치 풀무나 피리 같다."5)

'텅 비어 있음'은 노자가 도에 대하여 형용하는 이상적 상태의 모습이다. 도를 '허(虛)'에 비유하고 있는 탓이다. 본체는 '비어(虛)' 있으나, 그 용도는 굴함이 없이 무궁무진하다(不屈). 그러한 '비움의 쓰임새'를 노자는 '탁약'에 비유하고 있는 것이다. 내부가 텅 비어 있는 풀무나 피리로서의 '탁약'은 움직일수록 더욱 바람과 소리를 많이 낸다. 탁월한 비유다. 노자는 어떠한 철학적인 용어를 사용하지도 않고 아주 구체적인 방식으로 도의 속성을 '탁약'이라는 도구를 들어 도의 속성인 무위에 비유하고 있다. 피리를 뜻하는 '약(籥)'은 그 가운데가 텅 비어 있어서 그러한 '빔(虛)' 혹은 비어있음(空)에 대해 왕필은 '무정(無情)'으로 비유해석하고 있다. 이러한 '무정'의 치우침 없는 성질이 다른 어떤 음조(音調)를 내는데 편향(偏向)적이지 않고 연주를 통해 모든 소리를 낼 수 있다는 것이다.

2. 『노자』 28장의 '수컷과 암컷(雌雄)'의 비유: 천하의 골짜기(谿) 가 되는 길

노자 본문에 나타나는 여러 가지 비유 가운데 28장의 비유를 살펴보자.

---

5) [魏] 王弼 注, 『老子道德經注』, p.15. "槖籥之中空洞, 無情無爲, 故虛而不得窮屈, 動而不可竭盡也. 天地之中, 蕩然任自然, 故不可得而窮, 猶若槖籥也."

"수컷을 알고 암컷을 지키면 천하의 골짜기가 될 수 있다."
"知其雄, 守其雌, 爲天下谿"

위의 본문에 대하여 노자는 구체적인 해석을 가하지 않는다. 이에 왕필은 다음과 같이 구체적으로 주석을 단다.

"수컷은 앞서는 부류이고, 암컷은 뒤서는 부류이다. 천하에서 앞서는 것들은 반드시 뒤처지는 것을 알기에, '성인은 자신을 뒤에 두지만 앞서게 된다.'고 했다. 골짜기는 사물을 갈구하지 않지만 사물이 스스로 돌아가고 갓난아이는 꾀를 사용하지 않지만 스스로 그러한 지혜에 합한다."6)

위의 본문에서 수컷과 암컷 그리고 계곡이라는 세 가지 상징(象徵)물을 통하여 도에 대한 비유가 이루어진다. "수컷은 앞서는 부류이고 암컷은 뒤서는 부류"임을 구별한 다음, 천하에 앞서는 사람이 되기 위해서는 『노자』7장에서 언급하고 있는바 "성인(聖人)은 자신을 물러서게 함으로써 앞서게 된다."는 말을 왕필이 그의 주석에서 인용하고 있다. 지도자가 지녀야 할 겸손의 미덕을 수컷과 암컷에 비유하고 있는 것이다.

"천하의 골짜기가 될 수 있다(爲天下谿)"는 노자의 본문에서 왕필은 '골짜기(谿)'를 주석하기를 "골짜기는 사물을 갈구하지 않지만 사물이 스스로 돌아가고(谿不求物, 而物自歸之)"라고 은유적으로 한다. 이러한 '골짜기'의 비유는 『노자』6장에서 언급되는 '계곡의 신(谷神)'의 비유와도 맥락을 같이 한다. 노자는 도를 '계속의 신'에 비유하면서 이를 다시 '현묘한 암컷(玄牝)'에 비유한다. '낮은 곳에 처한(處卑)' 골짜기의 비유를 통해

6) [魏] 王弼 注,『老子道德經注』, p.75. "雄, 先之屬. 雌, 後之屬也. 知爲天下之先者必後也. 是以'聖人後其身而身先'也. 谿不求物, 而物自歸之. 嬰兒不用之, 而合自然之智."

만물이 생성하는 모습과 여성적 생산의 모태(母胎)에 도를 비유하고 있는 것이다. 마찬가지로 『노자』 28장에서 '골짜기(谿)'는 '암컷(雌)'에 비유되고 있다. 한걸음 더 나아가서 '계곡'으로서의 골짜기는 6장과 28장 모두에서 '겸비(謙卑)'와 '생성(生成)'이라는 이중의 상징성을 가지게 된다.

3. 『노자』 32장의 '천곡(川谷)과 강해(江海)'의 비유

노자는 32장에서 골짜기의 냇물이 강과 바다에 이르는 것에 도를 비유하고 있다.

> "도가 천하에 있는 모습을 비유하자면, 골짜기의 냇물이 강과 바다에 흐르는 것과 같다."
> "譬道之在天下, 猶川谷之於江海."

이 본문에 대해 왕필은 다음과 같이 주석을 단다.

> "골짜기의 냇물이 강과 바다로 흐르는 것은(혹은 강과 바다로 흐르기를 추구하지 않지만 강과 바다로 들어가는 것은) 강과 바다가 부른 것이 아니다. 부르지도 않고 구하지도 않았는데, 스스로 돌아가는 것이다."[7]

왕필의 이러한 주석에 대해 전해지고 있는 주석의 본문이 '자구(字句)'의 탈오(脫誤)자에 대한 비평적 분석이 몇몇 시도 되고 있지만, 대체로 뜻은 대동소이하다. 예컨대, "골짜기의 냇물이 강과 바다로 흐르는 것"(川谷之求與江海)으로 주석의 판본을 이해하는 학자도 있고, "골짜기의

---

7) [魏] 王弼 注, 『老子道德經注』, p.84. "川谷之(求)[與]江(與)海, 非江海召之, 不召不求而自歸者(世)[也]."

냇물이 강과 바다로 흐르기를 추구하지 않지만(川谷之不求江與海)"으로 해석하는 경우다.8) 전자는 '구하다(求)'로, 후자는 '구하지 않다(不求)'고 해석했다. 서로 반대의 경우이지만 왕필의 주석에서 서로 오탈자로 보는 견해에 해당하는데, 도홍경(陶鴻慶)에 의하면, '구하다(求)'는 글자가 불필요하게 들어갔다고 해석한다. 하지만 『도장집주』(道藏集注)에는 "골짜기의 냇물이 강과 바다로 흐르기를 추구하지 않지만(川谷之不求江與海)"으로 나온다.9) 따라서 '불구(不求)'라는 표현이 들어가는 것이 왕필의 이어지는 주석에서 "부르지도 않고 구하지도 않았는데(不召不求)", 스스로 돌아가는 것이라고 했던 문맥과 오히려 상통한다.

이렇게 골짜기의 냇물과 강과 바다는 서로 부르거나 추구하지 않아도(不召不求), 스스로 돌아가는(自歸) '스스로 그러함(自然)'의 도의 모습을 보여주고 있고, 이러한 '스스로 돌아감'의 도의 원리를 노자는 '천곡'과 '강해'에 비유하고 있다. 이러한 도의 모습은 『노자』 곳곳에서 성인의 행동 모습과 결부되어 나타난다. 노자가 말하는 지도자의 통치 철학이 도에서 비롯되는 것인 만큼 그 도는 골짜기의 냇물이 강과 바다로 흐르는 것과 같으며, 그 낮게 흐르는 겸손한 리더십이 결국은 큰 바다를 이루는 것과 같다는 것이다. 이러한 '강과 바다의 비유'를 다시 노자는 66장에서 '백곡(百谷)의 왕'에 비유한다.

> "강과 바다가 능히 모든 골짜기의 왕이 될 수 있는 것은 자신을 잘 낮추기 때문이다. 그러므로 능히 모든 골짜기의 왕이 될 수 있다. 백성들 위에 나서고자 하면 반드시 말을 낮추어야 한다."10)

---

8) [德] 瓦格納 著, 『王弼「老子注」研究』, p.244.
9) [魏] 王弼 注, 『老子道德經注』, p.86.
10) 『老子』 66장. "江海所以能爲百谷王者, 以其善下之, 故能爲百谷王. 是以欲上民, 必以言下之." cf. 이명권, 『노자왈 예수 가라사대』, (서울: 열린서원, 2017), pp.413-416.

왕필은 노자의 이 본문에 대해 주석을 달지 않았다. 『노자』 32장의 부분과 상통한 점이 있었기 때문일 것이다. 필자는 이 본문에 대해, 바다가 시내의 왕이 될 수 있는 까닭을 그 겸손과 포용의 미학에서 설명한 바 있다. 이처럼 노자는 '천곡'과 '강해'의 비유를 통해 나라를 다스리는 자가 어떠한 정신으로 치리(治理)해야 성왕(聖王)이 될 수 있는 것인지 설명하고 있다.

III. 노자의 역설(逆說)적 언어들

노자의 문학적 진수는 역설에 있다고 해도 과언이 아닐 것이다. 노자는 상호 모순으로 보이는 역설과 부정적 언사를 통해 모순을 배제하기 보다는 도리어 모순을 넘어 상대적 세계를 포섭하거나 종합함으로써 전체적인 조화와 균형을 모색하고자 했다고 볼 수 있다. 그러한 노자의 특유한 수사법인 역설이 두드러지게 나타나는 몇 몇 본문을 살펴보기로 하자.

1. 『노자』 41장의 역설적 비유들

1) 도의 역설적 비유: 명도(明道), 진도(進道), 이도(夷道)

노자는 도의 속성을 다음 3가지 차원에서 비유한다.

"밝은 도는 어두운 듯 하고(明道若昧), 앞으로 나아가는 도는 후퇴하는 것 같고(進道若退), 평탄한 도는 어그러진 것 같다(夷道若纇)"

밝은 것(明)과 나아가는 것(進) 그리고 평탄한 것(夷)에 도를 비유한 것
이다. 왕필은 "밝은 도는 어두운 것 같다(明道若昧)"를 '밝지만 번쩍거리
지 않는다(光而不耀)'고 주석한다. "앞으로 나아가는 도는 후퇴하는 것 같
다(進道若退)"는 노자의 역설에는 "자신을 뒤로 물러서게 하지만 남보다
앞서게 된다(後其身而身先)"는 『노자』7장의 표현으로 대신한다. "평탄한
도는 어그러진 것 같다(夷道若纇)"에 대한 노자의 역설에 대해서 왕필은
다음과 같이 해석한다. "크게 평평한 도는 사물의 본성에 따르고, 사물
을 잘라가면서까지 평평하게 하지 않으므로, 그 평평함이 보이지 않기
때문에 오히려 깊은 웅덩이 같다."11)

이와 같이 노자는 도의 성질을 밝음과 나아감과 평탄함을 어두움과
후퇴와 어그러짐이라는 상대적인 개념들을 열거하여 상호 모순되거나
대립되는 개념을 병치하여 큰 도의 모습이 모순을 종합하는 초월적인
역설의 모습을 보여주고 있다. 한편 노자의 이 3 가지 도 개념 가운데
'평탄한 도는 어그러진 것 같다'라는 구절을 다른 방식으로 하상공은 해
석한다. 그는 "평탄한 도는 무리와 같다(夷道若類)"고 해석하여 '어그러짐
(纇)'이라는 단어 대신에 '무리(類)'라는 단어를 택하면서, "큰 도의 사람
은 스스로 특수하게 구별하지 않고, 많은 비슷한 부류의 무리와 같이 한
다."12)고 해석하고 있다. 이와 같이 노자의 도의 3가지 차원의 밝음과
나아감과 평탄함은 곧장 반대적 개념의 어두움과 후퇴와 움푹 파인 일
그러짐과 같이 대비 되고 있지만 그 실상은 반대적 개념이 아니라, 겉으
로 그러하게 보인다는 뜻이지 진실은 그렇지 않음을 역설적으로 표현하
고 있는 것이다. 그러면 도의 모습이 이렇게 역설적으로 표현되고 있는

---

11) [魏] 王弼 注, 『老子道德經注』, p.115. "大夷之道, 因物之性, 不執平以割物. 其平不見, 乃
更反若纇也."
12) [漢] 河上公 著, 『道德經集釋王』, p.57. "大道之人不自殊別, 若多比類."

점에 비해 노자는 덕(德)의 개념도 같은 장에서 역설적 표현하고 있음을
보게 된다.

2) 덕의 역설적 비유: 상덕(上德), 광덕(廣德), 건덕(建德)

노자는 덕의 속성을 다음 3가지 차원에서 비유한다.

> "높은 덕은 골짜기 같고(上德若谷), 넓은 덕은 부족한 것 같고(廣德若不
> 足), 강건한 덕은 구차한(외로운) 것 같다(建德若偸)"

노자는 도의 성질에 이어 덕의 문제도 3가지 차원에서 역설적 형태
의 비유를 들어 설명한다. '높고, 넓고, 강건한 덕'에 대하여 각각 '골짜
기와 부족함과 구차함'이라는 대립적 개념을 들어 표면상의 덕을 넘어
선 내면적인 덕의 실상을 밝히고 있다. 노자의 "높은 덕은 골짜기 같다
(上德若谷)"는 표현에 대해 왕필은 주석하기를, "그 덕을 덕으로 여기지
않아 마음에 담고 있지 않다(不德其德, 無所懷也)."고 하고, "넓은 덕은 부
족한 것 같다(廣德若不足)"는 것에 대해서는 "넓은 덕은 채워지지 않는다.
너무 커서 형태가 없으니 채울 수가 없다(廣德不盈, 廓然無形, 不可滿也)."라
고 했다. 이어서 "강건한 덕은 구차한(외로운) 것 같다(建德若偸)"는 노자
의 표현에 대해서는 "강건한 덕은 사물의 자연스런 모습에 따르니 고집
을 세우지도 않고 시행하지도 않아서 구차한 외톨이와 같다."[13]고 해석
했다. 이들 각각의 개념이 상호 대립적인 개념이지만 오히려 본질적인
덕의 개념을 더 충실히 역설적으로 밝혀 준다는 점이다.

---

13) [魏] 王弼 注, 『老子道德經注』, pp.115-116. "偸, 匹也. 建德者, 因物自然, 不立不施, 故
若偸匹."

3) 다섯 가지 큰 것(五大)의 비유: 백(白), 방(方), 기(器), 음(音), 상(象)

노자는 정말 큰 것에 대한 역설적 표현을 함에 있어서 5가지 예를 들고 각각 그 개념에 대립되는 내세워 모순어법이지만 참 뜻의 의미를 전달하려고 한다. 노자는 41장에서 다음과 같이 비유한다.

> "아주 흰(밝은) 것은 더러운 것 같고(大白若辱), 큰 모는 모서리가 없으며
> (大方無遇), 큰 그릇은 늦게 완성되며(大器晚成), 큰 소리는 들리지 않고
> (大音希聲), 큰 형상은 형체가 없다(大象無形)."

이 본문에 대해 왕필의 해석을 보면, "아주 흰 것은 더러운 것 같다 (大白若辱)"고 한 점에 대해서 "밝은 것을 알면서 어두운 것을 지키는 것은 아주 밝아야 얻을 수 있다(知己白, 守其黑, 大白然後乃得)."고 주석 했다. 이는 앞서 본『노자』28장의 본문을 인용한 해석이다. "큰 모는 모서리가 없다(大方無遇)"는 노자의 표현에 대해서는 "모나지만 사물을 상하게 하지 않으므로 모서리가 없다(方而不害, 故無隅)."고 주석을 달았다. "큰 그릇은 늦게 완성된다(大器晚成)"는 점에 대해서는 "큰 그릇은 크고 작음을 가리지 않고 온 천하를 완성시키므로 반드시 늦게 완성된다."고 해석했다.14) 이에 더하여 노자가 말하는 "큰 소리는 들리지 않는다(大音希聲)"는 표현에 대해 왕필은 다음과 같이 비교적 길게 주석을 달고 있다.

> "들으려고 해도 듣지 못하니 이름 하여 '희(希)'라고 한다. 대음(大音)은

---

14) ibid., pp.116-117. "大器, 成天下不持全別, 故必晚成也." 왕필의 해석인 이 부분에서 도홍경(陶鴻慶)은 '成 자(字)는 불필요한 것(衍文)으로 보고, "大器, 天下大器"로 되어야 한다고 했다. '全'자는 '分'자의 잘못 사용이라고 보았다. 따라서 "大器, 天下不持分別"로 읽어야 하며, '不持分別'은 '분별하지 않는다.'는 뜻으로 '無所別析'이라 했다. '별도로 구분하여 자르지 않는다.'는 뜻으로 '큰 그릇'을 통전적으로 이해해야 한다는 의미라고 보겠다.

들을 수 없는 소리다. 소리가 있으면 구분이 있고, 구분이 있으면 궁음(宮音) 아니면 상음(商音)이 된다(궁상각치우 음계의 어느 하나가 된다). 나누어지면 많은 무리를 통솔할 수 없으므로 소리가 있는 것은 대음이 아니다."15)

여기서 왕필이 '대음'을 주석할 때 인용한 노자의 본문 '들으려고 해도 듣지 못하니 이름 하여 '희(希)'라고 한다(聽之不聞名曰希)는 『노자』 14장에 나오는 '도'에 대한 설명 가운데 하나다. 또한 소리에 구분이 있다는 것은 소리에는 반드시 높고 낮음이 있고, 맑고 탁한 청탁(淸濁)의 구분이 있게 마련이다. 그래서 '궁음'이 아니면 '상음' 등이 된다는 것이다. 이처럼 소리의 세계에도 다양한 계층이 있으나 진정한 '큰 소리(大音)'는 도를 지칭하는 것이고 그 소리는 육체적인 귀로는 들을 수 없다는 역설을 노자는 말하고 있다. 같은 논리로 노자는 "큰 형상은 형체가 없다(大象無形)."고 한 점에 대해 왕필은 다음과 같이 주석을 하고 있다.

"형상이 드러나면 구분이 있다. 구분이 있는 것은 따뜻하지 않으면 서늘하고, 뜨겁지 않으면 차갑다. 그러므로 형상이 드러나는 것은 대상(大象)이 아니다."16)

구체적인 형태로 형상이 드러나는 것과 그렇지 않은 형태적 구분이 미분화된 상태의 '도'의 차원에서 보면 드러나 보이는 형상은 결코 큰 형상일 수 없다는 역설의 논리를 설명한 것이다. 형태로 드러나는 모든 것은 온냉(溫冷)의 구분이 있고, 한열(寒熱)의 차이가 있다. 이처럼 노자는 '대백약욕(大白若辱), 대방무우(大方無隅), 대기만성(大器晚成), 대음희성(大

---

15) ibid., p.116. "聽之不聞名曰希, [大音]不可得聞之音也. 有聲則有分, 有分則不宮而商矣. 分則不能統衆, 故有聲者非大音也."
16) ibid., "有形則有分, 有分者, 不溫則(炎)(凉), 不炎則寒. 故象而形者, 非大象."

音希聲), 대상무형(大象無形)'이라는 5가지의 '큰 것'에 대해 대립적인 개념을 통해 도의 진면목을 보여주고 있다.

2. 『노자』 45장의 역설적 비유들: '성(成), 영(盈), 직(直), 교(巧), 변(辯)'

『노자』 41장에 나타나는 위의 '5가지 큰 것'(白, 方, 器, 音, 象) 외에도 『노자』 45장에는 '이룸(成), 가득 참(盈), 곧음(直), 공교함(巧), 말 잘함(辯)'이라는 5가지의 차원을 도에 역설적으로 비유하고 있다. 열거하면 다음과 같다.

> "크게 이룬(가장 원만하고 좋은) 것은 결함이 있는 듯하다(大成若缺). 크게 찬(가장 충실한) 것은 비어 있는 듯하다(大盈若沖). 아주 곧은(가장 곧은)것은 굽은 듯하다(大直若屈). 가장 뛰어난 기교는 서툰 듯하다(大巧若拙). 가장 웅변적인 말은 어눌한 듯하다(大辯若訥)."

필자는 이러한 노자 45장의 5가지 역설에 대해 '도의 진면목'을 밝히는 장면으로 예수의 역설적인 고요한 혁명에 비교한 바 있다.[17] 결국 '대성(大成), 대영(大盈), 대직(大直), 대교(大巧), 대변(大辯)'은 표면상으로 볼 때, 각각 '모자라고(缺), 비어있고(沖), 굽어있고(屈), 졸렬하고(拙), 어눌한(訥)'듯 하지만 실제 내용상으로는 도의 참 모습을 보이고 있다는 점을 역설하고 있다.

이 5가지의 역설에 대해 왕필은 다음과 같이 하나씩 주석을 가하고 있다. '대성약결(大成若缺)'에 대해서는 "사물에 따라 이루고(隨物而成) 하나의 형상을 만들려고 하지 않으므로(不爲一象), 결함이 있는 듯하다(故若

---

17) 이명권, 『노자왈 예수 가라사대』, P.313.

缺也).”고 했다. 인위적인 작용을 가하지 않으니 무엇인가 결함이 있어 보인다는 뜻이다. ‘대영약충(大盈若沖)’에 대해서는 ‘사물에 따라 수여(隨物而與)’하지만, ‘아끼거나 자랑하지 않으므로(無所愛矜), 비어있는 듯하다(故若沖也)’고 해석했다. ‘대직약굴(大直若屈)’에 대해서는 “사물에 따라 곧으니(隨物而直), 곧음이 일정하지 않으므로(直不在一) 굽은 듯하다(故若屈也).”고 했다. ‘대교약졸(大巧若拙)’에 대해서는 “스스로 그러함에 따라 그릇을 만들며, 기이한 것들을 조작하지 않으므로 서툰 듯하다.”고 했고, ‘대변약눌(大辯若訥)’에 대해서는 “사물에 따라 말하고 자기가 지어내는 것이 없으므로 어눌한 듯하다.”고 해석했다.18)

이상에서 노자의 역설의 몇 가지 패러다임을 열거해 보았다. 도와 덕 그리고 언어와 기술 등 각종 인간 행위의 제 측면에서 비롯되는 생활의 영역에 이르기까지 도에 입각한 ‘삶의 차원’이 표면상 드러나는 것보다 얼마나 역설적인 방향에서 드러나고 있는 것인지를 잘 볼 수 있었다. 이제 노자 도의 역설적 측면을 또 다른 각도에서 잘 보여주는 대목의 예를 『노자』 36장에서 자세히 살펴보고자 한다.

3. 『노자』 36장의 역설적 비유들: 은미한 밝음(微明)의 역설

노자 36장에는 “얻고자하면 먼저 주어라,”고 하는 역설과 함께 은밀한 깨침에 관한 노자의 이야기가 전해진다. 뿐만 아니라 “부드럽고 약한 것이 강하고 단단한 것을 이긴다(柔弱勝剛强)”는 노자 사상의 대표적인 역설도 본 장에서 언급되고 있다. 이는 예수가 “너희가 대접을 받고자 하면 먼저 대접하라”고 했던 황금률과도 통하는 역설이다. 거기서 한걸음

---

18) [魏] 王弼 注, 『老子道德經注』, P.127. “大巧因自然以成器, 不造爲異端, 故若拙也.”, “大辯因物而言, 己無所造, 故若訥也.”

더 나아가서 "부드러움이 강한 것을 이긴다."는 노자의 표현도 예수가
"왼뺨을 치거든 오른뺨도 돌려대라"는 역설하고도 통하는 이야기다. 노
자는 이러한 변증법적인 역설을 다음의 4가지 상대적 개념을 들어서 설
명하고 있다.

1) 4가지 변증적 역설: 흡(翕), 약(弱), 폐(廢), 탈(奪)과 장(張), 강(强), 흥(興), 여(與)

> "장차 움츠리려면(거두어들이려면) 반드시 먼저 펴야(베풀어야)한다. 장
> 차 약하게 하려면 반드시 먼저 강하게 해 주어야 한다. 장차 폐하게 하려
> 면 반드시 먼저 흥하게 해 주어야 한다. 장차 탈취하려면 반드시 먼저 주
> 어야한다. 이것을 일러 은밀한 밝음이라한다."19)

위의 본문에서 노자는 이 4가지 역설의 대구를 변증법적으로 종합
하면서 이를 '은밀한 밝음(微明)'이라고 지칭했다. 하상공도 따라서 본
장의 제목을 '미명(微明)'이라고 붙이고, 그 뜻에 대해 "도는 은미하지만
(微) 그 효과는 분명하다(明)"고 해석한다.20) 하상공의 주석은 흥미로운
면이 있다. 참고로 주석의 내용을 살펴보면 다음과 같다.

"장차 움츠리려면(거두어들이려면) 반드시 펴야(베풀어야)한다"는 노자
의 이 역설에 대해, 하상공은 "먼저 빗장을 풀고 베풀어 준다는 것은(先
開張之) 그 사치함과 음란함을 극에 다다르게 하고자 함이다(欲極其奢淫)
."21)라고 해석한다. 독특한 해석이다. 이는 하나의 전략적 행위에 대한

---

19) 『老子』 36, "章將欲歙之, 必固張之. 張欲弱之, 必固强之. 張欲廢之, 必固興之. 張欲奪之,
　　必固與之. 是謂微明."
20) [漢] 河上公 著, 『道德經集釋王』, p.49. "其道微, 其效明"
21) ibid., p.49. "先開張之, 欲極其奢淫."

해석이다. 왕필의 해석은 좀 다르게 전개 된다. "억세고 사나운 것을 없애려면 마땅히 이 4가지로써 해야 한다."고 전제하면서 4가지 역설을 주석한다. 4가지 중에 첫 번째 문제도 "억세고 사나운 것을 없애기 위한" 방편으로 해석되는 것이다. 이러한 왕필의 해석은 하상공의 해석과 완전히 궤를 달리하는 것은 아니지만, 구체적인 맥락에서 차이가 날 뿐이다. 근본적으로는 상대의 와해를 위한 전략전술에 해당한다는 점에서 맥을 같이한다.

> "장차 약하게 하려면 반드시 강하게 해야 한다."는 노자 본문에 대한 하상 공의 해석은 "먼저 강하게 해야 한다는 것은(先强大之) 재앙이나 우환을 만나게 하려 함이다(欲使遇禍害)."는 것이다. 이어서 "장차 폐하게 하려면 반드시 흥하게 해야 한다."는 노자의 본문에 대해서도 하상공은 "먼저 흥하게 해 준다는 것은(先興之者) 교만하고 위태함에 처하게 하려는 것이다 (欲使其驕危)."라고 해석한다. 마지막 단락인 "장차 탈취하려면 반드시 주어야한다."는 노자의 본문에 대해서, 하상공은 "먼저 준다는 것은(先與之者) 그 탐욕스런 마음을 극에 달하게 한다는 것이다(欲極其貪心)."[22]

이상에 기록된 4가지 역설에 대해 노자의 권모술수로 해석하는 경우도 있으나, 노자 본분의 전체적인 맥락에서 보면 그런 해석은 옳지 않다. 사물 사건의 존재방식이 역설적으로 그러하다는 것을 보여 주는 것으로 해석하면 될 것이다.

2) 부드러움(柔)과 강함(强)의 역설

"부드럽고 약한 것이 굳세고 강한 것을 이긴다(柔弱勝剛强)"고 노자는

---

22) ibid., "先强大之, 欲使遇禍害.", "先興之者, 欲使其驕危.", "先與之者, 欲極其貪心."

역설하고 있다. 이 구절에 대해 하상공은 "부드럽고 유약한 것은 오랫동안 커 나가고, 군세고 강대한 것은 먼저 멸망한다."고 해석한다.23) '부드러움(柔)'은 노자가 가장 중요시 하는 덕목이자 도의 한 속성이다. 『노자』 78장에서도 "약한 것이 강한 것을 이기고, 부드러움이 단단한 것을 이기며, 이러한 것을 천하에 모르는 사람이 없지만 능히 실천하는 사람은 없다."24) 그리고 이어서 노자는 "바른 말은 반대처럼 들린다(正言若反)이라는 역설적 표현을 사용하고 있다.

노자는 '부드러움'의 상징으로는 '물(水)'을 예로 든다. 물의 부드러운 성질을 들어서 도에 비유하고 있는 것이다. 노자 78장의 서두에서 이렇게 말하고 있다. "천하에 물보다 더 부드러운 것은 없다. 하지만 견고하고 강한 것을 공격하는데 있어서 물보다 더 뛰어난 것은 없다."25)고 했다. 노자가 "부드럽고 약한 것이 단단하고 강한 것을 이긴다."고 했던 반면에, "약한 것은 도의 쓰임새(弱者道之用)"(노자 40장)라고 하고, 또 도의 모습은 "면면히 이어져 있는 듯 없는 듯해도 그 쓰임에는 그침이 없다(綿綿若存, 用之不勤)"(4장) 했다. 이는 도의 창조적 생성과정에서의 유약(柔弱)한 정황을 말해 주는 것이다. 겨울이 지나고 동토에서 소리 없이 유약한 새순과 꽃잎을 피워내는 과정을 보아서도 그러하다. 이 또한 도의 작용이 '무위(無爲)'의 차원에서 진행되고 있음을 역설적으로 보여 주는 사례라고 할 수 있다.26) 이러한 유약한 도의 작용을 노자가 인간에게 적용해 본 것이 '유약승강강'이다. 이러한 노자의 논리는 76장에서도 이어진다. "단단하고 군센 것은 죽음의 무리요, 부드럽고 약한 것은 삶의 무리다."27) 초목이 살아 있을 때는 부드럽고 취약(脆弱)하지만 죽

---

23) ibid., "柔弱者久長, 剛降者先亡."
24) 『老子』, 78章, "弱之勝剛, 柔之勝强, 天下莫不知, 莫能行."
25) ibid., "天下莫柔弱於水, 而攻堅剛者莫之能勝."
26) 陳鼓應, 『老子註譯及評介』, (北京: 中華書局, 2010), p.40.
27) 『老子』, 76章, "堅强者死之徒, 柔弱者生之徒"

으면 바싹 마르게 되는(枯槁) 현상에 비유한 것이다. 그리하여 노자는 병사와 무기를 강조하는 "군사가 강해지면 멸하고(兵强則滅), 나무도 강해지면 부러진다(木强則折)"고 하면서 군사문화의 위험성을 유약한 초목에 빗대어 당시의 시대상을 비판하고 있다.

　노자의 이러한 비유의 방식은 자신이 처한 시대의 경험에 비추어 본 것이며, 굳세고 강한 것은 죽음의 부류에 해당하고, 유약한 것은 삶의 무리에 해당함을 비유하고 있다. 이러한 '유약함의 생명력'은 『노자』 9장에서도 다른 방식의 비유로 나타난다. 예컨대, "쇠를 두들겨서 끝을 예리하게 하면 오래 간직할 수 없다."[28] 노자의 이러한 표현 또한 무기와 같이 뾰족한 형태는 인간을 상해하기 쉬우므로, 크고 높은 나무를 인간이 쉽게 베어가듯이 오래 장수하기 어려운 법에 비유하고 있는 것이다. 부드러움(柔)에 관한 노자의 비유는 이와 같이 '초목'과 '물'에 비유되면서 생명의 무리와 '단단하고 굳센' 죽음의 무리에 역설적으로 비유를 하고 있음을 보게 된다.

4. 『노자』 81장, 진선미(眞善美)의 역설

　노자 81장은 진선미의 부분적 요체를 보여준다. 인간 행위에서 중요한 언어의 역할과 지식인의 행동이 어떠해야 하는지를 노자는 역설적으로 보여 주고 있다. 참되고 진실한 세계, 그 출발점을 인간 언어와 그 발화(發話)자의 자세를 미학적으로 혹은 선(善)과 불선(不善)의 변증법으로 풀어내고 있다. 언어의 바탕에는 지식이 있고, 지식 이전에는 인간 행위의 원초적인 감각적 인식이 있다. 소위 안다는 것과 모른다는 것의 구별은 물론이거니와 아는 자와 모르는 자의 역설적 차이점을 성인(聖人)의

---

28) 『老子』, 9章, "揣而銳之, 不可長保."

차원에까지 빗대어 노자는 설명하고 있다. 『노자』 56장에서도 "아는 사람은 말하지 않고, 말하는 사람은 알지 못한다."29)는 역설이 있지만 81장에서도 인간 언어와 지식인의 상호관계에 대한 깊은 통찰을 노자는 다음과 같이 제시하고 있다.

> "믿음직스러운 말은 아름답지(꾸미지) 않고, 아름다운(꾸민) 말은 믿음직스럽지 않다. 착한사람은 말을 못하고(잘 하지 않고), 말 잘하는 사람은 착하지 않다(못하다). 지혜로운 사람은 박식하지 않고, 박식한 사람은 지혜롭지 않다."30)

노자가 말하는 '믿음직스러운 말(信言)'은 '진실한 말(眞話)로서 마음에서 우러나오는 충심(衷心)의 말'을 뜻한다. 반면에 '아름다운 말(美言)'은 '꾸면서 아름다운 말로서 이내 교묘한 말이 되고 만다.'31) 『노자』 81장 전체의 말미를 장식하는 첫 화두로서 노자는 '미(美)와 신(信)'을 대조적으로 내세워 도와 관련된 역설의 진면목을 보이고 있다. 이미 『노자』 1장에서 "도가도비상도(道可道非常道), 명가명비상명(名可名非常名)"이라는 도(道)와 명(名)에 대한 규정 불가의 역설을 말한 바 있지만, 81장에서도 '미와 신'에 이어서 '착함(善)과 말 잘함(辯)'의 대조를 통해 도의 역설적 진리의 면목을 보여주고 있다. 한 걸음 더 나아가서 도를 깊이 아는 사람(知者)과 말단(末端)의 지식에 넓은 자(博者)를 대조하고 있다.

이러한 일련의 대조는 참됨과 거짓(眞假), 선악(善惡), 미추(美醜) 등의 모순대립관계를 통하여 역설적 관점에서 도의 진선미를 보여주려는 노

---

29) 『老子』, 56章, "知者不言, 言者不知." '知者不言'에 대해 왕필은 "스스로 그러함에 따른다(因自然也)"라고 했고, '言者不知'에 대해서는, 말하는 사람이 "일의 단초를 만들게 된다(造事端也)"고 해석했다. cf. [魏] 王弼 注, 『老子道德經注』, p.152.

30) 『老子』, 81章, "信言不美, 美言不信. 善者不辯, 辯者不善. 知者不博, 博者不知."

31) 陳鼓應, 『老子註譯及評介』, p.348. "[信言], 眞話, 由衷之言. [美言], 華美之言, 乃巧言."

자의 수사학(修辭學)적 전략이라고 할 수 있을 것이다. 이른바 진선미의 역설의 변증이다. 표면적 현실과 내재적 진실 사이의 불일치에 대한 일침이면서 동시에 노자의 풍부한 변증법적 수사학이 역설 속에서 더욱 진실을 드러나게 하는 일면을 감상하게도 하는 것이다.

IV. 결론

노자의 철학은 역설적이다. 그가 주장하는 도에 대하여 언어로는 표현이 불가능할 정도로 도에 대한 개념은 철저하다. 그러기에 그는 도를 보아도 보지 못해서 '이(夷)'라 하고, 들으려고 해도 귀로 듣지 못하니 '희(希)'라 하며, 잡으려고 해도 잡지 못하니 '미(微)'라고 표현한 바 있다. 그래서 도를 정의 하지 못하여 『노자』 1장에서부터 "도를 도라고 하면 도가 아니다"라고 역설적인 정의부터 내린다. 그럼에도 불구하고 언어를 빌려 쓰고 도를 표현하는 이상, "억지로 글자로 말하자면 '도'다(强字 之曰道)"라고 했다.

도에 대한 인간의 모든 인식행위는 언어와 글자를 통한 개념을 넘어설 수 없다. 그럼에도 불구하고 '도'의 진면목은 글자로 된 언어 너머의 '실상'에서 드러난다. 선불교에서 말하는 '불립문자(不立文字)'의 경지라고도 할 수 있을 것이다. 도의 실상을 언어와 문자로 표현하기 어려운 점을 두고 노자는 비유법을 구사한다. 은유와 직유는 물론 특유의 수사학적 역설을 많이 채용한다.

노자 본문 가운데 나타나는 수많은 비유들 가운데서, 필자가 생각하기에 중요하다고 보는 독특한 비유의 장들을 선별하여 그 비유와 역설이 지니는 풍부한 함의를 추적했다. 대부분의 비유가 대립 또는 모순 관계의 개념들을 선택하여 이루어지고 있다. 특별히 『노자』5장에서의 '추구(芻狗)'와 '탁약(槖籥)'의 비유라든가, 28장에서의 '수컷과 암컷(雌雄)'의 비유, 그리고 32장의 '천곡(川谷)과 강해(江海)'의 비유는 노자가 말하는 도의 모습이 잘 드러나고 있다. 이들 비유 모두 '비움(虛)'과 '무위(無爲)'에 입각한 도의 생산성이다.

노자의 역설적 표현들 가운데는 41장의 역설적 비유들을 통해, 도와 덕 그리고 5가지 '큰 것'의 역설적 비유가 등장한다. 이들은 차례로 명도(明道), 진도(進道), 이도(夷道)와 상덕(上德), 광덕(廣德), 건덕(建德), 그리고 백(白), 방(方), 기(器), 음(音), 상(象)이라는 다섯 가지 큰 것(五大)의 역설적 비유를 고찰했다. 『노자』45장에서도 '성(成), 영(盈), 직(直), 교(巧), 변(辯)'의 개념을 들어 모순 대립의 역설에 대해 말한다. 『노자』36장에서도 '흡(翕), 약(弱), 폐(廢), 탈(奪)'에 대비되는 '장(張), 강(强), 흥(興), 여(與)'의 대조적 기법으로 은미한 밝음(微明)의 역설을 보인다. 이러한 역설의 대표적인 표현은 "부드럽고 약한 것이 굳세고 강한 것을 이긴다(柔弱勝剛强)"는 노자의 논리다. 『노자』의 마지막 장인 81장도 '진선미(眞善美)'의 역설로 마감한다. 노자의 수많은 비유와 역설은 예수의 비유와 역설에서도 많은 상통점을 보인다. "명도약매(明道若昧)"를 말하면서 스스로 어리석은 자처럼 살았던 노자나 세리들과 함께 하며 비난을 받고 살았던 '화광동진(和光同塵)'의 예수도 모두 성인(聖人)의 지혜를 역설적인 생애로 살았다는 점에서도 상통하는 부분이다. 문자를 넘어서 '무위'의 삶을 살았던 점에서 일치한다. 이것이 노자가 말하는 '도'에 대한 역설의 수사학적 변증법이 아닐까?

참고문헌

[德] 瓦格納 著, 『王弼「老子注」硏究』, (南京: 江蘇人民出版社, 2009)

[漢] 河上公 著, 『道德經集釋王』, (北京: 中國書店, 2015)

[魏] 王弼 注, 『老子道德經注』, (北京: 中華書局, 2011)

陳鼓應, 『老子註譯及評介』, (北京: 中華書局, 2010)

劉康德, 『老子』, (上海: 上海辭書出版社, 2018)

이명권, 『노자왈 예수 가라사대』, (서울: 열린서원, 2017)

맑스와 마오의 삶과 시(詩-포에지)세계

최 자 웅

맑스와 마오의 삶과 시(詩-포에지)세계
-혁명적 메시아니즘 종교와 예술의 신지평과 피안

최 자 웅 (시인, 신부, 종교사회학박사, 사회사상)

1. 동서양의 종교와 시(詩-포에지)라는 예술

    종교는 큰 신학자이며 종교사회주의자였던 폴 틸리히(1886-1965)에 의하면 인간의 '궁극적 관심(Ultimate Consern)'[1]으로 설파된다. 동서양의 수많은 종교들의 양태에도 불구하고 인간과 세계의 의미와 진리를 추구하면서 만들어진 제 종교들은 모두 인간의 행복과 자유를 위한 궁극적 관심의 구조이자 실체라 할 수 있을 것이다. 그럼에도 불구하고 이것이 참된 인간의 진리와 자유와 행복을 위한 것으로 존재하고 역할을 하는가의 유무는 그 종교의 진정성과 사이비성의 준거가 될 것이다.

    일찍이 예술 또한 인간의 참된 자유와 행복을 위한 것으로 인류가 종교 못지않은 장구한 세월에 걸쳐서 추구하는 것이 아닐 수 없다. 그 수많은 예술 중에서도 어쩌면 하이데거가 말한 모든 것의 정상에 있는 것이 문학일 수 있으며 그 중에서도 시-포에지가 정신의 표상과 고도의 인간정신의 상징으로 일찍이 인류가 추구해 온 것이다.

---

1) Tillich, Paul(1965), Brown, B, Mackenzie(ed.),*Ultermate Consern*: Tillich in Dailogue, Haper & Row, 2005.

독일의 세기적 철학자인 마틴 하이데거(1889-1976)는 모든 삶과 정신의 정상에 무엇이 있는가를 묻으면서 철학자인 그로서는 마땅할 철학과 사유가 있다는 말 대신에 모든 것의 정상에는 시(Gedicht)가 깃들어 있다고 하였다. 이 같은 그의 깊은 신념에서 그는 불우한 시인 횔덜린에 관한 빛나고 심오한 시론을 그의 저술로 남겼다. 시(詩)정신과 시의 자리는 하이데거가 말한 바처럼 매우 높고 깊고 핵심적인 인간의 정신과 사상과 미학적 정화이며 응결인 것이다.

서양에서의 지적 고전과 고향이 된 것이 바로 그리스이며 호머의 〈일리어드〉와 〈오디세이〉는 기원전 6세기에 쓰여진 위대한 서사시로 고대 그리스와 로마문명의 상징으로 최고의 문학과 포에지의 전범적 작품이며 15000행과 12000행으로 이루어진 텍스트였다. 그리스 문화와 세계관, 종교에 결정판이 된 그리스 신화도 이 일리어드 이후에 체계화되기 시작한 편이며 마침내 오디세이아와 더불어 고대 그리스는 물론이며 후대의 서양의 모든 문학과 예술과 총체적인 문화의 근원적 내용을 이루고 있다.

그럼에도 불구하고 서양의 지적전통에서, 그 철학의 고전적 효시를 이루는 플라톤(B.C.428-348)은 일찍이 그의 철학에서 시인들은 명증한 이성적 활동과 본질에서 볼 때에 도움이 되지 않는 존재들로 치부하여 이른바 "시인추방론"을 전개한 바 있었다. 물론 이같은 주장은 그의 수제자이자 알렉산더 대왕의 스승인 아리스토텔레스(B.C.384-322)가 그의 저작 시학(詩學-페리 포이에티쿠스)을 통하여 시론을 전개하는 등의 변화가 있었고 그러기에 서양에서의 문학의 장르로서 그리고 정신적 가치로서 시는 특별히 현대철학의 거장으로 일컫어 지는 하이데거의 철학에서 시에 대한 존재론적인 최고의 가치를 부여하며 젊은 날에 시를 실제로 쓰기도 했던 언어철학의 대가이기도 한 하이데거 자신이 모든 삶과 정신

의 정상에 시를 놓고, 그 자신 그 어떤 전문적인 문학자나 평론가를 뛰
어넘는 특별히 횔덜린이나 니이체, 트라클 같은 시인들의 탁월하고 심
오한 시론을 통하여 시의 새로운 해석과 가치를 높게 추구한 바 있었다.
그가 설파한 현대가 불안(Angst)으로 가득찬 '고향상실(Heimatlosigkeit)'
의 시대인데 반하여 시가 이같은 인간의 고향상실을 탈환하거나 회복하
고 귀향(Kehre)하는데 커다란 근원적 추구와 에너지가 되는 것으로 그
는 자신의 시적인 에스프리를 전개하였다.2)

　근 현대에 이르러서 역사적인 기성 종교에서 가장 그 관념성과 위선
성을 폭로하면서 해방과 혁명의 이데올로기로 인간을 자본의 탐욕과 제
국주의의 착취구조에서 해방시키려고 했던 칼 맑스의 혁명사상은 때문
에 치열한 종교비판으로부터 시작되기도 했다. 그러나 이같은 맑스의
사회주의와 공산주의의 사상 또한 폴 틸리히의 관점에서 본다면 또 다
른 강력한 인류의 궁극적 관심과 인간의 자유와 평등과 진리를 위한 또
다른 메시아니즘일 수 있었다고 파악된다.

　종교와 예술이라는 장르는 다를지라도 다같이 인간의 참 자유와 해
방 및 진리와 행복을 위한 그 목표와 가치라는 관점에서 서구의 맑스와
동방 중국혁명의 매우 중요한 마오가 어떻게 시를 이해하거나 가까이
했는가를 살펴보는 것도 매우 의미있는 작업이라고 사료된다.

　또 하나의 강력한 종교로 파악할 수 있는 참 혁명의 이념과 사상 및
실천운동은 모든 인류의 영원한 유토피아-이상적인 사회와 세상을 위한
도정이라고 할 수 있고 또한 참된 문학 그 중에서도 시는 인간의 참된
근원과 고향 및 자유와 행복을 위한 매우 중요한 세계가 아닐 수 없다.
그것은 강력한 인류를 위한 프로메테우스적인 파토스와 해방의 메시아
적인 열정을 전제로 한다.

---

2) Martin Heidegger, "The Origin of the Work of Art"(1935)

2. 칼 맑스의 삶과 시세계

칼 맑스(1818-1883)는 그의 고향 트리에르의 김나지움(Gymnasium zu Trier) 1835년 졸업논문 〈직업 선택에 대한 한 젊은이의 고찰〉에서 이렇게 주장한 바 있다.

> "만일 사람이 자기 자신만을 위해 활동한다면, 그는 유명한 학자나 위대한 현자, 또는 탁월한 문학가일 수는 있으나 결코 완전한 인간, 진정으로 위대한 인간일 수 없다...온힘을 다해 인류에 기여할 수 있는 일을 택한다면, 그 어떤 시련도 우리를 굴복시키지는 못할 것이다...우리는 초라하고 제한된, 이기적인 기쁨을 향유하지는 않을 것이다. 우리의 행복은 수백만 명의 행복이 될 것이기 때문이다."

이 김나지움 졸업논문을 쓴 후에 칼 맑스는 후에 마치 모세가 출애굽기에서 이집트의 학정에 고통당하고 신음하는 이스라엘 백성들을 엑소더스 시킨 해방의 복음과 사건을 통하여 하느님의 백성과 민족으로 거듭나게 하고 젖과 꿀이 흐르는 가나안 복지로 인도하듯이, 탐욕적인 자본주의의 모순과 구조에 신음하는 현대인류를 궁극적으로 해방시키는 철학과 경제학과 실천운동에 그의 헌신적인 동지 엥겔스와 더불어 온 삶을 바쳤다. 실제로 맑스의 외갓집 가계는 전통적인 네델란드 랍비 집안이었고 친가는 모젤 포도주로 유명한 포도밭을 여러개 소유한 유복한 상류 중산층 트리에르 랍비가문이었고 친 할아버지 마이어 할레비 맑스(Meier Halevi Marx)가 랍비였다. 다만 맑스의 아버지 헤르첼은 집안 최초로 현대식 세속 교육을 받고 변호사가 되었다. 그는 유대식 이름을 하인리히로 바꾸고 유대교에서 개신교로 개종을 했다.

이같은 맑스의 배경 속에서 그의 삶을 관류한 것은 그의 조상들의 신분과 정체성이었던 유대교 랍비적 거룩한 메시아니즘과 누미노제의 새로운 변형 및 그의 정신과 감성에 흐르던 대단했던 인문정신과 더불어 시인적인 치열함과 감성이 깃들어 있었다고 판단된다. 실제로 대학에 진학한 맑스는 시인동호회 클럽에 가입했었다. 이 동아리는 경찰에 의하여 요시찰인으로 찍혀있는 정치적 극단주의자들이 우글거리는 곳이었다. 실제로 맑스는 1937년, 문학과 비문학을 모두 써 보기도 한다. 그는 짧은 단편소설 〈Scorpion und Felix 전갈과 펠릭스〉와 희곡 〈Oilanem 오울라넴〉3), 또한 트리에르에 있는 사랑하는 약혼자 예니에게 바치는 연애시4)들을 썼다. 그러나 맑스는 이내 곧 문학창작을 집어치우고 영어와 이탈리아어 공부, 미술사 공부, 라틴어 고전번역에 몰두하다가 1940년에는 브루노 바우와어 함께 헤겔의 『종교철학강의』를 공동으로 편집하기 시작했다. 또한 박사논문도 쓰기 시작하여 1941년에 완성하는데 이 학위논문에서 맑스는 신학이 철학에게 지혜의 상석을 양보해야 한다고 대담하게 논했다. 그 결과 보수적인 베를린 대학 교수들 분위기를 피해서 1941년 4월 예나대학교에서 철학박사 학위를 받는다. 맑스와 바우어는 모두 무신론자이어서 1941년 3월 『무신론 기록원 Archiv des Atheismus』라는 이름의 학술지를 만들 계획을 세웠으나 성과는 보지 못하였다.

　일찍이 트리에르의 프리드리히 빌헬름 김나지움 졸업논문에서 맑스는 종교의 최우선 사회적 목적은 연대를 증진하는 것이라 했는데, 맑스는 종교의 사회적 기능이 정치적 경제적 현상유지 즉 불평등의 유지를 강조하고 기여하는 것이라고 보았다.

---

3) Nicolaievsky & Maenchen-Helfen 1976, p33; McLellan 2006, pp.18-19
4) Marx, Karl;Engels, Friedrich(1975). Collected Work of the Karl Marx and Fredrick Engels. Vol.1. New York: International Piblishers.pp. 531-632.

김나지움 시절에서 심화되고 더욱 나아가 맑스는 1943년 〈헤겔 법철학 비판 서문〉에서 이렇게 주장한다.

"종교적 비참은 현실적 비참의 표현이자 현실적 비참에 대한 항의이다. 종교는 곤궁한 피조물의 한숨이며, 무정한 세계의 감정이고, 또 정신없는 상태의 정신이다. 종교는 인민의 아편이다. 임민의 환상적 행복인 종교의 지양은 임민의 현실적 행복의 요구이다. 그들의 상태에 대한 환상을 포기하라는 요구는 그 환상을 필요로 하는 상태를 포기하라는 요구이다."5)

맑스 박사는 대학에서 강의를 하고 싶어했으나 프로이센 정부가 자유주의와 청년헤겔파를 계속 불온시하고 탄압하는 상황이어서 대학교수의 길을 포기하고 1942년 쾰른으로 가서 혁명적인 언론인으로 활동하게 되어 급진적인 〈라인신문〉에 래디칼한 논설을 기고하다가 결국 단명으로 폐간조치를 당하게 된다.

이같은 온전한 인간적인 자질을 맑스를 가까이에서 관찰하였던 혁명동지인 모제스 헤스의 표현을 빌려 맑스를 비쳐보자.

"자네는 가장 위대한, 아마도 현존하는 유일한 진짜 철학자를 만나게 될 테니 단단히 각오를 해야 할 것이네...나의 숭배 대상인 마르크스 박사는 중세 종교와 정치에 최후의 일격을 가하게 될 아직 기껏해야 24살의 대단히 젊은 사람이라네. 그는 심오한 철학적 위엄과 날카로운 재기를 겸비하고 있다네. 루소와 볼테르, 홀바흐, 레싱, 하이네, 헤겔이 이 하 사람에게 통합되어 있다고 행각해 보게나. 혼합되어 있는 것이 아니라 통합되어 있다고 말했네. 자네도 마르크스 박사를 만나면 그렇게 느낄 걸세"

---

5) K.Marx, Joseph O Malley,1977. critique of Hegel's philosophy of right. CPU archive. 131. ISBN 978-0-521-29115.

-1941년 청년 헤겔학파 모제스 헤스Moses Hess가 친구에게 보낸 편지

이 편지에 나오는 맑스의 자질과 프로필에 시인 하이네와 문인 볼테르나 레싱이 포함되어 있다. 실제로 트리에르 고향에서 그는 시인을 꿈꾸기도 하였으며 생애적으로 그는 물론 직업적 문인이나 시인은 아니었을지라도 맑스의 수많은 저서와 집필과 문장 속에는 뜨거운 메시아니즘과 더불어 시인적인 가슴과 감성이 혁명적인 로맨티시즘으로 도도히 흘러가고 깃들어 있다.

1842년 당국에 의하여 젊은 맑스가 혁명적인 저널리스트의 활약을 맹렬하게 전개한 〈신 라인신문〉의 폐간호에 맑스는 격렬한 시를 마지막으로 실었다.

'이제 안녕, 이제 안녕, 너 투쟁하는 세계여.
이제 안녕, 이제 안녕, 너희들 격투하는 군대여.
이제 안녕, 너 포연으로 그을린 전장이여.
이제 안녕, 너희들 칼과 창이여!
이제 안녕, 허나 영원히 이별은 아니지!
정신이 파멸되지 않았으니, 형제들1
이제 곧 떨치고 일너나
전열을 가다음어 돌아가리!
…
말로, 칼로, 도나우 강가에서, 라인 강가에서
언제나 신성한 동반자는
왕자를 파괴하는 군대가 되리
파문당한 자, 반란자!

-〈신 라인신문〉 폐간호에 실린 마지막 시

　실제로 낭만주의 시인으로 유명한 시인 하인리히 하이네(1797-1856)는 맑스와 교류하고 우정을 나누기도 하였다. 훗날 역사가 E.H.카가 낭만적 망명객(Romantic Exeilers)들로 불리우며 교분을 나누는 맑스와 같이 독일로부터 망명한 하이네는 파리에서 맑스 부부와 자주 만났으며 자신이 쓴 시를 맑스에게 읽어주면서 맑스의 제언을 듣기도 했다. 이같은 교류 속에서 하이네의 시는 점차 현실을 비추는 참여문학의 형태를 지니게 되어 유명한 맑스가 편집 발행한 새로운 저널 〈전진 Vorvaert〉지에 『슐레지언의 방직공Die schlesischen Weber』[6]을 싣고 이어 〈독일 겨울동화집 Ein Wintermaerchen〉등의 걸작이 나오게 된다.[7]

3. 중국혁명과 마오와 시세계

　서양에 비하여 그 지적이며 정신적 문명과 문화는 찬란하고 화려한 꽃을 피우고 문화와 문명을 자랑하던 동양에서는 시는 어떤 점에서는 서양보다도 더욱 중요하게 인식되고 가치있게 추구되었다. 그리하여 유구한 동양의 정신과 수양 및 엘리트의 양성에 있어서 동양에서의 시경은 가장 중요한 필수적 고전과 학습의 내용이 되었다. 심지어 동양에서는 인간을 이해하는 고전적인 유교의 가르침은 물론이고 유교가 아닌 노자와 장자와 제자백가들에 있어서도, 또한 불교에 있어서도 이른 바 불교적 진리를 체득한 고승들과 선사들에 의한 선시들의 경지는 시경 못지 않게 중요하게 인식되어 왔다.

---

6) Sammons 1979, pp. 253-260.
7) 앞의 책. 268-275.

물론 전국시대의 사상가들 중에는 순자와 같은 일부 사상가는 어쩌면 서양의 플라톤처럼 시와 시인들과 화-그림들에 대하여 비슷하게 부정적인 주장을 펴기도 하였다. 그럼에도 불구하고 동양정신의 주류에서 시는 한 인간의 정신과 존재의 내공을 나타내고 평가할 수 있는 가치와 준거로서 오랫동안 그 명맥을 뚜렷하게 이어온 바 있다. 서양에서의 문학이나 시라는 장르와 작업이 예술로서 가치를 이어온 데 반하여 동양에서는 시는 이른바 한 사회와 역사를 이끌어가는 엘리트- 지적인 신사계층이나 관료계급의 선발과정과 교육과정에서도 매우 중요한 인문적인 엄격한 평가와 잣대로서 그 중요성과 역할을 수행하였다.

이같은 동양에서의 정신적 지적 전통을 이어받은 이가 맑시스트 혁명가로서 손문에 이어 중국을 사회주의 혁명으로 새롭게 만들고 승리한 모택동이었다. 모택동은 그를 명명하고 규정하는 수많은 명명- 일찍이 보편적 맑스 레닌주의를 중국의 현실에 창조적인 '모순론'과 '실천론'의 철학으로 적용한 마오이즘을 이룩한 탁월한 철학적 사상을 제공한 혁명가, 중국홍군을 만들고 승리로 이끈 천재적인 군사전략가, 중국공산당이라는 간고한 조직을 중국혁명이 상징하는 대장정과 고난의 비극적 시대를 탁월하게 이끈 향도와 교사라는 수많은 그의 면모와 함께 그가 혁명적 시인이었다는 본질적인 규정과 해석이 또한 결코 놓칠 수 없는 그의 존재와 요소라고 할 수 있다.

중국혁명은 -중국혁명의 승리 직전인 1945년 연안에서 열린 제7차 중국공산당전국대회의 회의석상에서 그의 연설로 사용한 열자(列子)의 탕문(湯問)편에서 예화로 사용한- '우공이산(愚公移山)의 대역사였다. 실제로 모택동은 중국혁명을 우공이산의 고사에 나오는 어리석은 노인이 산을 파 옮기는 비유를 통하여 세 개의 중국 인민과 민족 앞에 압박하고 군림하는 거대한 산 -삼좌대산-을 봉건주의, 제국주의, 그리고 장개석

과 사대가족이 지배하던 관료독점 자본주의로 규정하고, 이 세 개의 큰
산을 파 없애는 혁명의 대역사는 고사에 나오는 하늘의 상제가 우공의
정성에 감동하여 산을 옮겨주는 것이 아니라 중국의 인민을 감동시켜야
일굴 수 있다고 설파하였다. 중국의 고전인 열자의 탕문편에서 이 고사
를 끄집어내어 가장 절실하고 현재적인 중국인민과 중국혁명에 대입시
키는 모택동의 지적인 힘과 언어의 힘이 - 그 철학과 더불어 언어의 절
정이며 응축이며 핵인 시(詩)의 힘과 더불어 중국혁명의 또 다른 차원의
에너지와 창조의 원천이었다고 생각된다.

　　모택동은 누구보다도 일찍이 그의 소년시절에 서당의 교육을 통하
여 중국고전을 공부하였고 특별히 그의 정신과 생애에서 중요하기 그지
없는 젊은 날의 호남사범의 교육을 통하여 그의 은사였던 양창제로부터
철학적 사유의 가르침과 훈련을 받았고 또한 유수한 호남사범의 스승들
을 통하여 중국의 고전과 시를 짓는 교육과 훈련을 받은 바 있었다. 그
러한 모택동이 질풍과 노도의 파란많은 혁명가의 삶을 살면서도 그의
생애의 많은 시간 속에서 그가 놀라운 독서광의 면모와 더불어 언제나
시를 짓는 시인의 삶을 추구하였던 것이다.

　　모택동(毛澤東 Mao Tsetung, 1893.12.26~1976.9.9)의 존재와 삶은 중
국대륙의 역사에서 고대에서는 분열된 봉건국가를 통일한 진시황제에
비견되기도 한다. 그는 수천 년 봉건적 왕조를 공화혁명으로 바꾼 국부
손문에도 비견되고 또한 손문은 홍수전의 태평천국을 이어받은 혁명적
전통과 연속선이었으며 손문의 혁명이념인 삼민주의를 이어받은 것이
모택동의 이른바 신(新)삼민주의였다. 물론 모택동은 어린 날 6년간의
서당에서의 유교를 익힌 인문적 바탕 위에 그의 젊은 날, 제국주의의 저
당물로 전락한 조국과 세계의 운명을 바꾸고자 맑스 레닌주의를 진리와
실천전략으로 받아들이고, 1921년에 소수의 혁명적 지식인으로 결성된

중국공산당의 창당 이래 피어린 투쟁의 역사와 과정 속에서 정치적 사상과 군사적 무장력인 홍군을 만들어 내면서 1945년 10월에 드디어 중국의 사회주의 혁명의 승리를 일구어내었다. 그것은 레닌의 1917년 러시아 혁명에 이은 동양 최대의 대륙, 중국의 천지개벽에 가까운 놀라운 역사의 전변이었다. 그리고 그 놀라운 혁명의 승리에는 참으로 인간의 필설로 형언하기 어려운 고난과 희생들이 있었고, 그것의 상징이 현대의 출애굽기로도 비유되기도 하는 1933~34년에 이루어진 대장정(大長征) - 롱 마취였다. 그것은 인간이 이루어낸 고난의 대서사시로 일컬어지기도 한다.

1949년 10월 북경의 천안문에서 중화인민공화국과 혁명의 승리를 세상에 선포하기 1년 전에 모택동은 다음과 같은 시를 썼다.

七律
人民解放軍佔領南京
一九四九年四月

鐘山風雨起蒼黃,
百萬雄師過大江。
虎踞龍盤今勝昔,
天翻地覆 慨而慷。
宜將剩勇追窮寇,
不可沽名學霸王。
天若有情天亦老,
人間正道是滄桑。

칠언율시
인민해방군 남경을 점령하다
1949년 4월

장정의 혹독한 시련이 변화로 일어나니
백만 정예군은 큰 강을 건너 간다.
험준한 산세는 옛보다 오늘이 아름답고
천지개벽에 마음까지 격앙하구나.
명예를 탐내는 초의 패왕을 본 받지 말고
승승장구하여 막다른 적군을 추격하라.
하늘이 유정하고 하늘도 늙으리니
세상 변천이 몹시 심함이 진리이리라.

장정의 혹독한 시련이 변화로 일어나니/ 백만 정예군은 큰 강을 건너 간
다/ 험준한 산세는 옛보다 오늘이 아름답고/ 천지개벽에 마음까지 격앙
하구나./ ··하늘이 유정하고 하늘도 늙으리니/ 세상 변천이 몹시 심함이
진리이리라.

    1934년 10월 16일에 강서성 서금소비에트를 8만의 홍군병력이 출
발하여 무려 2만 5천리(12,500km)를 장개석의 막강한 70여만의 국민당
병력의 화력과 160여대의 항공기와 군대의 추격 속에서 오직 홍군으로
불리우는 강철 신념을 지닌 인간들의 두 다리로 일 년여 (370일)에 걸쳐
중국대륙의 남쪽 끝 강서성에서 출발하여 사천방향을 크게 우회하고 휘
돌아 중국의 서북부 끝 오지의 마침내 황량한 황토지대 연안 끝까지 살
아남은 부상병 2만 명과 함께 8,000명이 도달한 것이 대장정이었다. 인
간의 필설로 쉽게 표현할 수 없었던 고난의 위대한 서사시인 장정은 중
국혁명의 위대한 선언서이며 파종기였다.

장 정
1935년 10월

홍군은 고난의 원정을 겁내지 않거늘
멀고 험한 여정을 다만 예사롭게 여기리
오령을 물결치듯 흔들거리며 협곡을 오르고
웅장한 오봉산을 흙덩이 구르듯 내려오리
금사 강물 치는 깎은 듯한 낭떠리지는 따스하고
대도하를 가로 걸린 교각의 쇠줄은 차거우리
한층 더 반가우리 민산의 천리 뻗은 눈들
삼군이 지나친 후에야 웃음꽃을 피우리

  그 과정에서 가장 높고 험한 산의 하나였던 육반산을 타고 넘으면서
모택동은 고난 속에서도 웅혼한 혁명의 기상과 가슴으로 이렇게 노래했다.

청평악
육반산
1935년 10월

하늘은 높고 구름은 맑은데
남으로 가는 기러기떼 아득히 멀어지네
만리장성에 이르지 못하면 대장부가 아니리
손꼽아 헤아려보니 걸어 온 길 2 만리

육반산 최고봉에
붉은 깃발 서풍에 퍼럭이구나 。
오늘에야 긴 끈 손에 쥐었으니
언제 저 창용을 묶을 수 있으랴?

장정이 끝나고도 또 다른 전투와 전쟁과 혁명의 장정이 이어졌다. 그리하여 '장정의 혹독한 시련이 변화로 일어나니/ 백만 정예군은 큰 강을 건너 간' 중국 홍군의 도정이고 혁명의 역사였다. 그러나 그 과정과 길 또한 혁명적 낙관주의와 시적인 가슴으로 느끼면 '험준한 산세는 옛보다 오늘이 아름답고/ 천지개벽에 마음까지 격앙'케 함을 모택동은 노래했다. 이 시가 쓰인 곳이 아직 남경이기에 '승승장구하여 막다른 적군을 추격하라.' '하늘이 유정하고 하늘도 늙으리니'는 인민과 혁명의 대의로 진격하는 홍군과 중국공산당에게 하늘이 유정하여 돕고 낡은 하늘인 장개석과 국민당군은 마침내 늙고 패망하리라는 것을 장쾌하게 노래한 것이다.

실제로 모택동과 그의 동지들과 중국공산당과 홍군은 장정으로 상징되는 희생과 고난의 서사시를 혁명적으로 엮으면서 그들의 승리를 일구어 간 것이었다. 그리고 그 과정과 대서사시는 모택동의 타천하(打天下)의 명제처럼 "모든 정치권력은 총구에서 나온다"라는 또 하나의 진리의 실현과정이기도 했다. 그럼에도 불구하고 혁명은 단순한 무장력 총과 무기에서 가능한 것만이 아니라 진정한 혁명은 혁명의 철학과 언어로 빚어지고 씨 뿌려 열매를 맺고 뿌리를 내리고, 꽃 피어난 것이었다. 일찍이 철학자 마틴 하이데거가 '언어는 존재의 집'이라고 설파한 바 있다. 중국혁명이라고 하는 거대한 역사의 전변과 드라마는 마땅히 심오한 혁명의 철학과 그것이 바탕이 된 창조적 언어의 힘과 원천이 있었다. 그리고 무엇보다도 중국혁명의 핵이었고, 불꽃이었던 모택동은 그의 독서광에 가까운 치열한 인문학적 정신과 열정 위에 중국의 모든 전통적 고전과 역사서와 시가(詩歌)에도 정통한 학자이자 시인이었다. 그는 굴원과 두보를 좋아하고, 이백도 애송하였다. 그의 파란만장한 삶과 투쟁의 역사의 갈피에 감히 쉽게 그 누군가 흉내 낼 수 없는 시가 탄생하고, 그것은 중국혁명을 견인하는 또 하나의 영혼의 강물과 불꽃의 언어로 타올라 마침내 중국대륙을 한 점의 불꽃이 광야를 온전히 태우는 역사를 일군 것이었다.

沁园春
长 沙

独立寒秋,
湘江北去,
橘子洲头。
看万山红遍,
层林尽染;
漫江碧透,
百舸争流。
鹰击长空,
鱼翔浅底,
·
·

장사
1925년

차가운 가을 날
상강은 북으로 흐르는데
나 홀로 귤 섬 앞 부분에 섰노라.
바라보니 산마다 온통 붉고

층을 이루며 숲마다 물 들었네
넘실대는 강물 푸르고 투명한데
온갖 큰 배들은 다투며 흘러가네.
매는 창공을 가르며 날아가고
물고기는 물속에서 뛰어 오르거늘
만물은 늦가을 밤하늘 아래서 자유를 다투네.
아, 광활하여라
묻노니, 아득한 대지에서
그 누가 흥망성쇠를 주재하느냐?

일찍이 벗들과 더불어 노닐던
그 때를 생각하니 험한 세월 많았었네 .
어린 시절 학우들
풍채와 자질은 빼어나고
서생의 기개를
굳세게 떨칠 때라 .
세상을 가르치는
글귀를 휘날리며
그때 제후들이 영토를 짓밟았었지 .
기억하는가?
저 강물 한 가운데 들어가 수면을 치며
물결이는 배를 저지하던 그 일을

이 시 최초 발표는 시간 (詩刊) 잡지에 1957년 1월 발표.

　　1925 년에 쓴 이 시는 제목 그대로 모택동의 장사 시절의 청춘의 꿈
과 나날을 노래한 시이다. 모택동은 그의 고향 호남성(省) 상담현 소산마
을에서 태어나 아버지의 반대를 무릅쓰고 호남성의 수부인 장사로 가출

하여 호남성립 장사사범을 입학하여 6년간의 수학기간에 의미 깊고, 결정적인 중국혁명의 정신적 인적 기반을 형성한다. 그는 그곳에서 나중에 그의 장인이 된 스승 양창제를 만나 인문철학과 윤리의 골격을 만들며 털보선생으로부터 중국의 전통적 시의 공부를 깊게 할 수 있었고, 무엇보다도 호남사범 내에 모택동의 주도로 〈신민학회〉를 결성하여 이 신민학회의 회원들은 모택동을 비롯하여 중국혁명의 비범한 지도자 군으로 성장하게 된다. 바로 그 학회의 이름 또한 중국의 전통 유학 고전인 대학(大學)에서의 삼강령 팔조목 강령에 나오는 '明明德 在親民.'을 따온 것이었다. 즉 도탄에 빠진 민(民)을 새롭게 하고 민과 가까이 하려는 그런 진리와 실천적 삶을 추구한다는 목적이었다. 이러한 목적과 가치를 동지적으로 추구하던 신민학회의 회원들은 따라서 졸업 후에 중국혁명이라는 대의와 가치를 위하여 모택동과 그의 절친 채화삼 등 수많은 호남사범학교 내의 신민학회회원들이 근검공학단을 통하여 불란서로 유학을 하며 고학을 하였다가 돌아와 중국혁명에 크게 이바지하고 활약하였음은 물론이다. 다만 모택동은 자신은 해외유학도 좋지만 그 보다도 중국을 더욱 알고 남아서 일하는데 가치를 부여하였다.

그리고 모택동은 장사 고향을 떠나서 북경에서 스승 양창제의 도움으로 훗날 중국공산당의 창당과 철학에 매우 중요한 거목인 이대쇠(李大釗)가 북경대학 도서관장으로 있던 도서관의 하급 사서직을 거쳐서 상해에서는 세탁부로 생계를 잠시 이어가면서 맑스 레닌주의를 신념으로 받아들이고 마침내 상해에서는 1921년에 중국공산당을 창당하고 자신의 호남성 서기로 활동하다가 잘못된 공산당 지도부의 설익은 급진적 전략으로 추수폭동에 실패한 후에 1927년 남은 패잔병 병력 1,000여명과 더불어 험준한 정강산에 은신하여 새로운 홍군과 근거지를 만들어 중국혁명의 새로운 힘과 거점과 지도인물로 부상하게 된다.

모택동은 스승 양창제(楊昌濟)의 따님이자 자신의 호남사범 후배인 양개혜(楊開慧)와 결혼하였으나 이 간고한 혁명의 세월과 과정 속에서 양개혜가 부패한 군벌에 살해되는 비극을 겪으면서 어린 아들 둘은 나중에는 하나는 찾게 되었지만 유랑 방황하는 상황을 맞이하였다. 모택동은 비극적인 짧은 삶으로 애처롭게 마감한 그의 양개혜에 대한 애틋한 사랑과 그리움을 시로 노래하기도 하였다. 실제로 모택동의 혁명적 삶은 그가 사랑했던 양개혜를 위시하여 수많은 동지들과 홍군들 및 참 문학을 사랑하며 같이 나눌 수 있는 유아자(柳亞子)를 비롯한 문우들과의 정신적 교유의 산물이기도 했다. 모택동은 그의 아내 양개혜와 동생과 아들들을 모두 혁명의 과정에서 잃어야 했다. 실제로 모택동의 삶의 말기에 정권수립과 특히 문화혁명 이래 정치적 입지가 상당히 달라진 옛 동지들의 장례식에 거의 나타나지 않기로 소문난 모택동이 어느 날 많은 이들의 놀라움 속에 나타난 일이 있었다.

모택동과 더불어 중국공산당의 창당원로이거나 홍군의 동지들인 동필무, 주덕, 진의, 염검영등이 시를 썼다. 홍군지도자 –무인은 아니었으나 곽말약도 혁명동지로서 시로써 교분을 나누고 마음을 나눈 벗들이었다. 간고한 혁명을 통하여 생사고락을 같이 한 동지들은 무수히 많았으나 모택동과 혁명의식과 더불어 시와 문학을 통하여 깊은 인간적 우정과 교감을 나눈 혁명동지나 전우는 그리 흔치 않았다. 특히 홍군의 아버지로 불리우는 전형적인 무골장군인 주덕과 엽검영 등도 시를 썼다. 나중에는 정치적 라이벌로 몰려 숙청되기도 하지만 팽덕회에게도 모택동은 혁명전쟁 시기에 시를 보내기도 하였고 팽덕회 또한 답신을 하기도 했다. 어쩌면 중국혁명은 치열하고 간고한 장정으로 상징되는 혁명전쟁의 과정이면서도 혁명적 철학과 신념은 물론이고 심오한 인문정신과 뿌리깊은 혁명적 시인들의 혁명적 에토스와 로맨티즘이 또 다른 차원의 대단한 에너지원이었다고 파악된다. 1921년 전국의 공산당원이 약 300명에 불과하였지만 역사적인 출발이자 사건인 7월 상해에서의 모택동의 중국공산당 창당 12인 동지인 동필무는 300편의 시를 수록한 〈동필무 시선〉을 발간했다.

1972년 1월 6일 문화혁명의 와중에, 정강산 시절 이래의 모택동의 동지였던 사천성 태생으로 근검공학단 출신인 72세의 노혁명가 진의(陳毅)가 숨을 거두었다. 진의는 중국혁명의 원로이자 모택동, 주덕, 임표와 더불어 전설이 된 남창폭동과 정강산에서 장정에 이르는 혁명의 과정과 혁명전쟁에서 1936년에 가나지역의 오령일대에서 유격전을 지휘하고 그 후에는 회남지구를 관할하던 홍군의 십대원수의 한사람이자 중국혁명의 승리 후에 그는 초대 외상을 지낸 주은래에 이어 외상직을 수행했다.

진의는 문화혁명 당시 천하를 주름잡던 강청 등의 4인방 세력에 맞서 힘겨운 싸움을 벌이다가 중병을 얻어 결장암으로 세상을 뜬 것이었다. 당시 아직도 북경의 정치적 분위기는 살벌하였다. 진의의 추도회는 수상 주은래가 맡아 진행하고 엽검영이 추도사를 읽기로 되어 있었다. 엽검영이 추도사 원고를 써서 모택동에게 먼저 보냈다. 추도사 속에 엽검영은 유공유과(有功有過)」라고 썼는데, 이를 본 모택동이 有過를 지워버렸다. 그러나 모택동의 참석은 생각할 수도 없는 일이었고, 정치국 위원이나 혁명의 老간부들의 참석조차 불투명한 상황이었다. 그러나 1월 10일 하오 3시, 팔보산 혁명공묘 예당에서 거행된 진의의 추도식은 전혀 예기치 못했던 돌발사태로 말미암아 술렁거리기 시작했다. 모택동이 나타났기 때문이었다. 건강을 걱정한 의사와 경호원들이 말렸으나 오히려 모택동은 빨리 가자고 재촉하기만 했다. 그날따라 날씨는 매우 춥고 사나웠다. 모택동이 진의 추도회에 참석한 것은 그 누구도 예측할 수 없었던 극적 상황이었다. 팔보산 휴게실에서 모택동은 진의의 미망인 장 서에게 다가가 손을 잡고 위로의 말을 전했다. "진의 동지는 정말 훌륭한 동지였소" 그는 진의의 네 딸과도 일일이 악수하며 "더욱 노력 분투하게나. 진의 동지는 중국혁명과 세계혁명을 위하여 크게 공헌하였네. 그 공로는 길이 남을 것이네"라며 격려했다. 이어 모택동은 중국인의 장례 의전대로 붉은 깃발에 덮인 진의의 골회 앞에 머리 숙여 세 번 절했다. 이 때쯤 주은래, 주덕, 엽검영 등이 도착했다. 진의의 미망인이 울음을 터뜨렸다. 이때 누군가가, "주석님이 울고 있다"고 외쳤다. 그 순간 진의의 옛 동지들이 한꺼번에 오열을 쏟아냈고 그들의 통곡 소리가 방안을 가득 메웠다. 이 자리에서 모택동은 그동안 역경에 처해 있던 자신의 옛 혁명 간부 동지들이 반가워할, 뜻 있는 말과 행동을 보여줌으로써 이날 이 자리의 역사적 의미를 깊게 했다.

무엇보다도 진의는 주덕이나 등소평과 같은 사천성 출신으로 불란서 빠리로 근검공학을 다녀온 이래 1925년부터 남창폭동을 포함한 중국혁명에 참여하여왔으며 모택동과 1927년 정강산 시절 이래의 중국혁명에서의 걸출한 동지였고, 생사고락을 같이한 지도자였다. 그리고 진의는 또한 무엇보다도 시를 짓고 쓴 혁명가 시인이기도 했다. 잠시 정치적 입장이 서로 달랐어도 모택동은 혁명동지와 지도자로서 또한 시인으로서 살아왔고 깊은 정신적 교감을 나누던 진의에 대한 깊은 존경과 애정을 이렇게 그의 마지막 장례의 자리에서 표한 것이었다.

진의는 젊은날 파리의 근검공학단으로 유학을 하면서 1920년대에 프랑스 문학 작품을 많이 번역하였으며 스스로도 시와 소설을 많이 썼다. 1925년 귀국이래 혁명군에 홍군지도자로 나서면서도 그는 틈틈이 또한 건국후에는 많은 시를 써서 1977년 북경의 인민문학출판사에서 펴낸 〈진의시사선집에는 150편의 시문이 수록되었다. 진의는 호방하고 직정적이면서도 낙천적이며 순정적인 인품과 자질로 일컬어 졌고 소나무와 눈보라의 고결함과 순백성을 사랑하면서도 낭만적 환상이나 신기함 따위는 될수록 기피하고 따라서 그의 시적 언어는 솔직하고 명증하였다. 다음의 시에서 보이는 정조도 간결하고 직정적이다.

> 나는 강 머리에 살고
> 그대는 강 꼬리에 산다네
> 서로의 정이 끝이 없으니
> 함께 이 강물을 마신 탓이리
> -미얀마의 친구에게

모택동은 맑스 레닌주의를 중국현실에 창조적으로 구현한 혁명사상가와 실천가면서도 단순한 기계적 유물론자가 아닌 정신과 주관능동성을 높이 평가하고 의지와 신심(信心)을 강조하기도 하였다. 마오의 삶과 중국혁명의 고난의 대역사를 견인한 것도 바로 이 같은 혁명적 신념과 더불어 높은 정신의 표상인 시정신의 결합이라고 말한다면 그것은 결코 과언이 아닐 것이다. 특히 동양에서는 이른바 선비나 인간의 높은 수준의 군자적 완성을 이른바 문사철(文思哲)로 일컬으며 추구하였고 여기에서 정신의 융합과 표상으로서는 단연 문장은 물론이고 그 높은 형태와 고양의 결실인 시가 항상 강조되고 중요시 되었던 것이다.

重陽
1929 년 10 월

人生易老天難老,
歲歲重陽。
今又重陽,

戰地黃花分外香。

一年一度秋風勁,
不似春光。
勝似春光,
寥廓江天萬裡霜。

중 양

인생은 쉽게 늙어도 하늘은 늙기 힘들고
해마다 중양절은 찾아 오네.
금년에도 또 중양절인데
전쟁터의 들국화만 유달리 향기롭구나.

해마다 가을바람 세차게 일지만
봄빛과 다르네.
마치 승리의 봄빛처럼 느껴지는데
광활한 강천 만리에 찬 서리만 내리네.

　　필자의 개인적 소견으로는 모택동의 1927년 추수폭동 실패 후 험준
하고 열악한 산에 올라 중국 최초의 쏘비에트 근거지를 일군 이년 후의
정강산 시절인 1929년에 쓰인 '중양'의 시가 많은 차원에서 깊은 문학
적 향기와 서사적 의미가 강하게 느껴지는 작품이다. 전쟁의 살벌하고
황막한 상황에서도 가을에 피어나는 들국화를 바라보면서 '해마다 가을
바람만 세차게 일지만', 그 '봄빛과는 다른' 가을 찬 바람도 '마치 승리
의 봄 빛 처럼 느껴져' 오는 가슴으로 '광활한 강천 만리에 찬서리만 내
리네' 라고 혁명적 낙관주의와 더불어 비감스러우나 중양절 찬 서리 국

화를 격조 높게 시로 노래한 이 작품은 어쩌면 수많은 모택동의 시문학을 일관하는 시정신과 시심(詩心)이자 혁명적 신심과 자연의 무상함도 전변도 뛰어넘고 하나로 응축시켜 노래한 걸작으로 느껴진다. 수많은 모택동의 시편들은 비극적인 고난의 세월과 시대에 불굴의 혁명적 신념, 서사와 자연의 미학을 일치시키고, 그 고난의 역사와 세월 속에서 영웅적으로 싸우고 살고 사랑하고 죽어간 이들을 사랑하면서 그들을 가슴과 영혼으로 깊게 새기며 시적으로 고양하며 형상화하였다고 보여 진다.

4. 에필로그

세계사상에 있어서 놀라운 에너지와 열정으로 전지구적인 자본주의와 제국주의 구조를 혁명적으로 혁파하고 유토피아 세계를 건설하려던 칼 맑스의 이론과 혁명적 실천운동은 레닌에 의한 광대한 러시아혁명과 더불어 마오에 의한 중국대륙의 공산화와 혁명의 성공으로 가히 한 때는 전지구적으로 사회주의 혁명의 깃발과 에너지가 넘치기도 했다. 그러나 숭고하고 헌신적인 수많은 이들의 염원이 깃들고 희생이 있었던 이 사상과 실천운동은 러시아의 스탈린주의의 가히 중세적인 모순의 집적과 기계적 사회주의 철학의 박제화 및 당과 관료 제도의 폐쇄적 한계성등으로 말미암아 독일에서의 베를린장벽의 철폐 및 동서독의 이상한 통일과 함께 사회주의 동구권의 몰락과 소련연방의 해체와 더불어 심각한 위기 국면에 접어들었다. 원래 사회주의와 공산주의 사상은 그 철학적 원리와 내용으로서도 인간의 해방의 이념과 사상이었다. 그리고 그것을 가능케 하는 강력한 혁명의 대수학으로서의 변증법이라는 것이 내장되어 있었다. 그럼에도 불구하고 일단 혁명이 제도적으로 성공한 이후에는 사회주의 혁명의 사상이나 실천운동 또한 중세적으로 병들어 버렸다.

이러한 현상 및 증세는 누구보다도 체제 안의 참된 사상가들과 특별히 문학을 비롯한 예술인들로부터 예민하고 격렬하게 그 문제들이 제기되었다. 칼 맑스 자신이 단순한 혁명사상가와 이론가가 아니라 그 인간적인 요소로서는 시인적인 체질이었고 랍비적 메시아니즘의 후예였다. 그 자신 젊은날에는 시를 썼고 한 때는 작가와 문인으로서 살려는 꿈도 지닌 바 있었다. 러시아문학의 해방전통을 이어받은 솔제니친을 비롯하여 첵코의 하벨같은 이들이 그러했고 만약에 감수함의 토끼와 같은 이들의 외침과 문제제기에 사회주의체제가 조응했다면 사회주의권의 붕괴는 미연에 방지될 수도 있었을지도 모른다.

바야흐로 이제 중국대륙은 우리의 낡은 과거의 적이 결코 아니라 현재와 미래 우리의 삶과 세계의 중심과 우방으로 함께 더불어 살아가는 친구의 나라이기도 하다. 이 같은 중국의 인민들 속에서 손문과 더불어 아니 그 이상으로 공과의 논난을 뛰어넘어 명시공히 중화민족의 국부와 태양으로 존경과 숭모의 대상인 모택동의 시인적 존재와 그의 핵심적인 시문학을 우리가 가까이 이해하고 음미하는 것은 매우 의미 깊고 필요한 일이 아닐 수 없을 것이다.

특별히 아직도 낮은 수준의 이념적 현실에서 미망에 사로잡혀 있기도 한 한국의 정신계나 종교계를 위해서도 미국의 저명한 신학자인 폴레만이 20세기 현대 세계의 출애굽(Exodus)이라고 일컫는 중국의 대장정과 현대중국의 파노라마와 역사를 구약복음의 핵심사건인 모세의 출애굽과 더불어 마오와 중국의 대장정으로 상징되는 중국혁명과 시인 마오의 시문학을 음미하거나 이해하는 것은 오랫동안 세계관과 혁명적 이데올로기에 대하여 냉전구조적인 한계의식에 포로가 되어있던 우리사회의 정신계와 특별히 종교계에 새롭고 의미있고 긍정적인 인식의 변화가 요구된다고 본다.

중국에 있어서도 그 혁명이 성공한 후에 혁명의 타락과 특권 엘리트의 관료화- 소위 전의 문제가 크게 부상하면서 원래 중국혁명의 최고의 에너지와 가치와 요소라고 할 수 있는 아시아적 창조적 맑스 레닌주의로 일컫은 모택동사상에서 가장 중요하게 치부되는 영구혁명-홍의 문제가 강력하게 제기되기도 했다. 그 대표적인 표상이자 사건인 대장정과 혁명기의 연안정신이나 연안공동체는 현대판 인류의 마치 구약의 엑소더스와 서사시로 일컫어 지기도 했다.

그것은 장엄하고 고귀한 인류의 새로운 해방과 혁명을 위한 종교적 행태일 수도 있었다. 그리고 그 간고한 고난과 비극의 세월에 혁명적 투쟁을 하면서도 마오를 비롯한 혁명의 지도자들과 본고에서 언급된 탁월한 홍군 지도자들이 시를 쓰는 이들이 적지 않았다.

참된 문학과 시는 영원한 인류의 프로메테우스적인 불을 훔쳐서 인간의 자유와 행복을 위한 것이라 할 수 있다. 물론 시에는 메시아니즘으로 인류를 구원하려는 브라흐만적 요소와 더불어 인간의 섬세하고 미세한 삶과 정신을 이해하고 추구하는 아트만적 요소가 모두 깃들어 있다. 작가 최인훈의 개념으로 한다면 참된 시와 문학은 광장적 요소와 밀실적 요소가 모두 중요할 수 있는 것이다.

오늘날 동서양 가리지 않고 종교의 위기상황이 초래되고 있다. 기독교의 침체현상과 더불어 인류와 세계의 평화와 구원을 위하여 과연 제 종교들이 순기능을 하는가 역기능을 하는가의 문제가 매우 심각하다. 여기에서 궁극적 관심으로서의 종교가 다시 치열한 자기갱신과 혁명을 통하여 스스로를 회복하고 인류의 평화와 진리의 추구에 기여해야만 하는 소이연이 있다. 인류가 현세기에 노정되는 사상의 혼돈과 공황상태에서 벗어나서 그 바른 희망과 피안을 설정하기 위한 진정한 종교와 사상의 일체화는 종교 자체의 혁명, 해방과 더불어 프로메테우스적인 문

학 특히 시적 인간과 시적 에토스와 에너지가 강력히 요청된다고 생각
된다. 맑스가 젊은 날에 『신 라인신문』이 폐간 될 때에 썼던 굵고 뜨거
운 시의 열정-파토스와 더불어 하이데거가 시의 근원적인 본질로 바라
보는 고향상실의 시대에 진정한 인간의 고향회구와 탈환의 시정신과 작
업은 진정한 우리 시대와 세계의 참 메시아니즘적 종교로의 회구와 더
불어 매우 중요하다고 생각되는 것이다.

참고문헌

Der Orden Brie Briss, Mittelungen der Glossloger für Deutschland, VIII. Sammelbl. jued.Wiss.

Nikolaus SAndmann: Heinich Marx, Jude, Freimauer und Vater von Karl Marx. Hamburb, Heft 5/1992.

Heine Prtal. MEGA. Abteilung III.Bd.1.Diez Verlag, Berlin.1975.

Edda Giegler: Heinlich Heine. Leben-Werk- -Wirkung. Artemies & Winkler, Duesseldorf/ Zürich 1997.

These über Feuerbach - MEGA Abt. 1975.

Wheeler, Michael (2020). "MartinHeidegger". In Edward N. Zalta (ed.). Stanford Encyclopedia of Philosophy (2020 ed.).

Martin Heidegger, Aristotle's Metaphysics, Bk. IX Ch.1-3: On the Essence and Actuality of Force, trans. Walter Brogan and Peter Warnek (Bloomington, Ind.: Indiana University Press, 1995)

Heidegger, Martin (1971b). Poetry, Language, Thought. Translated by Albert Hofstadter. Albert Hofstadter.

『毛澤東文集』, 第1-8卷, 中共中央文獻研究室, 北京. 人民出版社. 1993.

Stuart R.Schram "Mao: The Unknown Story" Mahch. 2007. The China Quertery. London.

Stuart R. Schram. Mao Tse-tung.1966. London.

Terril,Ross.Mao.1999.Stanford.

모택동, 모택동의 문화예술론, 이욱연 역, 논장,1989.

김충렬, 중국철학산고 II, 온누리,1994.

주돈이 태극도의 미학적 사유

김 영 주

주돈이 태극도의 미학적 사유

김영주 (한양대학교 겸임교수)

1. 서론

우주론에는 우주의 도식, 우주의 기원, 우주의 역사, 존재의 근본요소, 존재의 종류, 삶과 죽음의 문제, 인체 우주학, 우주론 진로의 법칙 등 관련 의제가 많다. '우주(宇宙) 도식(圖式)[1]'은 세계의 구조를 설명한다. 고대 중국의 개천설(蓋天說), 선야설(宣夜說), 혼천설(渾天說)은 천체의 구조와 운행의 법칙에 대해 연구 개발된 우주론 지식 시스템이다. 이것은 또한 일반인이 가진 경험 감각적 능력을 기초로 한 연구성과이다.[2]

고대 중국에는 다양한 우주론이 존재하였고 우주의 생성과정에 관해 하나의 보편적인 이론이 있었다. 그것은 바로 "맑고 가벼운 것은 위

---

1) 도식(圖式, schema)은 인공지능, 인지과학, 언어학 등에서 공통으로 사용하는 개념으로 지식을 표상하는 구조를 말한다. '스키마'라는 용어는 영국의 바틀렛(Bartlett, 1932)에 의해 심리학에서 처음 사용되었고, 스위스의 장 피아제(Jean Piaget)도 지식이 지식 구조인 스키마로 형성되어 있다고 생각했다. 이들의 관념은 미국의 인지심리학 연구에 큰 영향을 미쳤다. 인공지능(AI, artificial intelligence)에 대한 연구도 스키마 이론의 발달에 기여한 바가 크다. 오늘날의 심리학자들은 스키마를 골격 구조와 같은 것으로 생각하고 있다. 그리고 스키마라는 지식 표상 구조는 경험의 구체적인 속성을 조직하는 데 필요한 틀로 작용한다는 것이 인지심리학자들의 생각이다.

2) 김영주, "불교의 우주론과 생태 이해", 『상호문화적 글로벌 시대의 종교와 생태』, 열린 서원, 2023, p.138.

로 올라가 하늘이 되고 무겁고 탁한 것은 아래로 내려가 땅이 된다"3)는 것이다. 이것에 따르면, 세계가 형성되기 이전에 원초적인 물질인 기(氣)가 혼돈(混沌)의 상태 속에 존재한다. 그것은 맑고[淸] 가벼운[輕] 기와 탁하고[濁] 무거운[重] 기로 갈라져 전자의 기는 떠올라 하늘이 되고 후자의 기는 가라앉아 땅이 된다. 천지(天地)는 기를 품으며, 천지(天地) 두 기(氣)의 작용에 의해 만물이 생성된다. 중국 우주생성론의 역사는 결국 이 두 구절을 해석하는 역사라 할 수 있다.

이상과 같은 이론을 최초로 명확한 형태로 제기한 것은 『회남자(淮南子)』「천문훈(天文訓)」이다. '혼돈(混沌)'으로부터 천지(天地)가 생기는 것에 대해 도가(道家)는 무(無)에서 유(有), 즉 기(氣)가 나왔다고 생각하는 데 반해, 유가(儒家)는 유(有)에서 출발하는 것을 원칙으로 하였다. 후에 장재(張載, 橫渠, 1020~1077)4)와 주희(朱熹, 朱子, 1130~1200)5)는 이 문제를 우주론의 기본적인 전제로서 과감하게 제기했다. 주돈이(周敦頤, 濂溪, 1017~1073)6)는 『역전(易傳)』7)을 계승하여 자신의 우주생성론을 건립하

---

3) 『列子』,「天瑞編」. "淸輕者上爲天, 濁重者下爲地."
4) 장재(張載, 1027~1077)의 자는 자후(子厚)이며, 섬서성(陝西省) 횡거진(橫渠鎭) 출신으로 고향의 지명을 딴 횡거(橫渠) 선생으로 잘 알려져 있다. 어려서 고아가 되어 독학을 하였으며 처음에는 노장과 불교에 드나들었으나 이정자(二程子)를 만난 이후 유교에 심취하였다. 후에 관직에 몸을 담았으나 왕안석의 신법에 반대하여 고향으로 돌아가 강학과 유교 발전에 주력하였다. 그는 주돈이의 태극도설(太極圖說), 소옹의 선천설(先天說), 정이(程頤)의 리기설(理氣說) 중 어느 것도 취하지 않고 독자적으로 '태허(太虛)'라는 개념으로 우주를 설명하였다. 이 태허 속에서 물체의 생멸이 이루어진다. 그는 그것을 기(氣)의 집산에 의해 설명한다. 즉, 기가 응집하여 물체가 생기고, 물체의 기가 흩어지므로 물체가 소멸한다. 그는 또 만물의 생성과 소멸을 '태허'의 응집으로 해석하여 '물아일체(物我一體 : 만물과 나는 근본적으로 하나라는 의미)'를 주장하였다. 그의 이러한 '기(氣)' 중심의 학설은 주희에 의해 부분적으로 흡수되었을 뿐 당시에는 별로 주목을 받지 못했으나 명(明)나라 말 왕부지(王夫之)에 의하여 재조명됨으로써 빛을 보게 되었다. 저서에는 『정몽(正蒙)』, 『횡거역설(橫渠易說)』, 그의 철학관을 압축한 『서명(西銘)』 등이 있다. 정이(程頤)는 『서명』을 "맹자(孟子) 이후 아직 이 같은 책을 보지 못했다"고 격찬하고, 주희도 이것과 『정몽』 일부에 대해서 주석을 하고 있다.
5) 주희(朱熹, 1130~1200)의 이름은 희(熹)이고, 자(字)는 원회(元晦)이며, 호(號)는 자양(紫陽)·회암(晦庵)·회옹(晦翁)·고정(考亭) 등이라 했다. 후대에는 그의 성리학(性理學), 즉 리학(理學)의 집대성을 특별히 존숭하여 '주씨 선생님', 즉 '주자(朱子)'라고 부른다.

였는데, 반드시 주목해야 할 그 내용은 그가 편찬한 『태극도설(太極圖說)』에 나타나 있다.

고대 동양철학에서는 '미학(美學)'이라는 용어를 직접적으로 찾기는 힘들어 보인다. 그러나 자세히 보면 미학이라는 용어의 부재(不在)가 미(美)에 대한 논의 자체가 없었다는 것을 의미하지는 않는다. 오히려 수천 년의 역사를 거치면서 미에 대한 체계적인 담론(談論)을 발전시켜 왔다. 미학(美學)에서 미는 개념화 될 수 없는 것이고 그것은 사물의 질서이면서 통일이고 우주의 조화이면서 동시에 완전함을 의미한다. 그것의 완전함이 바로 사물과 자연 그대로의 완전함이며, 감성과 주관에 근거하여 우리가 소통을 통하여 인식할 수 있는 대상이다. 그 아름다움의 의미는 우리의 상상력이 지성의 합법칙성과 합치하여 판단함으로 얻어진다. 이로써 미에 대한 판단은 보편타당한 근거를 취득하게 된다.8) 주돈이의 『태극도』와 『태극도설』이라는 예술작품(藝術作品)이 만들어지는 과정을 『주역(周易)·계사전(繫辭傳)』의 우주생성론을 통해 살펴보고자 한다.

2. 본론

1) 『태극도(太極圖)』와 『태극도설(太極圖說)』

북송(北宋, 960~1126) 사상가9)들의 논증법은 주돈이(周敦頤)로부터 시

---

6) 주돈이(周敦頤, 1017~1073)는 주자(周子)라고도 부르며, 이름이 돈실(惇實)이고 자(字)는 무숙(茂叔)인데, 후릉(厚陵) 번저(藩邸)의 이름을 피휘하여 돈이(惇頤)로 개명하였다. 도주 영도 사람이다. 영도현 외곽 30여 리에 염계(濂溪)라는 촌락에서 초막을 짓고 살았다고 하여 '염계(濂溪)'선생이라고 하였다.

7) 『역전(易傳)』은 『주역(周易)』, 즉 『역경(易經)』을 해석한 책으로 '십익(十翼)'이라고도 부른다. 즉 「단(彖)」 상하, 「상(象)」 상하, 「문언(文言)」, 「계사(繫辭)」 상하, 「설괘(說卦)」, 「서괘(序卦)」, 「잡괘(雜卦)」의 7종 10편이 그것이다. 일반적으로 『역경』과 『역전』을 합하여 『주역』이라고 한다.

8) 신정원, 「장자 인식의 미학적 사유 -장자와 칸트의 대상인식을 중심으로-」, 『인문과학』 제65집, 2017. 5. pp.144~164.

작되며, 무극(無極), 태극(太極), 이기(二氣), 오행(五行) 등을 우주조성의 원질로 삼는 『태극도(太極圖)』와 『태극도설(太極圖說)』을 지었다. 태극 개념을 기원으로 하여 음양(陰陽)과 오행(五行)의 분화를 거쳐 천지만물(天地萬物)과 사람이 생겨났다고 말한다.10)

태극도는 다섯 층으로 되어 있다. 거기에 따라 『태극도설』도 다섯 단락으로 되어 있으나 그림과 일치하는 것은 아니다. 『태극도설』은 오히려 우주론에 해당하는 앞 단락과 심성론을 말하고 있는 뒷 단락의 두 단락으로 구분하여 논하는 것이 일반적이다.

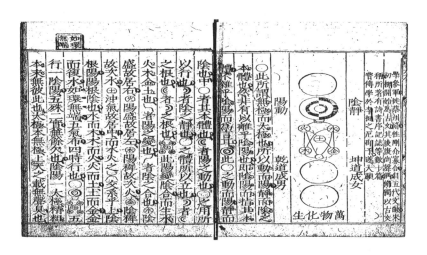

"무극(無極)이면서 태극(太極)이다.

태극이 움직여서 양(陽)을 낳고 움직이는 것[動]이 극에 이르면 고요[靜]

---

9) 11세기 초의 주요한 세 가지의 철학적 체계로는 유교, 불교, 도가 사상이 있었다. 유교 안에는 북송(北宋)시대 주돈이(周敦頤, 1017~1073)의 『주역(周易)』에 대한 도덕적 해석, 장재(張載, 1027~1077)의 기(氣)의 철학, 소옹(邵雍, 1011~1077)의 상수(象數) 철학, 그리고 정호(程顥, 1032~1085)와 정이(程頤, 1033~1107) 정씨(程氏) 형제의 리(理)의 철학 등의 다양한 경향들이 있었다. 남송(南宋)의 주희(朱熹, 1130~1200)가 여조겸(呂祖謙, 東萊, 1137~1181)과 함께 1175년에 편찬한 『근사록(近思錄)』에는 이들을 '북송의 다섯 선생'이라고 하여 '북송오자(北宋五子)'라고 하였다.

10) 진래(陳來) 저, 안재호 역, 『송명 성리학』, 예문서원, 2011, pp.77~98.

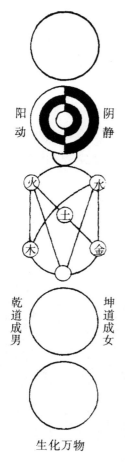

해지고, 고요해지면 음(陰)을 낳는다. 고요함이 극에 이르면 움직임으로 되돌아간다. 한번 움직이고 한번 고요한 것이 서로 그 뿌리가 되어 음으로 나뉘고 양으로 나뉘어 두 가지 모양[兩儀]이 성립하게 된다. 양의 변화와 음의 결합으로 말미암아 수화목금토(水火木金土)가 생성된다. 이 다섯 가지의 기운이 골고루 펼쳐져 사계절[四時]이 운행한다. 오행(五行)은 하나의 음양이요, 음양은 하나의 태극이니, 태극은 본래 무극이다.

오행이 생성되면 각각 그 독특한 본성(性)을 가지게 된다. 무극의 참됨과 음양오행의 정기[二五之精]가 묘하게 합하여 응결된다. 하늘의 도는 남자가 되고 땅의 도는 여자가 된다. 두 기운이 서로 감응하여 만물을 변화, 생성시키니, 만물이 태어나고 태어나서 변화가 끝이 없다.

오직 사람이 그 빼어남을 얻어서 가장 영특하니, 형체가 이미 생성되며 정신은 지각을 개발시킨다. 다섯 가지 성품[仁義禮智信]이 느끼고 움직여져서 선과 악이 구분되고 만 가지 일이 드러난다.

성인은 자신을 중정(中正)과 인의(仁義)로써 규정하고[자주: 성인의 도는 인의중정(仁義中正)일 뿐이다.] 고요함(靜)[자주: '무욕'하므로 고요하다.]을 주로 해서 사람으로서의 태극[人極; 法度, 標準, 道理]을 세우셨다. 그러므로 성인은 천지(天地)와 더불어 그 덕이 합치되고, 일월(日月)과 더불어 그 밝음을 합하셨고, 사계절[四時]과 더불어 그 차례를 합하셨고, 귀신(鬼神)과 더불어 그 길흉을 합하셨으니 군자는 그것을 닦으므로 길하고 소인은 어긋나므로 흉하다.

그러므로 "하늘의 도를 세워 음(陰)과 양(陽)이라 하고, 땅의 도를 세워 유(柔)와 강(剛)이라 하고, 사람의 도를 세워 인(仁)과 의(義)"라고 말한 다. 또 말하기를 "시작을 살펴서 끝마침을 돌이켜 본다. 그러므로 삶과 죽음의 설을 알게 된다." 크도다. 역이여! 여기서 지극하구나!"11)

2)『태극도(太極圖)』를 둘러싼 쟁점

『태극도』는 주돈이가 주로 도교(道敎)의 도식을 빌어『주역』을 해설 한 그림이다. 위쪽에 보이는 그림이 '태극도'이고, 이 그림에 대한 해설 을『태극도설(太極圖說)』이라고 한다. 그러므로『태극도설』은『주역』을 해설한 것이라 할 수 있다. 원래『태극도』는 주돈이가 송초(宋初), 도사 (道士)인 진단(陳搏, 872~989)의『무극도(無極圖)』에서 힌트를 얻어 그렸다 고 한다. 또 어떤 사람은 규봉 종밀의『반야도(般若圖)』에서 힌트를 얻었 다고 말하기도 한다. 하지만 이 '반야도'보다 '무극도'가 먼저이므로, 당 시에는 유불도(儒佛道) 모두 도교의 도식(圖式)에 많은 영향을 받았다고 말할 수 있다. 주돈이가『태극도』를 그리기 훨씬 이전에 이와 유사한 도 식이 있었다. 특히 도사들은 비법의 도표로서 신비한 많은 도식을 그려 냈는데, 그 비법(祕法)에 의하여 불로장생(不老長生)할 수 있다고 믿었다고 한다. 주돈이가 그 도식 가운데 하나를 입수하게 되어 이를 재해석함으 로써 우주 창조의 과정을 설명할 수 있었다. 또는 주돈이가『주역·계사 전』의 사상을 연구하고 발전시켜서 그 사상을 설명할 목적으로 도교의

---

11)『周敦頤集』,『太極圖說』, 3~7쪽 "無極而太極, 太極動而生陽, 動極而靜, 靜而生陰, 靜極復 動. 一動一靜, 互爲其根, 分陰分陽, 兩儀立焉, 陽變陰合, 而生水火木金土, 五氣順布, 四時 行焉, 五行一陰陽也, 陰陽一太極也, 太極本無極也. 五行之生也, 各一其性, 無極之眞, 二五 之精, 妙合而凝, 乾道成男, 坤道成女, 二氣交感, 化生萬物, 萬物生生而變化無窮焉. 惟人也 得其秀而最靈, 形旣生矣, 神發知矣. 五性感動, 而善惡分, 萬事出矣. 聖人定之以中正仁義而 主靜(自注: 無欲故靜), 立人極焉, 故聖人與天地合其德, 日月合其明, 四時合其序, 鬼神合其 吉凶, 君子修之吉, 小人悖之凶. 故曰, 立天之道曰, 陰與陽, 立地之道曰, 柔與剛, 立人之道 曰, 仁與義, 又曰, 原始反終. 故知死生之說, 大哉. 易也, 斯其至矣.

도식을 이용했다고도 한다.

청(淸)의 주이존(朱彝尊, 1629~1709)은 『태극도수수고(太極圖授受考)』에
서 다음과 같이 말하고 있다.

> "한 이후 여러 유자들이 『역』을 말했지만 『태극도』를 언급한 사람은 한
> 사람도 없었다. 다만 도가자류(道家者流; 『道藏』을 가리킨다)에 『상방대
> 통진원묘경(上方大洞眞元妙經)』이 있는데, 거기서 '태극삼오(太極三五)'
> 의 설이 나타난다. 당 개원시기의 명황(明皇)이 서(序)를 짓고, 동촉(東蜀)
> 의 위기(衛淇)가 주(注)한 『옥청무극통선경(玉淸無極洞仙經)』에 무극·태
> 극의 여러 그림이 있다."12)

주이존은 당대의 도교 경전에 「태극도」뿐만 아니라 「무극도」도 있
었다고 말하고 있는 것이다. 송(宋) 초의 도사 진단(陳搏)이 『선천태극도
(先天太極圖)』와 『무극도(無極圖)』를 수수(授受)하였다. 명(明) 말의 황종염
(黃宗炎, 1616~1686)은 『태극도설변(太極圖說辨)』에서 주돈이의 「태극도」
는 진단의 「무극도」에 근원한 것이라고 한다. "주돈이가 그것을 얻어 보
고 『태극도설』로 고친 것"에 불과하고 그 순서에 대해서도 조정을 하였
다고 한다.

황종염은 "방사(方士)의 비결은 '거꾸로(아래에서 위로) 설명하면 바로
단약을 만드는 법이 된다'는 것이다. 주무숙(周茂叔)의 의도는 이를 순서
대로(위에서 아래로) 하여 사람이 창생되는 것으로 만드는 것이었다. 태허
는 유(有)가 없고, 유는 반드시 무(無)를 근본으로 한다. 이것이 맨 위의
동그라미이다. 이어서 '신을 제련하여 허로 돌아가고 무극으로 돌아간
다'는 이름을 고쳐서 '무극이태극'이라고 하였다."13)고 한다.

---

12) 朱彝尊, 『曝書亭集』 卷五十八. "自漢以來, 諸儒言易, 莫有及太極圖者. 惟道家者流, 有上方
大洞眞元妙經, 著太極三五之說. 唐開元中明皇爲制序, 而東蜀衛淇注玉淸無極洞仙經, 衍有無
極太極諸圖."

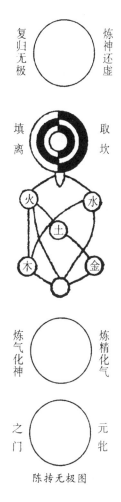

陈抟无极图

'거꾸로(아래에서 위로) 설명하면 바로 단약을 만드는 법이 된다'는 것을 「진단무극도」를 가지고 보충 설명을 하면, '거꾸로가 바로 단약을 만드는 법'이란 「주역(周易), 설괘전(說卦傳)」의 "역(易)은 역수(逆數)이다"에서 뜻을 취한 말이다. 이 그림에서 아래에서 위로 향하여, 가장 아래의 동그라미는 원빈지문(元牝之門)으로 사람 몸의 두 콩팥 사이의 비어 있는 곳을 가리킨다. 이것이 조기(祖氣), 즉 단전기(丹田氣)가 생겨 나오는 곳이다. 두 번째 동그라미는 연정화기(煉精化氣)·연기화신(煉氣化神)인데, 황종염에 따르면 "유형의 정(精)을 제련하여 어슴푸레한 기(氣)를 화하고, 가녀린 호흡의 기를 제련하여 유에서 나와 무로 들어가는 신(神)을 화한다." 세 번째 동그라미들은 오기조원(五氣祖元)이라 한다. 제련되는 기를 오장육부에 관철시키는 것이다. 좌측의 목(木)과 화(火), 우측의 수(水)와 금(金), 가운데의 토(土)가 상호 연락하는 동그라미로 된다. 다시 말해 제련하는 기로 수화목금토의 오기(五氣)를 통솔하여 한데 응취한다. 그 가운데 수[신장(腎臟)]와 화[심장(心臟)] 이기(二氣)가 가장 중요하다. "불의 성질은 타오름인데, 불을 거꾸로 내려가게 하면 활활 타지 않고 그저 다사롭고 온화할 뿐이다. 물의 성질은 아래로 적심인데, 거꾸로 위로 가게 하면 낮게 적시지를 않고 길

13) 『圖學辨惑』, 『昭代叢書』 草稿. 주백곤(朱伯崑)의 『易學哲學史』 中冊(北京大學出版社, 1988), 95쪽에서 재인용. "方士之訣, 逆則成丹. 茂叔之意以爲順而生人. 太虛無有, 有必本無. 是爲最上○. 乃更煉神還虛, 復歸无極之名, 曰無極而太極."

러 윤택하게 할 뿐이다." 온화함과 길러 줌이 지극함에 이르면 네 번째 동그라미로 진입한다. 네 번째 동그라미는 취감(取坎, ☵)·전리(塡離, ☲)라고 한다. 이 동그라미는 흑과 백이 나뉘어 서로 섞였으니, 물과 불이 함께 어울려 잉태한다는 의미이다. 그 가운데의 작고 흰 동그라미는 성태(聖胎; 성태란 내공에 의하여 聖의 경지에 들어가는 기초를 말한다. 몸을 잉태하는 태반과 같다고 하여 그렇게 부른다)를 가리킨다. "또다시 원시(元始)로 돌아가면 맨 위의 동그라미이다. 연신환허(煉神還虛)·복귀무극(復歸無極)이라 이름하며 공용(功用)이 지극하다." 즉 성태에 수련을 가하여 맨 위의 동그라미로 올라가면 신선의 경지에 도달한다. 이 경지는 무와 유의 극한으로, 조기가 나왔던 원빈지문과 서로 호응한다. 이것이 바로 "신을 제련하여 허로 돌아가고 무극으로 복귀하는[煉神還虛, 復歸無極]" 것이다. 가장 아래의 동그라미는 허무, 가운데 부분은 유, 맨 위의 동그라미는 다시 허무이다. 따라서 이것은 무에서 유로 다시 유에서 무로 되돌아가는 과정이 되므로, 허무를 만유의 근본으로 하고 있다.

말하자면, 주돈이는 진단의 「무극도」가 아래로부터 위로의 연단(煉丹) 순서로 되어 있던 것[이른바 '역즉성단(逆則成丹)']을 위에서부터 아래로의 생성질서(生成秩序)[즉 '순이생인(順而生人)']로 고쳤다는 것이다. 주돈이가 '태극' 앞에 '무극'을 둔 것은 '무극'을 '태극'보다 앞서 존재하는 최종적인 본원으로 생각한 것이 분명한데, 이를 의심할 만한 아무런 근거도 없다.[14]

주희와 모종삼은 자신들이 건립한 이론체계의 필요에 의해 주렴계의 『태극도설』에 대해 해석했는데, 이것은 주렴계의 원래 뜻에 전혀 부

---

14) 주백곤은 많은 자료를 인용하여 주희가 주돈이의 『태극도』 및 『태극도설』 모두를 고쳤음을 설명하고 있다. 『태극도설』의 첫 구절은 "自無極而爲太極(무극으로부터 태극이 된다)" 또는 "無極而生太極(무극에서 태극이 나왔다)"으로 되어야 한다. 자세한 것은 주백곤의 『역학철학사』(중책), 제6장 제3절 「주돈이의 역학철학(周敦頤的易學哲學)」 참조.

합되지 않는 것이다.

3) 『태극도설(太極圖說)』과 『주역(周易)』

　『태극도설』은 『주역』「계사전」을 근거로 주돈이 자신의 우주론 체계를 건립한 것이다. 『태극도』와 『태극도설』은 우주론 체계의 기본 내용을 간단하면서도 핵심적으로 반영하였다. 『태극도설』은 『주역』을 단순히 훈고한 것이 아니라 형이상학적인 요소를 포함한 체계적인 유학 이론 정립을 목적으로 한 것이다. 이 『태극도설』은 이후 정주 성리학자들에게 유학의 가장 핵심이 되는 이론으로 추앙 받았으며, 조선의 성리학자들에게도 많은 영향을 끼쳤다. 정주학의 대표적 저작 가운데 하나인 『근사록(近思錄)』에도 이 『태극도설』을 첫머리에 실어서 이 '태극'의 원리가 전체 14권 622조의 모든 부분을 일관하고 있음을 시사하고 있다. 퇴계(退溪) 이황(李滉, 1502~1571)의 『성학십도(聖學十圖)』에도 『태극도』를 첫머리에 두고 있다. 퇴계는 성학(聖學) 또한 '태극'의 원리가 근간이 된다고 보고 있는 것이다. 주돈이의 저작에는 『태극도설』 외에도 『통서(通書)』가 있다. 『통서』는 『역전(易傳)』과 『중용(中庸)』을 근간으로 하여 '성(誠)'을 논한 것이다.

　지금 전해 내려오는 『태극도』에는 두 가지 형식이 있다. 위 그림처럼 각 층간의 간격이 떨어져 있는 것과 붙어 있는 것이 있다. 퇴계의 『성학십도』에 보이는 태극도가 떨어져 있는 것의 대표이다. 황종희(黃宗羲, 1610~1695)의 『송원학안(宋元學案)』은 각 층이 모두 붙어 있다. 『성리대전(性理大全)』에서는 『태극도』가 앞에 나와 있지만, 본래는 『태극도설』 끝 부분에 실려 있었다고 한다.

　주돈이는 『역전』을 계승하여 자신의 우주생성론을 건립하였는데, 반드시 주목해야 할 그 내용은 그가 편찬한 『태극도설』에 나타나 있다.

주돈이는『태극도』를 도교의 도사(道士)로부터 입수하여, 그것을 수정하여 249자(字)에 이르는 글로 설명하였다. 그 글이 바로『태극도설』인데, 다음과 같은 여러 가지 문제를 가지고 있다.

(1) '무극이면서 태극이다'(無極而太極)

『태극도설』에는 '무극(無極)'이라는 개념이 두 번 사용되고 있다. '무극'이라는 말은 본래『노자』제28장의 "그 흼을 알고 그 검음을 지키면 천하의 모범이 된다. 천하의 모범이 되면 항상된 덕이 어긋나지 않아 무극으로 되돌아가게 된다"[15]에서 나온 말이다. 한(漢)대의 도사(道士) 위백양(魏伯陽, ?~?)은 도가사상으로『주역』을 해석한『주역참동계(周易參同契)』를 짓고, "[불(火; 離, 目)]이 가고 [물(水; 坎, 耳)]이 오는 것이 무극으로 돌아가고 빽빽한 진기(眞氣)가 용체(容體)에 두루 퍼지게 된다"[16]라고 말하였다. 이 이후 '무극'과 '태극'이라는 두 말은 도교의 저작에서 자주 등장하게 된다.

'태극(太極)'이라는 개념은『역전』에서 딱 한 번 사용된 말이다.

"역에 태극이 있다. 이것(태극)이 양의(음양)를 낳고, 양의가 사상(四象)을 낳으며, 사상이 팔괘(八卦)를 낳는다."[17]

『역전』은 '태극'에 대해 더 이상 설명하지 않으므로 그 정확한 의미가 무엇이었는지 알 수 없다.『한서(漢書)』「율력지(律曆志)」에서 "태극은 원기인데, 셋을 머금어 하나가 된다"[太極元氣, 函三爲一]고 한 것을 보면,

15)『老子』제28장. "知其白, 守其黑, 爲天下式. 爲天下式, 常德不忒, 復歸於無極."
16)『周易參同契』卷下,「關鍵三寶章」. "往來洞無極, 拂拂被谷中"(책에서는 '谷中'으로 되어 있으나 '容中'이 일반적임)
17)『周易』,「繫辭上」제11장. "易有太極, 是生兩儀, 兩儀生四象, 四象生八卦"

한유(漢儒)들은 '태극'을 원기(元氣)가 아직 분화하지 않은 상태로 이해하였음을 알 수 있다. 노장(老莊)의 영향에 따라 '아직 분화하지 않은 원기'는 대체로 '무(無)'로 이해되었다. 여기서 '무'라는 표현은 아직 분화되지 않은 원시상태를 가리키는 개념일 뿐, 존재론 차원의 '무(無)'는 아니다. 하지만 '무'로의 규정은 우주론에서 큰 논란의 대상이 된다.

당(唐)의 공영달(孔穎達, 574~648)은 『주역정의(周易正義)』에서 '무'를 태극으로 삼는 견해에 반대하면서 "태극은 천지가 분화하기 전의 원기를 말하는 것으로 뒤섞인 상태로 하나인 것이다"[太極謂天地未分前之元氣, 混而爲一]라고 주장하였다. 본래 한유(漢儒)들처럼 원기를 '무'라고 한다면 그것을 '일(一)'이라고 할 수 없다. '일'이라는 숫자 개념은 이미 Cosmos 속에 들어 온 것을 가리키고, '무'라는 것은 말 그대로 Chaos를 가리킬 뿐이기 때문이다.

『노자(老子)』는 제43장에서 일찍이 "있음은 없음에서 생긴다"[有生於無]라고 하였다. 여기서 '무'는 '도(道)'를 가리키는 말로써 '무'라는 말이 실체적 명사로 사용된 것은 아니다. 따라서 『노자』가 '무(無)로부터의 창조'를 말한 것은 아니라고 할 수 있다. 하지만 『노자』는 이 '무', 즉 '도'를 '일(一)'로 규정하지 않았다. 이는 제40장에서 "도가 하나를 낳고, 하나는 둘을 낳으며, 둘은 셋을 낳고, 셋은 만물을 낳는다"[道生一, 一生二, 二生三, 三生萬物]고 한 것에서 잘 드러난다. 여기에서 '一'·'二'·'三'이 무엇을 가리키는지 논란이 분분하다는 것은 주지의 사실이다. 아무튼 '도'는 '일' 이전의 것이 분명하므로, '도'는 '무(無)' 또는 '무극(無極)'으로 해석되는 것이다. 그렇다면 『노자』의 우주생성론은 '무본원론(無本原論)'이 될 것이다. '창조주'가 없고 따라서 엄밀한 의미에서의 창조설을 갖고 있지 않았던 중국 고대 철학의 세계관에서 『노자』의 '무본원론'은 정당화되기 어려운 입론이다.

한당 유가들이 '태극'을 원기(元氣)로 규정한 것은 '태극' 이전의 '무극'을 인정하지 않은 것이다. 그럼에도 한유들은 '태극'을 '무'라고 함으로써『노자』의 문제로부터 크게 벗어나지 못했던 것이다. 공영달이 '혼돈(미분)한 일원기(一元氣)'로 '태극'을 말한 것은 이전의 '무본원론'을 비판한 것이고 동시에 원기론의 큰 전환을 가져온 것이라 할 수 있다. '원기(元氣)'는 말 그대로 '시원의 기'[始氣]로써, 일단 기(氣)라고 말하면서 그것이 '무(無)'라고 할 수는 없는 것이다. 사실 '무(無)'는 혼돈(混沌)을 가리키는 '명사'가 될 수 없는 말이다.

『태극도설』의 첫 구절, 즉 "無極而太極"은『태극도』그림의 맨 위의 흰 원[白圓]을 가리킨 것이다. 판본에 따라 그것이 "自無極而生(爲)太極"으로 되어 있는 것도 있다고 한다. '무극'이라는 개념이 초래할 수 있는 문제점 때문에 주희가 이를 "무극이태극"으로 고치고, '태극'을 리(理)로 말하면서 '무극'을 실체적 명사가 아니라 '태극'의 형이상학적 성격을 나타내주는 형용사라고 하였다. 이 문제를 둘러싸고 육구연(陸九淵, 象山, 1139~1192)과 유명한 '무극태극 논쟁'을 벌였던 것이다. 그러나 또『태극도설』에서 "太極本無極也"라는 말을 하고 있으므로, 주돈이가 사용한 '무극'이라는 말은 주희의 해석과 다른 것이었다고 할 수 있다. 다만 주돈이는 자신의 주저인『통서』에서는 '무극'이라는 말을 전혀 사용하지 않았다.『태극도설』은 사실 과도기적 작품으로써 주돈이의 정론이 모두 확립된 것은 아니었다.

주희가 '태극'을 '리(理)'라고 해석한 것 또한 주희 자신의 철학에 따른 것이었다. 주돈이의『태극도설』은 '리본체론(理本體論)'을 밝힌 것이 아니라 기본체론(氣本體論)이나 기적(氣的) 우주론을 설명한 것이다.

송(宋) 초기의 역학(易學)은 주돈이뿐만 아니라 대부분 공영달의 '태극원기설'을 계승하였다. 이는 태극을 '본체(本體)'가 아니라 '본원(本源)'

으로 인식하는 것이다. 남송의 주진(朱震, 1072~1138)은 다음과 같이 기록하고 있다.

> "진단은 『선천도』를 종방(種放)에게 전하고 종방은 목수(穆修)에 전했으며, 목수는 이지재(李之才)에게 전하고 이지재가 소옹(邵雍)에게 전했다. 종방은 『하도』와 『낙서』를 이개(李漑)에게 전하고, 이개는 허견(許堅)에게 전했으며, 허견은 범악창(范諤昌)에게, 범악창이 유목(劉牧)에게 전했다. 목수는 『태극도』를 주돈이에게 전하고, 주돈이는 정호(程顥)와 정이(程頤)에게 전하였다. 이때 장재(張載)는 이정(二程)과 소옹 사이에서 배웠다. 그래서 소옹은 『황극경세서』를 지을 수 있었고, 유목은 천지55수(天地五十有五數)를 설명할 수 있었으며, 주돈이는 『통서』를 지을 수 있었고, 정이는 『역전』을 저술할 수 있었으며, 장재는 「태화」·「삼양」편을 지을 수 있었다."18)

주진(朱震)에 의하면, 송초 역학(易學)은 모두 진단(陳摶)으로부터 나왔다. 이들 발군의 역학자 가운데 저명한 유목(劉牧, 1011~1064)은 다음과 같이 말했다.

> "태극이란 하나의 기[一氣]인데 천지가 분화하기 전의 원기(元氣)가 뒤섞여 하나인 것이다. 하나인 기가 나뉜 것이 양의(兩儀)이다. 『역』이 천지라 말하지 않고 양의라고 말하는 이유는 무엇인가? 양의(兩儀)는 이기(二氣)가 처음 나뉜 것을 나타내지만 천지는 형상이 뚜렷하게 나타난 것을 뜻한다. 그 처음 나뉜 두 몸[兩體]의 양태(儀)를 취하기 때문에 양의(兩儀)라고 말한 것이다."19)

---

18) 『宋史』 권435, 「朱震傳」. "陳摶以先天圖傳種放, 種放傳穆修, 穆修傳李之才, 之才傳邵雍, 放以河圖洛書傳李漑, 李漑傳許堅, 許堅傳范諤昌, 諤昌傳劉牧. 穆修以太極圖傳敦頤, 敦頤傳程顥程頤. 是時張載講學於二程邵雍之間. 故雍著皇極經世書, 敦頤作通書, 程頤著易傳, 載造太和參兩篇."
19) 劉牧, 『易數鉤隱圖』. "太極者一氣也, 天地未分之前, 元氣混而爲一. 一氣所判, 是曰兩儀. 易

유목(劉牧)은 상수역학가이다. 하지만 유목 또한 '태극'이 본원의 기[元氣]이고, 기가 나누어지는 것으로 말미암아 천지 및 만물이 있게 되었다는 것을 분명하게 인식하고 있다. 유목의 이러한 주장은 호원(胡瑗)과 이구(李覯)의 역학에서도 마찬가지였다.

소옹(邵雍) 또한 마찬가지이다. 그는 다음과 같이 말하고 있다.

"천지의 시작을 낳는 것이 태극이다."20)

"태극이 나뉘면 양의가 성립된다. 양이 아래로 음과 교차하고 음이 위로 양과 교차하면 사상이 생겨난다. 양이 음과 교차하고 음이 양과 교차하여 하늘의 사상이 생겨난다. 강이 유와 교차하고 유가 강과 교차하여 땅의 사상이 생겨난다. 이에 팔괘가 이루어진다. 팔괘가 서로 착종한 뒤에 만물(64괘)이 생겨난다."21)

소옹은 여기서 '태극'이 "천지의 시작을 낳는[生天地之始]" 본원이고, 태극에서 음양이 나오고 음양에서 사상(태음, 소음, 태양, 소양)이 나오며, 사상에서 팔괘가 나오고 팔괘가 서로 섞이어 만물을 낳는다는 것을 분명하게 말하고 있다. 주목할 것은 소옹 또한 '무극'을 언급하고 있다는 것이다. 그는 다음과 같이 말한다.

"무극의 이전은 음이 양을 포함하고 있고, 상(象)이 있은 다음에는 양이 음에서 나뉜다. 음은 양의 어미가 되고, 양은 음의 아비가 된다. 그러므

不云乎天地而云兩儀者, 何也. 蓋以兩儀則二氣始分, 天地則形象斯著. 以其始分兩體之儀, 故謂之兩儀也."

20) 『皇極經世書』 卷之八上, 「觀物外篇下」. "有生天地之始者, 太極也."

21) 『皇極經世書』 卷之七上, 「先天象數第二」. "太極旣分, 兩儀立矣. 陽下交於陰, 陰上交於陽, 四象生矣. 陽交於陰, 陰交於陽, 而生天之四象. 剛交於柔, 柔交於剛, 而生地之四象. 於是八卦成矣. 八卦相錯, 然後萬物生焉."

로 어미(☷)가 장남을 잉태하여 복(復, ䷗)이 되고, 아비(☰)가 장녀를 생
육하여 구(姤, ䷫)가 된다. 그래서 양은 복(復)괘에서 시작되고, 음은 구
(姤)괘에서 시작되는 것이다."22)

　'무극의 이전'[無極之前]은 바로 '무극'이다. 무엇을 '무극'이라고 하는
가? 명나라 황기(黃畿)는 "그러므로 극(極)이 있는 것은 새로운 것을 창조
하므로[造新] 유(有)라 하고, 극이 없는 것[無極]은 옛 일을 변화시키므로
[化故] 무(無)라 한다"라고 주석하였다. 황기는 유(有)와 무(無), 조신(造新)
과 화고(化故)를 상대하여 말하고 있는데, 분명 사물이 그 본초(本初)로 복
귀하는 것을 '무극(無極)'이라고 보는 것이다. 황기는 또 "여기서 '무극
이전'이라고 말한 것은 순전한 음합(陰合)을 헤아려 볼 수 있는 상(象)이
없으나 양의 뿌리[陽根]를 포함하고 있는 것을 두고 '음은 양의 어미가
된다'고 하였으니, 이는 장남을 뱃속[腹]에 잉태하고 있는 것과 같다. (그
래서) 양은 복(復)괘에서 시작된다"23)고 한다. 이것은 양이 아직 음 가운
데서 분리되어 나오지 않았을 때, 즉 '순전한 음합[純乎陰合]'이어서 '헤
아려 볼만한 상이 없는[無象可擬]' 상태가 '무극'이라는 것이다. 만물이
나뉘어 생기기 이전이 '무극'이고, 만물이 변화해간 이후에는 '무극'으
로 복귀한다고 하므로, '무극'은 당연히 본원적 존재이다.

　송초(宋初), 진단(陳搏)에서 분별되어 전승된 일단의 역학가들 대부분
이 '태극' 내지 '무극'을 본원으로 인식하고, '무극', '태극', '음양(양의)',
'오행'(혹은 사상, 팔괘), 만물의 관계를 우주생성론이라는 시각에서 토론
하고 있는데, 그 자신이 이와 같은 수수계통에 있었던 주돈이 만이 어찌

22) 『皇極經世書』卷之七上,「先天象數第二」. "無極之前, 陰合陽也, 有象之後, 陽分陰也. 陰爲
陽之母, 陽爲陰之父. 故母孕長男而爲復, 父生長女而爲姤. 是以陽起於復, 而陰起於姤也."
23) 『皇極經世書』卷之七上,「先天象數第二」黃畿注. "故有極者, 曰造新而有. 無極者, 曰化故
而無也." "此云無極之前, 無象可擬純乎陰合, 而含陽根, 是陰爲陽母, 而孕長男於其腹. 陽所
由起於復也."

예외랄 수 있겠는가? 주희가 '태극'을 리(理)로 말한 것은 무리가 있다.

　(2) 『태극도설(太極圖說)』과 『주역(周易)』의 우주생성 방식
　『태극도』는 한 폭의 우주생성 도식이다. 『태극도설』의 "無極而太極"은 『태극도』 맨 위의 흰 원을 해설한 것으로 '무극'과 '태극'이라는 이 두 개념은 모두 주돈이가 우주 본원 차원에서 말한 것이다. '무극'이란 본래 그림으로도 나타낼 수 없는 것이므로 『태극도』에서는 이를 따로 표시하지 않았다. 따라서 맨 위의 흰 원은 '태극'을 가리킨다. 이런 점에서 보면 주희가 "無極而太極"으로 고쳐 말한 것이 합리적인 해석이라고도 할 수 있다.
　양동(陽動)·음정(陰靜)은 두 번째 원의 좌우에 있으며, 두 번째 원은 좌우의 반원으로 구분되어 『주역』의 이괘(離卦)[☲]와 감괘(坎卦)[☵]를 상징한다. 『태극도』 그림에서 흰 색 반호는 양(陽, ―)을 나타내고 검은 색 반호는 음(陰, --)을 나타낸다. 이괘는 불[火]을 상징하고 양(陽)에 속하며, 감괘는 물[水]을 상징하고 음(陰)에 속한다. 이 두 번째 원은 음양이 이미 분화된 상태임을 나타내 준다. 『태극도설』은 여기까지를 다음과 같이 해설하고 있다.

　　無極而太極. 太極動而生陽, 動極而靜, 靜而生陰, 靜極復
　　動. 一動一靜, 互爲其根, 分陰分陽, 兩儀立焉.

　두 번째 원이 사람의 머리를 표시한다면 세 번째 그림은 사람의 몸통에 해당한다. 그림에 따라서는 두 번째와 세 번째 그림 사이가 끊어져 있는 것도 있는데, 사람의 머리와 몸통은 분리될 수 없고 '목[사람의 머리와 몸통 사이]'으로 연결되어 있으므로 연결시켜 놓은 그림이 올바른 것이다. 이 세 번째 그림은 오행(五行)의 생성과 그 작용, 즉 상생(相生)·상

극(相克)을 표시한다.

　주돈이의 『태극도설』에서 '태극'은 아직 음양(陰陽)으로 분화되지 않은 혼돈 상태의 근원 물질을 가리킨다. 이런 점에서 그것은 '원기(元氣)', 즉 우주의 원초적 실체라 할 수 있다. 그렇다면 '무극'은 '혼돈의 무한'을 가리키는 말이라고 해도 무방할 것이다. 근원 물질 자체로서의 태극은 형체가 없고, 무한하다. 또 이런 점에서 말하면, 주희가 "무극이면서 태극이다[無極而太極]"로 해석하고 '무극'을 『시경(詩經)』의 "하늘이 하는 일은 소리도 없고 냄새도 없다"[上天之載, 無聲無臭]와 같은 것으로써 형이상학적 실체인 '태극'의 존재 방식을 꾸며준 말이라고 설명한 것이 설득력이 있다. 주희는 '리(理)'라는 실체의 존재 양태가 일반적인 사물의 그것과는 구분되기 때문에 '태극'은 형이상(形而上)의 무형·무위(無形·無爲)의 방식으로 존재하는 것이기 때문에 '무극'이라는 말이 반드시 필요하다고 하였다. 다만 차이는 주돈이의 '태극'은 '리(理)'가 아니라 '기(氣)', 즉 원기(元氣)를 가리킨다는 점이다.

　진래는 '태극'을 혼돈한 원기로 해석하고 '무극'은 '혼돈한 무한[混沌的無限]'을 가리킨다고 한다. 주희는 '태극(太極)'의 '극(極)'자와 '무극(無極)'의 '극(極)'자를 다르게 해석하여, '태극'의 '극'자는 『상서(尙書)』 홍범구주(洪範九疇)의 다섯 번째 '황극(皇極)'의 '극'으로 해석하고, '무극'의 '극'자는 '끝'으로 해석했다. '황극'의 '극'자는 '중(中)'의 의미로써 표준·기준·중심의 뜻이고, '무극'은 '끝이 없는' 무한(無限)의 의미로 해석한 것이다. 진래의 '무극' 해석은 주희의 그것과 비슷하다. 다만 '태극'을 '혼돈한 원기'라고 말한 것은 주희와 차이가 있다.

　"太極動而生陽, 動極而靜, 靜而生陰, 靜極復動"은 주돈이의 독창으로써 이른바 '태극의 동정 문제'를 가지고 있다. 이 구절은 아직 분화되지 않은 근원 실체인 태극으로부터 음양이 분화되는 과정을 설명한 것으로써, 태극의 현저한 운동[動]은 양기를 낳고, 태극의 상대적인 정지[靜]는 음기를 낳는다고 한다. "움직여 양을 낳는다"와 "고요하여 음을 낳는다"는 말은 우주적 과정에 대한 운동의 의미를 밝힌 말이며, 또 우주가 본질적으로 운동하는 것임을 표명한 말이다.

운동의 과정은 '동(動)'과 '정(靜)'이라는 두 대립 면이 교차하고 전화(轉化)하는 것이다. "움직임이 다하면 고요해지고", "고요함이 다하면 다시 움직인다"는 말은, '동'의 상태가 극점까지 발전하면 곧바로 반대 방향인 '정'의 상태로 전환하는 것과 마찬가지로, '정'의 상태가 극점까지 발전하면 전화하여 '동'이 된다는 것이다. 이러한 생각은 『노자』의 '반자도지동(反者道之動)'에서 처음 나타나서 『역전』에서는 '일음일양(一陰一陽)'으로 표현된 것이었다. 『역전』의 이 말에는 음양의 모순 대립과 상호 전화(相互轉化)가 포함되어 있다. 주돈이는 태극의 현저한 운동(運動)을 '생양(生陽)'이라 하고, 태극의 상대적인 정지(靜止)를 '생음(生陰)'이라고 한다. 이는 『태극도』의 두 번째 원 좌우의 '양동(陽動)'·'음정(陰靜)'을 해설한 것이다.

주돈이에게서 전체 우주적 과정의 어떤 특정한 운동 상태도 불변의 상태일 수는 없다. '動極而靜'·'靜極復動'은 이를 말한 것인데, 『역전』 방식으로 말한 것이 '一動一靜'이다. 동정이 '호위기근(互爲其根)' 된다는 말은 곧 운동과 정지가 부단히 교차하고 순환하는 과정을 설명한 말이다. "分陰分陽, 兩儀立焉"은 횡적인 측면, 즉 우주의 구성을 말한 것이다. 곧 우주의 구성은 음양 두 기의 대립과 통일이다.

두 번째 그림 한 가운데의 흰 원과 세 번째 그림의 단전 부분에 있는 흰 원에 대해서도 주목할 필요가 있다. 여기서의 흰 원은 '태극'을 가리키는 것으로써, 주희는 이를 태극리(太極理)가 내재된 상태를 표시하는 것으로 해석하였다. 주돈이의 의도는 잘 모르겠으나 주희의 해석 또한 일리가 있는 것이라고 할 때, 주희가 주돈이의 철학을 '리(理)' 철학으로 이해한 것을 어느 정도 수긍할 수 있다. 하지만 주돈이가 말한 '태극'은 아직 분화되지 않은 혼돈 상태의 근원 물질을 가리킨다.

주돈이는 세 번째 그림에 대해서 다음과 같이 설명하고 있다.

> 陽變陰合, 而生水火木金土, 五氣順布, 四時行焉. 五行一
> 陰陽也, 陰陽一太極也, 太極本無極也.

이는 음기와 양기의 상호 작용과 상호 교합으로 오행(五行)이 생성되고, 오행이 상생·상극하는 가운데 사시(四時)가 운행됨을 해설한 것이다. '五氣順布'와 '四時行焉'은 항상 동시적이고 병렬적(竝列的)이다. 음양(陰陽)은 말 그대로 '무극-태극'의 두 가지 양태[兩儀]를 나타낸다. 두 가지 양태란 '양(陽)-변화[變]'와 '음(陰)-교합[合]'이다. 음양의 상호 작용에서 보자면 변화하는 양은 주도적인 것이고 합하는 음은 추종하는 것으로서, 모순의 대립면에서도 주종(主從) 관계가 있다.

주돈이의 우주 생성 방식을 숫자로 표시하면 "一→二→五(四)"이다. 이것은 태극의 분화 과정을 도식화한 것이다. 그 분화 과정은 당연히 태극으로의 수렴 과정을 포함하게 되는데 그것이 "五行一陰陽也, 陰陽一太極也, 太極本無極也"이다. 오행은 음양 두 기에 통일되고 음양 두 기는 태극에 통일된다. 태극에 통일된다는 것은 곧 태극에 근원한다는 말이다. 태극은 다시 무극에 근원하는 것인데, 이를 '태극본무극야(太極本無極也)'라고 하였다. 여기에 대한 해석도 두 가지가 가능하다. 하나는 "태극은 무극을 근본으로 한다"와 "태극은 본래 무극이다"가 그것이다.

네 번째의 흰 원과 다섯 번째의 흰 원은 인간의 발생과 만물의 생성을 나타낸다. 네 번째 흰 원의 좌우에는 건도성남(乾道成男)·곤도성녀(坤道成女)라는 해설이 붙어 있고 다섯 번째 흰 원 아래에는 만물화생(萬物化生)

이라는 해설이 붙어 있다. '건도성남(乾道成男)·곤도성녀(坤道成女)'는 음양
대립의 모순운동으로 인간 및 만물의 발생을 나타냄과 동시에 인간의
삼재(三才)로서의 지위를 특별히 부각시킨 것이다. 이들 흰 원이 '무극이
태극'과 똑 같은 모양을 하고 있다는 점도 주의해야 하는데, 이들 주목
할 점은 철학적으로 해설해야 한다. 그것이 『태극도설』의 두 번째 단락
의 주요 내용이다.

네 번째와 다섯 번째 흰 원에 대한 해설은 다음과 같다.

> 五行之生也, 各一其性, 無極之眞, 二五之精, 妙合而凝,
> 乾道成男, 坤道成女, 二氣交感, 化生萬物, 萬物生生而變
> 化無窮焉.

음양의 상호 작용과 상호 교합으로 '오행'이 생기는데 水·火·木·金·土
의 오행은 각기 일정한 성질을 가지고 있다[各一其性]. '무극지진(無極之
眞)'은 '태극'을 가리키고, '二'는 음양, '五'는 오행을 가리킨다. 이러한
분화 과정에서의 정순한 부분이 묘합(妙合)하여 응결된 것인 남녀(男女),
즉 '사람'이 되는데, 강건한 건(乾, ☰)의 도리는 남자를 이루고 유순한 곤
(坤, ☷)의 도리는 여자를 이룬다. 그리고 음양 두 기의 화합과 응취[交感]
는 만물을 낳는다. 태극의 동(動)과 정(靜)의 순환이 끝이 없으므로 "만물
이 끊임없이 생겨나서 변화가 무궁하다"[萬物生生而變化無窮焉]고 한 것이
다. 위 문장들을 하나의 단락으로 합쳐서 말하면 다음과 같다.

> "양이 변하고 음이 합하여 수화목금토가 생기고, 이 다섯 기가 순차적으
> 로 펼쳐져 사시(四時)가 운행한다. 오행은 하나의 음양이고 음양은 하나
> 의 태극이다. 태극은 무극을 근본으로 한다[태극은 본래 무극이다]. 오
> 행이 생김에 각각 하나를 자신의 성으로 한다. 무극의 참됨과 이오(음양

오행)의 정수가 묘하게 합하면 건도는 남자를 이루고 곤도는 여자를 이
룬다. 이기(二氣)가 교감하여 만물을 화생한다. 만물이 생생(生生)하여 변
화가 끝이 없다."

이것은 음양에서부터 오행·사시(四時) 및 만물에 이르는 생화(生化)의
과정을 묘사한 것이다. 여기서 두 가지 점을 주목할 필요가 있다. 첫째
로, 이 구절에서는 두 차례에 걸쳐 '무극'이라는 말이 나타나고 있다.
'태극본무극야'에서 주돈이는 '무극'이 '태극'에 앞서 존재하는 궁극적
본원임을 다시 인정하고 있다. '무극지진' 구절에서 주돈이는 '무극'이
'태극', '음양', '오행', '만물'에 비해 보다 본진(本眞)적인 의미를 가지고
있다고까지 말하고 있다. 주돈이 자신은 '무극'이 어떤 상황·상태를 묘
사해주는 말이 아니라 명사와 같은 실사임을 표명하고 있는 것이다.

두 번째는 이 단락이 만물의 '생(生)'을 언급하고 있고, 또 만물의 '성
(性)'을 언급하고 있다는 것이다. 이 단락의 "오행은 하나의 음양이다. 음
양은 하나의 태극이다. 태극은 무극을 근본으로 한다"에 관해 『통서』「
리성명(理性命)」 제22는 다음과 같이 말한다.

二氣五行、化生萬物。五殊二實、二本則一。是萬爲一。
一實萬分、萬一各正、小大有定。

"두 기와 오행이 만물을 변화 생성한다. 오행은 각기 다르고 음양은 실재
적이지만, 이 둘은 본래 하나이다. 이것은 '많은 것'[萬]이 하나[一]가 된
것이다. 하나의 실재적인 것이 만 가지로 나뉘나 많음과 하나는 각각 올
바르니, 크고 작음이 정해진다."

말하자면 태극의 '하나'[一]와 만물의 '많음'[萬], 다시 말해 본원·본

체와 현상의 관계를 '일(一)'과 '만(萬)'의 범주를 사용하여 묘사하고 있는 것이다. 우주론에서 '본원'의 '일(一)'과 현상만물의 '다(多)' 또는 '만(萬)'의 관계는 매우 중요한 문제 가운데 하나다. 서양철학에는 플로티누스(Plotinos, 205~270)의 '일자유출설(一者流出說)' 이후 이 문제에 관한 다양한 토론이 있었다. 중국철학의 경우, 불교 화엄학(華嚴學)의 사사무애(事事無礙)의 중중무진연기설(重重無盡緣起說)에서 "일즉일체(一卽一切) 일체즉일(一切卽一)"[一卽多, 多卽一]을 주장하였다. 유가(儒家)들 가운데서는 주돈이가 처음으로 이들 두 범주를 사용하여 우주 모식(模式)을 묘사하였다.

주돈이는 우주 만물이 끊임없이 생겨나는데 본질적으로는 모두 하나의 기가 변화한 것으로 생각했다. 이것이 바로 '만위일(萬爲一)'이다. 만물은 본원에서 서로 같기 때문에 '일(一)'이라는 것이다. 태극 원기가 변화하여 두 기와 오행이 생겨나고, 하나의 기가 각기 상이한 만물로 표현된다. 이것이 바로 "하나의 실재적인 것이 만 가지로 나뉜다"[一實萬分]는 말이다. 이는 만물의 '생(生)'을 말한 것이다.

수·화·목·금·토는 각기 일정한 성질을 지니는데, 『태극도설』에서는 이를 "각각 그 본성을 지닌다"고 말했고, 『통서』에서는 그것을 "많음과 하나가 각기 올바르다"고 말했다. 이것은 '성(性)'을 논한 것이다. 그런데 '성(性)'은 또한 본원에서 나온 것으로 '생(生)'을 같이하고 똑 같이 본원에서 주어진 '일(一)'이 아닌가? 주희는 "오행이 생김에 각각 하나를 자기의 성으로 한다[五行之生也, 各一其性]"는 구절을 해석하면서, "'각각 하나의 자기의 성[各一其性]'은 혼연한 태극의 전체가 각각의 사물에 갖추어지지 않음이 없다는 것으로 성(性)이 있지 않은 곳이 없다는 것을 또 알 수 있다"24)고 해석한다. 주희는 여기서 만물의 '성'이 '태극'으로부

---

24) 『太極圖說』 「朱熹解附」. "各一其性, 則渾然太極之全體, 無不各具於一物之中, 而性之無所不在, 又可見矣."

터 통일적으로 주어진다는 것을 인정하고 있다. 하지만 주희의 이러한 해설은 자신의 철학 체계 필요에 의한 것일 뿐이다. 주돈이가 말한 본래의 구절은 만물을 언급하지 않았고 또 '태극'을 언급하지도 않으면서 다만 '오행'만을 말하고 있을 뿐이다. 이 구절에 대해서는 주백곤의 해설이 더욱 적절한데, 그는 "'오행지생야, 각일기성'은 오기(五氣)가 생긴 후에 각각 자신의 특성을 갖는다는 말이다"[25]라 하고 있다. 각각 자신의 특성을 갖는 것이므로 본원과 다르고 만물은 이로 말미암아 비로소 자기 자신을 이루게 된다. 『통서』의 "만과 일이 각각 바르게 되어 소(小)와 대(大)가 정해진다[萬一各正, 小大有定]"에 대해 모종삼은 "이것은 모두 갖가지 서로 다른[散殊] 만물에서 말한 것이고 성체(誠體)·태극(太極)의 일(一)을 가리켜 말한 것은 아니다"라 하고, 또 "'만일각정'은 일(一)에서 나누어짐에 말미암아 온갖 개체 모두가 각자가 자득(自得)한 자신의 성명(性命)을 바르게 한다는 것이다. '만일(萬一)'은 개개의 개체 자신이라는 의미이고 각각 모두가 각기 바름을 얻음에 따라 '소대유정야'라 한 것이다"[26]라고 해설하고 있다. 모종삼은 주돈이의 이 구절에 대한 해석에서 분명히 만물이 각자 다르게 가지고 있는 성명(性命)이 본원에서 통일적으로 주어진 것은 아니라고 말하고 있다. 이와 같은 해설이 성립될 수 있다면 주돈이는 만물은 각자 자신의 '생(生)'의 구체적인 정경(情景) 안에서 자신을 성취하고 자신의 본성을 부여받게 된다고 본 것이 분명하다.

"五行之生也, 各一其性. 無極之眞, 二五之精, 妙合而凝, 乾道成男, 坤道成女. 二氣交感, 化生萬物. 萬物生生, 而變化無窮焉"은 오행에서 만물에 이르는 과정에 관한 것인데 핵심은 남녀(男女) 및 이기교감(二氣交感)이다. '오행이 생겨나면 각각 그 본성을 지닌다'라 한 것은 보편에서 특수

---

25) 朱伯崑, 『易學哲學史』(중책), p.100.
26) 牟宗三, 『心體與性體』 제1책, p.354.

에 이르는 이론적 관건이 된다. 태극과 음양은 보편이다. 그런데 만유(萬有)가 특수하게 달라지게 되는 원인으로 각각 그 본성을 하나씩 가지기 때문이라 하였다.

오행은 각자 본성을 가지므로, 이로써 만물화생을 설명할 수 있다. 이 과정이 이기교감이다. 문제는 주돈이는 여기서 무극과 음양오행만 언급할 뿐 태극을 말하지 않는다는 것이다. 주돈이의 이 설명은 다만 우주론적인 서술일 뿐 아직 당위(當爲) 문제를 언급하지는 않는다. 이상에서 주돈이가 제시하고 있는 우주생성 도식은 "무극(無極) ⇌ 태극(太極) ⇌ 음양(陰陽) ⇌ 오행(五行)·사시(四時) ⇌ 만물(萬物)"로 도식화 할 수 있다. 이 과정을 또 '一'과 '萬'의 범주를 사용하여 묘사하였다. 하나와 많음 사이의 이와 같은 관계는 우주의 다양성은 통일성을 포함하며, 통일성은 차별성의 표현이라는 생각을 밝혀 준다. 주돈이는 태극 원기를 자연 현상의 무한한 다양성에 대한 통일적 기초로 삼았다. 그러므로 그의 우주론은 일종의 '기일원론(氣一元論)'이다.

주돈이의 『태극도설』은 『역전(易傳)』에 대한 해석이고, 거기서 제시되어 있는 도식은 본래 「계사상(繫辭上)」 제11장의 "易有太極, 是生兩儀, 兩儀生四象, 四象生八卦"라는 말이 제시하고 있는 우주생성설에서 나온 것이다.

차이점은 첫째, 주돈이는 '태극' 앞에 '무극'을 두었다는 점이다. 하지만 이 점은 주돈이의 학문이 『역전』을 계승한 관계에 있다는 사실에 아무런 영향을 주지 않는다. 사실 한(漢) 이후 『주역』은 이미 유가의 경전으로 인정되고 있었을 뿐만 아니라 또 끊임없이 도가화(道家化) 되어 이미 도가(道家)의 경전(經典)이기도 하였다.

둘째, 『역전』은 '양의(兩儀)' 다음이 '사상(四象)', '팔괘(八卦)'이고 주돈이의 『태극도설』은 '음양' 뒤에 '오행(五行)'·'사시(四時)'와 '만물(萬物)'

이다. 이와 같은 차이가 초래된 것은 또 맥락이 있다. 한(漢)의 동중서(董仲舒, BC.179~BC.104)는 우주의 변화와 발전 순서를 묘사하면서 다음과 같이 말한다.

"천지의 기는 합하면 하나가 되고, 나뉘면 음양이 되고, 구분되게 되면 사시가 되고, 열을 짓게 되면 오행이 된다."27)

동중서는 『주역』의 사상(四象)을 사시(四時)로 해석하고 다시 이를 오행설(五行說)과 결부시킨다. 이러한 해석은 한대(漢代) 원기설의 정설이 되었는데, 『황제내경(黃帝內經)』은 다음과 같이 말한다.

"대저 오행[五運]·음양은 천지의 도이고, 만물의 기강과 벼리이고, 변화의 부모이고, 생살(生殺)의 본시(本始)이고, 신명의 곳간인데 어찌 통하지 못하겠는가?"28)

"사시와 음양은 만물의 근본이다. 성인이 봄과 여름에 양(陽)을 기르고, 가을과 겨울에 음(陰)을 기르는 것은 그 근본을 좇아서 하므로 만물과 더불어 생장(生長)의 문에 가라앉고 뜨고 한다."29)

27) 『春秋繁露』, 「五行相生」. "天地之氣, 合而爲一, 分而爲陰陽, 判爲四時, 列爲五行."
28) 『黃帝內經』, 「素問」, '天元紀大論'. "夫五運陰陽者, 天地之道也, 萬物之綱紀, 變化之父母, 生殺之本始, 神明之府也, 可不通乎!" ※ 참고로 『사고전서』에 기재되어 있는 송(宋) 임억(林億)의 주석을 보면 다음과 같다. "도는 화생(化生)의 도를 말한다. 강기(綱紀)는 생장(生長)·화성(化成)·수장(收藏)의 강기이다. 부모는 만물 형성에 앞서 있는 것이다. 본시는 생살 모두가 그것에 인(因)하여 있게 되는 것을 말한 것이다. 대저 형체가 있어 기를 품부하고 있으면서 오운음양에 포섭되지 않는 것은 없다. 조화불극(造化不極)이 만물 생화의 원시(元始)가 되는 것은 무엇 때문인가? 그것이 신명의 곳간(府)이기 때문이다. 그러나 합치고 흩어지는 것이 헤아릴 수 없고, 생화가 무궁한 것은 신명의 운행이 아니면 그렇게 할 수 없는 것이다."[道, 謂化生之道也, 父母, 謂萬物形之先也, 本始, 謂生殺皆因而有之也. 夫有形稟氣, 而不爲五運陰陽之所攝者, 未之有也. 所以造化不極能爲萬物生化之元始者, 何哉. 以其是神明之府故也. 然合散不測, 生化無窮, 非神明運爲無能爾.]
29) 『黃帝內經』, 「素問」, '四氣調神元論'. "夫四時陰陽者, 萬物之根本也. 所以聖人春夏養陽, 秋冬養陰, 以從其根, 故與萬物沈浮於生長之門."

'오운(五運)'은 오행(五行)이다. 『황제내경』은 마찬가지로 '음양', '사시', '오행'으로 우주생성을 논하고 있다. 후한(後漢) 정현(鄭玄, 127~200)에 이르러 『주역』의 '상(象)'과 '수(數)'를 오행설로 해석하고 거기에 따라 오행을 『주역』에 받아들여 우주생성 구조를 건립하였으며, 한 걸음 더 나아가 오행의 상생상극 관계에 의해 우주 변화발전의 질서(秩序)와 서법(筮法)의 법칙을 설명하였다.30) 여기서 주돈이가 '오행-만물' 설(說)로써 '사상-팔괘' 설을 대체한 것은 『역전』의 '역유태극(易有太極)' 설적인 우주생성론의 성질을 조금도 바꾸지 않고서도 『역전』의 우주생성론이 상수학(象數學)적인 추상에서 벗어나게 만들었고, 신비적인 것을 더욱 실재적이고 구체적인 것으로 만들었다는 것을 알 수 있다.

셋째, 주돈이의 『태극도설』과 『통서』의 문장들을 보면, 그가 우선 착수한 것은 외부세계에 관한 우주생성론을 구성하는 것이었고, 그 다음에 우주생성론에 의해 인(人), 즉 주체의 덕성론을 드러내는 것이었음을 어렵지 않게 알 수 있다.

만약 주돈이가 도가[도교]의 영향을 깊이 받았다는 것을 거리낌 없이 말할 수 있다면, 이른바 '무극이태극'은 『노자』의 "도생일(道生一)"(43장)과 "유생어무(有生於無)"(40장) 등의 말을 변화시킨 것이라 할 수 있다.31) 그 가운데 '무극(無極)', '무(無)', '도(道)'는 우주가 유(有)로 들어가기 이전

---

30) 朱伯崑, 『易學哲學史』(상책), 제3장 제3절, 「鄭玄易學中的五行說」 참조.

31) 육구연(陸九淵)은 "주자는 렴계가 목수(穆伯長)에게서 『태극도』를 얻었고, 목수는 진단(陳希夷)에게서 그것을 전수 받았다고 말했는데, 그 말은 틀림없이 근거가 있는 말이다. 진단의 학문은 노자의 학문이다. '무극' 두 글자는 『노자·지기웅』장에서 나왔는데 우리 유학 성인들의 책에서는 없는 말이다. 『노자』는 첫 장에서 '이름 없음[無名]은 천지의 시작이고, 이름 있음[有名]은 만물의 어미이다'라 하는데, (주돈이의 말은) 이와 같다. 이것은 노씨의 종지이다. '무극이 태극'은 이를 종지로 하는 것이다."[『陸象山全集』권2, 「주원회에게 보낸 편지(與朱元晦書)」. "朱子發謂濂溪得太極圖於穆伯長, 伯長之傳出於陳希夷, 其必有考. 希夷之學, 老氏之學也. 無極二字出於老子知其雄章, 吾聖人之書所無有也. 老子首章言無名, 天地之始, 有名, 萬物之母, 而卒同之, 此老氏宗旨也. 無極而太極卽是此旨."]라고 하였다.

의 존재 상태를 가리키고, '태극(太極)', '일(一)', '유(有)'는 우주가 '유(有)'
의 단계로 들어갔으나 아직 분화되지 않은 존재 상태나 혹은 유목이 말
한 '원기혼이위일(元氣混而爲一)'의 존재 상태를 가리킨다. 그러나 전자의
존재 상태이든 후자의 존재 상태이든 모두 시공(時空) 범위 안에 있는 것
은 아니기 때문에 경험이나 지식의 대상이 되지는 않는다. 모두 경험지
식으로 파악할 수 있는 범위 밖에 있기 때문에 지식론의 시각에서 보자
면 이 양자의 구분은 별다른 의미가 없다. 노자와 주돈이 등이 '태극',
'일', '유'의 존재 상태 앞에 다시 '무극', '무', '도'의 존재 상태를 둔 것
은 한 면으로는 학술 이론상의 필요에 의한 것이라 할 수 있는데, 우주
의 궁극적 기원을 찾아내어 이름을 붙였다는 것이고, 보다 중요한 다른
측면에서 말하면 궁극적 본원의 경험성을 보다 더 강화한 것이라 할 수
있다. 우리는 이를 "무극이태극"이라는 말에서 볼 수 있다.

주돈이의 "무극(無極) ⇌ 태극(太極) ⇌ 음양(陰陽) ⇌ 오행(五行)·사시
(四時) ⇌ 만물(萬物)"이라는 우주생성 도식은 『통서』「동정(動靜)」제16
에서 다음과 같이 수정된다.

五行陰陽、陰陽太極。四時運行、萬物終始、混兮闢兮、
其無窮兮。

여기서는 '무극'이라는 말이 나타나지 않음은 물론이고, 『태극도설』
에서의 우주생성론 도식이 본체론적인 체계로 변했음을 볼 수 있다. 이
를 다시 도식화해 보면, "태극-음양-오행(사시)-만물"이 된다. 이는 주돈
이 철학의 발전이다.

(3) 태극의 동정(動靜)

『역전』에서는 "是(=太極)生兩儀"라고만 하였고, 소옹(邵雍)은 이를 '일

분위이(一分爲二)'의 과정으로 해석하였다. '생(生)'이라는 말은 본래 '생산(生産)'의 의미로써 어머니가 자식을 낳는 것을 가리키는 말이다.『노자』의 "道生一" 이하의 '生'자도 같은 의미이다. 이러한 '생자'에는 '낳는 자'와 '낳아지는 자'의 관계가 성립한다. 그런데 '태극'과 '양의'와 '사상', 그리고 '사상'과 '팔괘' 사이에서도 이와 같은 관계를 적용시킬 수 있을 것인가? 이러한 문제는『노자』의 우주생성설에도 적용할 수 있을 것이다. 또한 이와 같은 관계는 무한히 반복될 수 있고, 거슬러 올라가는 것도 무한히 계속할 수 있다. 그렇다면 '도'나 '태극'을 우주생성의 '본원'이라고 말하는 근거가 없게 된다.

소옹(邵雍, 1011~1077)은 '태극'이 왜 또는 어떻게 '분(分)'되는지는 설명하지 않았다. 반면 주돈이는 다음과 같이 설명하고 있다.

太極動而生陽, 動極而靜, 靜而生陰, 靜極復動.

여기서 나타나듯이 주돈이는 음양 양의(兩儀)의 분화 생성이 태극의 동정(動靜)에 기인하는 것이라고 생각하고 있다.『태극도설』은 우주가 쉼과 그침이 없는 영원한 생성과 변화의 운동 중에 있음을 태극의 동정(動靜)으로 설명하고 있는 것이다.『통서』「동정(動靜)」제16은 '동정'에 관해 진일보한 설명을 하고 있다.

動而無靜、靜而無動、物也。動而無動、靜而無靜、神也。動而無動、靜而無靜、非不動不靜也。物則不通、神妙萬物。水陰根陽、火陽根陰。五行陰陽、陰陽太極。四時運行、萬物終始、混兮闢兮、其無窮兮。

주돈이는 음양을 동정으로 논하기 때문에 "움직여서 고요함이 없고,

고요하여 움직임이 없는 것"은 실제로는 음양 및 거기로부터 화생하는
만물을 포함하게 된다. 그래서 이를 '물(物)'이라고 하였다. 일반적인 사
물에 대해 말하자면, 운동과 정지는 서로 배척하는 것이므로, 운동할 때
에는 정지함이 없고 정지할 때에는 운동함이 없다. "움직이되 움직임이
없고, 고요하되 고요함이 없는" 것은 동정을 함축하고 있지만, 아직 동
정이 아닌 것[실현 되지 않은 것]으로 '태극'을 가리키는 것이 분명하다.
태극은 동정을 함축하고 있지만, 아직 동정은 아니기 때문에 찾아볼 만
한 흔적이 없고, 그래서 경험으로 파악할 수 없기 때문에 '신(神)이다' 라
고 한 것이다. 이 '신(神)'은 『주역』 「계사전, 상」의 "신이란 만물을 묘하
게 작용하는 것을 말하는 것이다"[神也者, 妙萬物而爲言者也]를 계승한 것으
로써, 신(神)은 우주 만물의 운동에 내재하는 본성이자 끊임없이 변화하
는 미묘한 공능(功能)을 가리킨다. 이 '신'에 대해 말하자면, 정지하는 중
에도 운동하고 운동하는 중에도 정지한다. 그래서 "움직이되 움직임이
없고, 고요하되 고요함이 없다는 것은, 움직이지 않거나 고요하지 않은
것이 아니다"라고 말한 것이다. 이로써 보면 주돈이는 운동의 내부 근원
문제를 중시하였음을 알 수 있다.

　'신(神)'이 사물 운동의 내재적 동인(動因)이라면 설령 사물이 정지한
상태에 있을지라도 '신'은 여전히 존재한다. '신'은 끊임없이 생겨나는
동인이기 때문에 정지한 것으로 말할 수 없다. 만일 '신'을 정지한 것으
로 여긴다면, 정지에서 운동으로 나아가기 위해서는 또 다른 동인이 필
요하게 된다. 사물이 정지해 있을 때에도 운동의 활력은 그치지 않는다.
그래서 "고요하나 고요함이 없다"고 말하는 것이다. 사물이 운동할 때
'신'은 단지 운동의 내재적 활력만을 제공할 뿐, 그 자신은 결코 눈에 보
이는 형체적 운동을 하지 않는다. 그래서 "움직이나 움직임이 없다"고
말하는 것이다. 이로부터 '동정'이 태극에 본유(本有)되어 있는 것인가,

아니면 후발(後發)적인 것인가 하는 문제가 생긴다. 하지만 주돈이는 이를 상세하게 말하지 않고, 다만 '움직임'과 '고요함'이 서로 의지하고 전화하는 것일 뿐만 아니라 어떤 의미에서는 서로 포함하고 삼투(滲透)하는 것이라고만 하였다. 주희는 이와 관련하여 다음과 같이 말했다.

> "태극이 동정을 가지고 있는데, 이것은 천명의 유행으로 이른바 '한 번 음하고 한 번 양하는 것을 도라고 한다'는 것이다."32)

여기서 보면, 주희는 분명 동정이 태극에 본유(本有)하는 것으로 보고 있다. 주희의 이러한 해석은 분명 취할만 한 것이 있지만 철저하지는 못한 것이다. 이상에서와 같이 주돈이는 '무극'을 궁극적 본원으로 보고 있다. '무극'은 '무(無)'이므로 자연히 동정으로 논할 수 없다. 경험을 초월해 있다는 측면에서의 동정(動靜)에 상대해서 말하자면 그것은 절대적 '정(靜)'이다.

궁극적인 본원인 '무극'이 절대적인 '정'이라는 점은 주돈이의 덕성수양(德性修養) 문제에서 매우 중요한 의미를 갖는다. 그의 덕성수양론은 거기에 상응하여 인간의 본체가 되는 '성(誠)'이 "고요하여 무(無)이고 움직여 유(有)이다[靜無而動有]"(『통서(通書)』「성하(誠下)」)라는 기본 특징과 수양공부인 '주정(主靜)' 또한 '무욕(無欲)'으로 '정(靜)'을 추구해야 한다는 기본적 요구를 가지게 된다. '무극'의 '정(靜)'이 궁극적 의미를 갖는다는 전제에서만 '태극'의 동정을 말할 수 있는 것이다. '태극'은 '일(一)'이고, '일'은 나누어지기 이전을 말하는 것이므로, '태극'은 이미 동정의 가능성 또는 취향(趣向)을 가지고 있다고만 말할 수 있을 뿐, 주희가 이해한 것처럼 한 번 음하고 한 번 양하는 '도'가 '태극'을 가리킨다고 말할 수

---

32) 『太極圖說』「朱熹解附」. "太極之有動靜, 是天命之流行也, 所謂一陰一陽之謂道."

는 없다. '태극'이 동정의 가능성과 취향만을 함축하고 있다는 점에서
그것은 여전히 경험 지식의 대상이 될 수 없으며, 동정의 가능성과 취향을
현실화시켜 음양 양의가 나누어져야 비로소 경험 지식의 대상이 된다.

3. 결론

주돈이의 태극도는 최고의 예술작품(藝術作品)이다. 예술(藝術)은 철학
자에게 지고(至高)의 가치인데 그 이유는 예술이 철학자로 하여금 주관
적으로 묘사된 것을 보편타당성이 포함된 객관으로 만들 수 있게 해주
기 때문이다. "주관 속에서, 즉 자아 안에서 자유와 필연성의 통일성은
자아 자신의 생산물, 즉 예술작품으로 존재한다. 이 안에서 생산적(生産
的) 직관으로서의 자아의 자기 직관은 심미적(審美的) 직관으로 완성된
다."33)

이상과 같은 주돈이의 인성 규정은 해석의 여지가 많은 것이나, 우
리가 주목할 것은 '무극-태극'이라는 본원이 인간의 덕성에 대해 비결정
적인 어떤 것이라는 것을 확인하는 것이다. 주돈이에게서 인간의 덕성
은 결코 본원으로부터 주어지는 것이 아니다. 그것은 인간, 즉 주체의
체인(體認)과 존양(存養)으로부터 오는 것이다.

인간의 덕성이 인간, 즉 주체의 체인과 존양으로부터 나온다는 이러
한 주장은 주돈이가 우주생성론을 빌어 유가적 덕성의 보편유효성을 논
증하였다는 것을 말해준다. 그는 분명 본원의 확정성에 대한 인식에 기
초하지 않았다. 그는 다만 본원의 무한한 생육 공능에 대한 경앙(敬仰)에
기초하고 있다. 우주 본원(무극-태극), 음양(陰陽), 오행(五行)이 절대 마르
지 않고 또 두루 운행하여 다시 시작되는 그런 변화운동으로 말미암아

---

33) 미하이 칙센트미하이 저, 김우열 역, 『몰입의 재발견』, 한국경제신문, 2013, p.148.

만물은 생육장양(生育長養)하게 되며, 거기서 인간은 그 빼어남을 얻어
가장 영묘하게 되고[得其秀而最靈] 우주는 그렇게 위대할 수 있게 되는 것
이다. 우주 및 그 본원의 이러한 생생불이(生生不已)의 '정신(精神)'이야말
로 우리 인간이 본받아야 할 것이다.

　　종합적으로 말해서, 주돈이는 인간의 '생(生)'으로부터 인간의 '덕
(德)'을 논하고 있다. 이를 말해서 "성인은 그것을 중정(中正)과 인의(仁義)
로써 규정하고 고요함[靜]을 주로 해서 사람으로서의 태극[人極; 法度, 標準,
道理]을 세우셨다"라고 한 것이다. '인극(人極)'은 인간의 덕(德)인데, 이것
이 어떻게 성립(成立)된다는 것인가? 인간의 '덕'은 인간이 천지우주의
생생불이의 위대한 공능을 우러러 본받는 가운데 성취된다는 것이다.

　　주돈이의 태극도는 조선 성리학의 중심 개념인 태극(太極), 천명(天
命), 이기(理氣), 음양(陰陽), 오행(五行), 사단(四端), 칠정(七情) 등으로 확장
하고 발전시키는 근간이 되었다고 판단된다. 우주 자연의 질서와 사람
의 도리를 하나의 도표(圖表)로 요약하고 이들의 상호관계와 각각의 특
성들을 설명하는 것은 쉬운 것이 아니다. 또한 양촌(陽村) 권근(權近,
1352~1409)의 『입학도설(入學圖說)』 「천인심성합일지도(天人心性合一之圖)」은
조선 초기 성리학 발전의 기초가 되었으며, 후대에 퇴계(退溪) 이황(李滉,
1502~1571)의 『성학십도(聖學十圖)』에도 『태극도』를 첫 번째로 두고 있
다. 퇴계는 성학(聖學) 또한 '태극'의 원리가 근간이 된다는 것이다. 하서
(河西) 김인후(金麟厚, 1510~1560)와 추만(秋巒) 정지운(鄭之雲, 1509~1561)
의 천명도(天命圖)는 물론 여헌(旅軒) 장현광(張顯光, 1554~1637)의 『역학도
설(易學圖說)』 태극도여역상합지도(太極圖與易相合之圖)에도 결정적인 영향
을 준 것으로 보인다.

참고문헌

『近思錄』

『老子』, 『宋史』, 『列子』

『周敦頤集』, 『周易』, 『周易參同契』

『春秋繁露』, 『太極圖說』, 『皇極經世書』, 『黃帝內經』

牟宗三, 『心體與性體』, 正中書局, 1979.

劉牧, 『易數鉤隱圖』, 摛藻堂四庫全書薈要本, 該著作的代表性文獻.

朱彝尊, 『曝書亭集』, 維基文庫, 自由的图书馆.

미하이 칙센트미하이 저, 김우열 역, 『몰입의 재발견』, 한국경제신문, 2013.

신영복, 『강의, 나의 동양고전 독법』, 돌베개, 2010.

_____, 『담론, 신영복의 마지막 강의』, 돌베개, 2015.

이창일 외, 『성리학의 우주론과 인간학』, 한국학중앙연구원출판부, 2018.

임정기, 『음양오행으로 읽는 세계』, 맑은샘, 2022.

주백곤(朱伯崑), 『易學哲學史』中冊, 北京大學出版社, 1988.

진래(陳來) 저, 안재호 역, 『송명 성리학』, 예문서원, 2011.

_____, 이종란 외 역, 『주희의 철학』, 예문서원, 2013.

김영주. "王充의 비판유학에 관한 연구", 동국대학교 박사학위논문, 2021.

이천수, "주렴계 사상의 연구", 원광대학교 박사학위논문, 2022.

전용주. "周敦頤의 太極圖說 研究", 성균관대학교 박사학위논문, 2014.

황영오. "朝鮮時代의 太極論에 관한 研究", 원광대학교 박사학위논문, 2015.

김영주, 「불교의 우주론과 생태 이해」, 『상호문화적 글로벌 시대의 종교와 생태』, 열린서원, 2023, pp.135~189.

소현성, 「주자의 太極解義 일고 -그 세계관을 중심으로-」, 충남대 유학연구
소, 『유학연구』 제39집, 2017, pp.245~266.

신정원, 「장자 인식의 미학적 사유 -장자와 칸트의 대상인식을 중심으로-」,
성균관대학교 인문학연구원, 『인문과학』 제65집, 2017, 5. pp.135~171.

이명권, 「노자의 생명철학」, 『상호문화적 글로벌 시대의 종교와 생태』, 열
린서원, 2023, pp.223~247.

전용주, 「太極圖說의 太極과 無極에 대한 새로운 解釋」, 한국유교학회, 『유
교사상문화연구』, 제53집, 2013, pp.49~78.

조민환, 「太極陰陽論과 韓國傳統藝術의 美意識」, 한국미학예술학회, 『美學·
藝術學硏究』 제17집, 2003, pp.93~112.

허광호, 「주돈이와 권근의 천인합일사상 비교 -『태극도설』과 『입학도설』을
중심으로-」, 동양고전학회, 『東洋古典硏究』 제66집, 2017, pp.251~276.

라캉 정신분석으로 읽고 렘브란트 그림으로 재현한 '다윗의 편지'

강 응 섭

라캉 정신분석으로 읽고 렘브란트 그림으로
재현한 '다윗의 편지'[1]

강응섭 (예명대학원대학교 조직신학 교수)

1. 글을 시작하면서: 나단에 따른 다윗의 편지

진실은 종교를 통해 정형화되고 예술을 통해 승화된다고 말할 수 있을까? 라캉식 해석법의 기본적인 전제가 '말'과 '글'(문자)에 주체(말한 이)의 욕망(믿음)이 담겨 있다고 볼 때, '그림'에도 주체의 진실이 담겨 있을까?[2]

종교의 성립 근거가 '말'이고, 그것을 '글'로 정리한 것이 '경전'이라고 할 때, 경전은 종교(학)의 근원적인 뜻을 형식화한다고 볼 수 있다. 하지만 경전은 시대의 관점에 따라 다르게 해석될 수 있는 부분을 담고 있

---

1) 이 글은 필자의 『자크 라캉과 성서 해석』(서울: 새물결플러스, 2014) 제5부의 3, 4장에 게재된 글을 모티브로 하여 대폭 수정하였다.
2) 서양 중세의 성화상 논쟁(공경이냐 파괴냐)은 출애굽기 20장 4절, 레위기 26장 1절, 신명기 4장 16-18절 등에 근거한다. 교황 대 그레고리우스 1세(재위 590-604)는 성상숭배를 반대하는 어느 주교에게 내린 서한에서 "책자의 글을 읽을 줄 모르는 문맹인들이 읽을 수 있도록 성당 내부 벽면에 성화상을 놓게 하라"고 했다. 843년 성상금지령이 해제된 이후 성당은 돌로 된 백과사전, 하나님의 말씀을 형상으로 보여주는 곳, 무언의 포교장소가 된다. Cf. 임영방, 『중세 미술과 도상』(서울: 서울대학교출판부, 2006), 98~100, 183.

다. 經典은 신의 완전하고 충만한 뜻을 담은 神典이요 神書면서도 인간의 희노애락을 담은 藝典이요 藝書라고 볼 수 있다. 그래서 경전은 신의 것이면서도 인간의 것이 만나는 자리이다.

잘 알려져 있듯이, 라캉은 "무의식은 언어활동처럼 짜여 있다"[3]고 말한다. 또한 라캉은 "하나의 시니피앙은 또 하나의 다른 시니피앙에 연결된 주체를 재현한다"[4]고 말한다. 이 말이 의미하는 것은 언어활동(le langage)으로 무의식의 주체가 드러난다는 것이다. 즉 말한 이의 참뜻이 언어활동에 담겨있다는 것이다. 라캉이 제시한 두 문장으로 인간을 바라보는 것은 정신분석 영역만의 것은 아닐 것이다. 종교의 가르침(설교, 설법 등)은 경전 해석을 통해 주체를 보여주며, 청자로 하여금 자신의 주체를 만나게 한다. 무의식의 주체가 욕망을 재현한다는 것은 라캉식 논의의 핵심이기도 하지만 종교 경전이 말하는 인간의 참모습이기도 하다.

이 글은 여러 종교에서 경전으로 사용하고 있는 구약성서의 한 단락을 다룬다. 아래에 제시하는 본문은 널리 알려진 다윗왕의 일화이다. 이 이야기는 정형화된 종교와 승화된 예술 사이에 자리하는 신앙인의 모습을 보여준다. 선지자 나단은 정형화하는 종교의 관점에서 다윗과 만나고, 예술가 렘브란트(Rembrandt van Rijn, 1606-1669)는 승화하는 예술의 입장(그림)에서 다윗과 만난다.

이 글은 나단이 정리한 이야기와 이 이야기를 그림으로 표현한 렘브란트의 두 그림 〈목욕하는 밧세바〉(1643), 〈다윗왕의 편지를 들고 있는 밧세바〉(1654)를 라캉의 안목에서 읽으면서 종교(경전)와 예술(그림), 이

3) J. Lacan, *Les Psychoses(III)* (Paris: Seuil, 1981), 251(séminaire du 2 mai 1956). J. Lacan, *Les quatre concepts fondamentaux de la psychanalyse(XI)* (Paris: Seuil, 1973), 137(séminaire du 29 avril 1964). "L'inconscient est structuré comme un langage."
4) J. Lacan, *L'envers de la psychanalyse(XVII)*(Paris: Seuil, 1991), 19, 53. "Un signifiant représente le sujet auprès d'un autre signifiant."

둘을 관계하는 주체에 관하여 다루고자 한다.

　우선, 나단이 정리한 구약성서 사무엘하 11장 2-27절을 읽어보자.

> 2 저녁때에 다윗이 그의 침상에서 일어나 왕궁 옥상에서 거닐다가 그곳에서 보니 한 여인이 목욕을 하는데 심히 아름다워 보이는지라 3 다윗이 사람을 보내 그 여인을 알아보게 하였더니 그가 아뢰되 그는 엘리암의 딸이요 헷 사람 우리아의 아내 밧세바가 아니니이까 하니 4 다윗이 전령을 보내어 그 여자를 자기에게로 데려오게 하고 그 여자가 그 부정함을 깨끗하게 하였으므로 더불어 동침하매 그 여자가 자기 집으로 돌아가니라 5 그 여인이 임신하매 사람을 보내 다윗에게 말하여 이르되 내가 임신하였나이다 하니라 […] 14 아침이 되매 다윗이 편지를 써서 우리아의 손에 들려 요압에게 보내니 15 그 편지에 써서 이르기를 너희가 우리아를 맹렬한 싸움에 앞세워 두고 너희는 뒤로 물러가서 그로 맞아 죽게 하라 하였더라 16 요압이 그 성을 살펴 용사들이 있는 것을 아는 그곳에 우리아를 두니 17 그 성 사람들이 나와서 요압과 더불어 싸울 때에 다윗의 부하 중 몇 사람이 엎드러지고 헷 사람 우리아도 죽으니라 […] 26 우리아의 아내는 그 남편 우리아가 죽었음을 듣고 그의 남편을 위하여 소리 내어 우니라 27 그 장례를 마치매 다윗이 사람을 보내 그를 왕궁으로 데려오니 그가 그의 아내가 되어 그에게 아들을 낳으니라 다윗이 행한 그 일이 여호와 보시기에 악하였더라.

　이 단락을 라캉의 '도식 L'과 '욕망의 그래프'에 적용하여 읽는다면 어떤 이해가 가능할까?

2. 라캉으로 읽기 1: '도식 L'은 편지의 이중 시니피앙을 보여준다

우선 라캉이 언급한 첫 번째 문장 "무의식은 언어활동처럼 짜여 있다"(L'inconscient est structuré comme un langage)를 살펴보자. 이 말은 '도식 L'(Schéma L)로 잘 설명된다. 이 도식은 라캉식 해석법을 잘 보여준다.5)

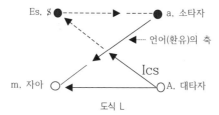

도식 L

'언어활동처럼 짜여 있다 또는 구조화되어 있다'는 것은 은유 시니피앙과 환유 시니피앙의 교차로 되어 있다는 것을 말한다. 즉, 은유 시니피앙으로서의 편지(내용)와 환유 시니피앙의 편지(내용)에 관한 것이다. 교차 '도식 L'에는 세 개의 축이 있는데, 세 축이 두 시니피앙의 교차를 보여준다. 이 과정에서 편지의 내용은 그 모습을 달리한다. 첫 번째 축은 오른쪽 위에서 왼쪽 아래로 향하는 축이다. 이를 표기하면 다음과 같다.

첫 번째 축	a	→	(환유 시니피앙의 축)	→	m

여기서 a는 autre(소타자, 작은 타자)이다. 소타자(작은 타자)는 사물로 드러나는 외부 대상을 일컫는다. 이 대상은 부분 대상인데, 사무엘하 11

---

5) '도식 L'은 라캉이 1954-55년에 행한 세미나 2권 제9, 19, 24장 등에서 다뤄지기 시작한다.

장에서는 편지로 볼 수 있다. 이 대상을 접수하는 이는 m(자아)이다. 여기서 자아는 persona(그리스어 prosphon, $\pi\rho\acute{o}\sigma\omega\pi o\nu$에서 유래한 라틴어, 불어로는 personne인데 선천적인 인격이 아니라, 후천적으로 습득한 인격을 의미)이다. 배우들이 가면을 쓰면, 자신의 정체성을 가리고 다른 인물의 역할을 할 수 있게 되듯이, 자신을 위장하고 숨기는 자아이다. 부분 대상 a가 m에게 전달되는 매개는 환유의 시니피앙 축이다. 죽, 사무엘하 11장 본문에서 부분 대상은 '편지'(a), 이 편지의 수신자는 '요압'(m), 이때 운반 매개는 '우리아'(환유 시니피앙의 축)이다.

첫 번째 축	편지	→	(우리아)	→	요압

'도식 L'의 첫 번째 축은 군사지휘관 다윗이 작성한 부분대상으로서 '편지'(a), 이 편지를 수신하고 읽고 해석하게 될 '장군 요압', 이 편지의 운반 매개인 '장군 우리아'(환유 시니피앙의 축)로 구성된다.

첫 번째 축	군사지휘관 다윗의 편지	→	(장군 우리아의 운반)	→	장군 요압의 해석: 다윗의 병법

이것이 첫 번째 축 구조에 관한 설명이다. '도식 L'의 첫 번째 축에서 a(편지)는 성격이 모호하지만 요압에 도달하면서 분명해진다. 우리아가 이 편지를 운반한다는 것은 요압에게 확신을 준다. 이로써 요압은 편지가 명장 다윗의 군사작전을 담은 병법임을 확증하고, 성웅(聖雄) 다윗의 병법을 실행한다.

두 번째 축을 보자. 두 번째 축은 도식 L의 오른쪽 아래에서 왼쪽 위로 향한다. 이를 기호로 표기하면 다음과 같다.

두 번째 축	A	→	(환유/은유 시니피앙의 축)	→	Es

여기서 A는 Autre(대타자, 큰타자)이다. 대타자란 말로 표현하는 타자이고, 이 말을 받는 이는 Es(무의식의 주체)이다. 가령, 서당에서 공부하는 학생에게 '수신제가치국평천하'를 말하는 경전이나 훈장이 대타자이다. Es($)는 독일어로 '그것'을 의미한다. 프로이트의 용어 '이드 자아 초자아'라고 할 때 '이드'의 독일어가 바로 Es이다. Es(무의식의 주체, Sujet inconscient, $)는 A(대타자)의 말을 환유 시니피앙과 은유 시니피앙의 과정을 통해서 받는다. 환유 시니피앙을 통해 받는다는 것은 하나의 문장을 이해할 때 하나의 단어와 하나의 단어를 연결하여 문장 전체를 통해 의미를 파악한다는 말이다. 은유 시니피앙을 통해 받는다는 것은, 환유를 통해 읽는 것과는 달리, 하나의 단어와 또 하나의 단어를 연결할 때, 그 단어가 무엇을 의미하는지 파악한다는 말이다.

'도식 L'의 두 번째 축에서는 편지의 의미를 다르게 이해할 수 있다. 즉 밤새워 고민한 내용이 담긴 편지가 존재한다. 우리아가 이 편지를 운반한다는 것은 다윗을 교란하게 한다. 첫 번째 축에서 이 편지는 환유 시니피앙으로 이해되었지만, 두 번째 축에서는 은유 시니피앙과 엮이게 된다. 다윗의 욕망은 첫 번째 축 선상에서는 감추어져 있다. 그러나 두 번째 축 선상에서는 드러난다. 무의식의 주체로서 다윗의 욕망은 첫 번째 축에 있는 편지, 우리아, 요압에게는 '은밀하게' 숨겨져 있다. 이상을 정리하면 다음과 같다.

두 번째 축	A 밧세바를 취한 지휘관 다윗의 편지내용	→	(환유/은유 시니피앙의 축) (밧세바를 취하지 않은 남편 우리아의 운반)	→	Es($) 우리아를 제거하고자 결정한 지휘관 다윗의 결정

'도식 L'의 세 번째 축은 왼쪽 위와 오른쪽 위 선상이다. 이는 Es(무의식의 주체)와 a(편지)의 관계이다. 여기서 Es는 자신의 진실을 a(편지)에

담고, a(편지)는 다윗의 욕망을 담는다. Es와 마주한 a는 moi와 마주할 때의 a는 아니다. 왜 이렇게 되는가? moi는 환유 시니피앙의 축에서 읽고, Es는 은유 시니피앙의 축을 덧붙여서 읽기 때문이다.

첫 번째 축에서 a의 진의가 가려진다. 이 말은 A의 진의가 소외된다는 의미이다. 두 번째 축에서 a의 진의는 드러난다. 이 말은 A의 진의가 밝혀진다는 의미이다. A의 의도가 소외되는 것과 밝혀지는 것은 Es에게 어떤 의미가 있는가?

세 번째 축은 첫 번째 축을 비켜가면서 두 번째 축의 의미를 확정한다. 첫 번째 축에서 a(편지)는 단순한 종이 위의 글자에 불과하지만, 세 번째 축에서 a(편지)는 Es(무의식의 주체)가 지닌 욕망을 담고 있다. 그래서 a(편지)는 욕망의 권력을 담지한다. 욕망의 편지는 파괴력을 지닌다. 적군과의 싸움에서 아군을 죽이는 병법 구실을 한다. 이 편지의 진실을 보는 이는 무의식의 주체이다. a(편지)는 m(자아)에게는 지휘관의 병법을 담은 명령이고, Es에게는 밤이 낳은 지휘관의 욕망의 찌꺼기이다. a는 성웅(性雄) 다윗의 모습을 보여준다. 이를 간단하게 표기하면 아래와 같다.

세 번째 축	Es 무의식 주체의 진실	→	(새벽의 환상)	→	a 편지
	밧세바를 취한 지휘관 다윗의 편지	→	(밧세바를 취하지 않은 남편 우리아의 운반)	→	밧세바를 알지 못하는 장군 요압의 해석
	우리아를 제거하고자 결정한 지휘관 다윗의 결정	→	(요압의 지시 이행)	→	우리아의 죽음

이상과 같이 이중 시니피앙을 다루는 '도식 L'은 무의식은 언어처럼 짜여 있다는 것을 설명하고 사무엘하 11장에 드러난 무의식의 주체를 보여 주면서, 성웅(聖雄)과 성웅(性雄)으로서 다윗을 보여준다.

3. 라캉으로 읽기 2: '욕망의 그래프'는 편지의 언표와 언표행위 를 보여준다

이어서 라캉이 언급한 두 번째 문장 "하나의 시니피앙은 또 하나의 다른 시니피앙에 연결된 주체를 재현한다"(Un signifiant représente le sujet auprès d'un autre signifiant)를 살펴보자. 이 말은 '욕망의 그래 프'(Graphe de Désir)로 잘 설명된다. 이 도식 또한 '도식 L'처럼 라캉식 해석법을 잘 보여준다.

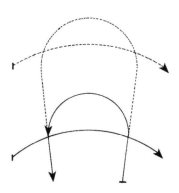

라캉의 세미나 V 에 나오는 도표

프로이트가 리비도의 이동을 말한다면 라캉은 시니피앙의 이동을 말한다. 라캉이 말하는 시니피앙의 이동은 앞서 보았듯이 환유 시니피 앙과 은유 시니피앙에 관한 것이다.

바로 위에 인용한 글 '하나의 시니피앙은 또 하나의 다른 시니피앙 에 연결된 주체를 재현한다'고 할 때, 'auprès de'는 'pour'라고도 표 기된다. 그래서 하나의 시니피앙은 '또 하나의 다른 시니피앙을 위한 주 체를 재현한다'와 '또 하나의 다른 시니피앙에 연결된 주체를 재현한다'

는 의미로 사용된다. 여기서 '하나의 시니피앙'과 '또 하나의 다른 시니
피앙'의 관계를 파악하는 것이 중요하다. 그 중 환유 시니피앙으로 관계
를 파악하는 것과 은유 시니피앙으로 관계를 파악하는 것이 있고, 이 둘
을 엮어서 파악하는 것도 있다.

　　여기서 주체란 말로 된 타자(Autre, 대타자, 큰타자)와 관계한다. 주체
는 말과 연관된다. 즉 육으로 된 몸이 아니라, 시니피앙의 고리로 된 몸,
주체이다. 오랜 전에 기록된 사무엘하는 시니피앙으로 된 다윗의 몸을
드러내고 있다.

　　'욕망의 그래프'(Graphe de Désir)는 두 층으로 구성된다. 낚시 바늘
처럼 생긴 아랫부분과 윗부분이다. 아랫부분은 실선으로 표시되었고,
도식 L의 첫 번째 축(a→moi)에 해당한다. 여기서는 요구(demande)의 담
론이 이루어진다. 사무엘하 11장에서 보면, 다윗이 편지에 써서 요압에
게 건넨 편지의 내용이다. 여기서는 무의식의 주체로서 다윗의 '욕망'이
아니라 '요구'가 드러난다. 아랫부분에서는 다윗이 요압에게 내리는 요
구이자, 요압이 이해한 다윗의 요구로서 편지이다. 그러나 실선 이면에
점선으로 표기된 윗부분에서는 욕망(désir)의 담론이 이루어진다. 사무
엘하 11장에서 보면, 다윗이 우리아의 손을 통해 요압에게 주게 될 편
지는 무의식의 주체의 진실을 담고 있다. 여기서는 병법을 행사하는 지
휘관은 간데없다. 이 편지에는 다만 자신의 욕망을 처리하기 위한 방안
이 기록되어 있을 뿐이다.

　　라캉의 세미나 5권(1957-58)에서는 요구의 담론과 욕망의 담론이 간
단하게 표현된다. 그리고 라캉의 세미나 6권(1958-59)에서는 좀 복잡한
내용이 나온다. 이 또한 무의식의 주체를 좀 더 깊이 읽기 위해 라캉이
고안한 것으로 볼 수 있다. 아랫부분의 화살표는 요구와 의미에 관한
'언표'(énoncé)를 보여 준다. 이는 시니피앙 자체가 보여 주는 의미에 관

한 것이다. 이를 '보통 담론'이라 볼 수 있다. 우리는 일상적으로 이런 선상에서 살고 있다. 말하는 자나 듣는 자나 이런 수위에서 의미를 파악하고 반응한다. 우리가 해석의 본문으로 삼고 있는 사무엘하 11장에서 표면적으로 흐르는 내용이다. 우리아와 요압이 이해하는 내용이다. 전쟁에서 병법이라고 말하는 담론이 이런 것에 속한다고 볼 수 있다. 반면 윗부분의 화살표는 요구의 피안, 즉 욕망에 관한 '언표 행위'(énonciation)를 보여 준다.

라캉은 '욕망의 그래프'를 통해 아랫부분의 '언표'와 윗부분의 '언표 행위' 간의 차이점을 보여 준다. 이 도식을 통해 보면, 다윗의 편지는 이중적인 내용을 담고 있다. 병법으로서의 편지는 '언표'에 해당하고, 주체의 욕망 해소를 위해 작성된 편지는 '언표 행위'에 해당한다고 볼 수 있다. 이로써 두 가지의 의미가 생성된다. 즉 욕망의 그래프 아랫부분의 화살에 해당하는 것과 윗부분의 화살에 해당하는 것 두 가지 의미로 이해할 수 있다.

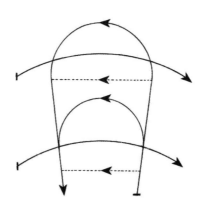

라캉의 세미나 Ⅵ에 나오는 도표

이 그래프에서 점선은 무의식적인 것이고 실선은 의식적인 것이다.

담론의 제1의미(아래 화살 부분)가 드러나도 담론의 제2의미(위 화살 부분)는 감추어질 수 있다. 그러나 사무엘하 뒷부분의 내용을 보면 나단 선지자가 그 내용을 알게 된다. 비로소 담론의 제2의미도 의식적인 부분이된다. 담론의 제1의미와 제2의미가 드러남에도 여전히 주체에게 남는부분이 있다. 담론의 제1의미에서 보면, 다윗은 요압을 시켜 우리아를죽였지만 완전하게 죽이지 못함을 알 수 있다. 요압은 우리아의 사망 소식을 다윗에게 알려온다. 이제 우리아는 전쟁에서 죽었지만, 다윗에게는 완전하게 죽은 것이 아니다. 왜냐하면 우리아를 죽였다는 죄책감은죽이지 못하기 때문이다. 그래서 이를 점선으로 표현하는 것이다. 또한담론의 제2의미에서 보면 다윗은 남편 우리아가 죽은 미망인 밧세바를가질 수 있을 것 같았지만, 밧세바에게 달린 꼬리표 때문에 고민하게 된다. 그녀와의 사이에게 출생한 아이가 죽고 만다. 그리고 이런 사실 자체가 십계명에 위배되는 것임을 나단 선지자가 지적한다. 다윗은 홀로남은 밧세바를 위한 진정한 남자가 되지 못한다. 그래서 이를 점선으로표현하는 것이다.

우리가 선택한 본문 사무엘하 11장은 '聖書의 한 부분이다. 그러나우리가 보았듯이, '도식 L'에 해당하는 자아가 볼 때, 거룩한 책이 담아야 할 내용은 아닌 듯하다. 반면에 '도식 L'의 무의식의 주체는 억압된자아와는 달리 솔직한 면을 보여준다. 자신을 감추거나 위장하지 않는다. 신약성서에 나오는 바울이 말한 속사람과 겉사람을 상기할 수 있다.사무엘하의 내용이 발생한 지 3천 년이 흐른 지금도 다윗의 행적은 우리에게 전달되고 있다. 이 일화는 성서의 오점으로 이해될 수도 있다.하나님의 계시를 담은 성서가 이런 내용을 담고 있다는 것을 어떻게 이해해야 할까?

경전은 단순하게 다윗은 이러이러한 마음을 가졌다는 식의 표현이 아니라 '도식 L'의 첫 번째 축이 전개되는 과정에서 두 번째 축이 전개되고 세 번째 축 또한 전개된다는 것을 보여준다. '욕망의 그래프'의 아랫부분이 전개되는 과정에서 윗부분이 전개되며 이야기가 흘러간다. 이렇게 성서는 다면적인 사건 전개 방식을 담고 있다. 성서는 숨기거나 감추어서 거룩함을 만들어 내지 않는다. 평범한 것 가운데 추하고 폭력적인 것을 들추어냄으로써 인간의 욕망을 재현한다. 심지어는 신의 죽음을 네 개의 복음서를 통해 다각적으로 표현하고 있다. 이런 경전을 어디서 볼 수 있을까?

필자는 간략하게 글을 접하는 사람들의 세 모습을 다윗, 우리아, 요압을 통해 살펴보았다. 특히 편지와의 관계 속에서 이 인물들을 살펴보았다. 무의식의 주체는 말을 하는 주체이고, 글을 쓰는 주체이다. 그 말과 글은 자아를 드러내고 주체를 소외시킨다. 하지만 소외된 주체는 라캉식 도식과 그래프 앞에서 고발당하고 그 소외에는 종지부가 찍힌다.

하나님의 대리자인 선지자 나단은 이미 그 진실을 파악했다. 라캉식 분석을 통하지 않고도 나단은 주체의 진실을 간파하고, 그것을 주체로 하여금 인정하게 했다. 다윗은 한 줄의 편지 때문에 십계명 제6, 7, 8, 9, 10계명을 어긴 자로 판정되었고, 다윗은 이 사실을 인정하였다. 바울은 의문(儀文, $\gamma\rho\dot{\alpha}\mu\mu\alpha$, 율법 조문)의 죽은 것들(고후 3:6~7)에 대해 말한 적이 있다. 의문(율법 조문)으로 인해 죽는 것을 인정하면 새로운 생명이 시작된다. '도식 L'의 첫 번째 축에만 머물고자 하면 새로운 생명은 시작되지 않는다. 라캉식 분식은 의문(율법 조문)으로만 살려고 하는 자들을 고발한다. 즉, 도식 L에서 첫 번째 축에 머물거나, 욕망의 그래프에서 요구의 담론에 머무는 자들을 질타한다. 자신의 상황을 몰인식하는 하던 다윗을 罪認 다윗, 性認 다윗이라고 본다면, 자신의 상황을 인정하게 되면서 義認 다윗, 聖認 다윗이라고 볼 수 있다. 라캉의 '도식 L'로 볼 때, 두 번째 축, 세 번째 축으로 이동하게 되고, '욕망의 그래프' 윗부분인 욕망의 담론을 하게 되는 경우에 해당한다. 이것은 칭의와 성화에 해당한다. 라캉의 '도식 L'과 '욕망의 그래프'는 罪認-性認 다윗에서 義認-聖認 다윗으로의 이행을 보여주며, '性雄' 다윗에서 '聖雄' 다윗으로의 이중 시니피앙을 담은 편지를 이해할 수 있도록 해 준다.

4. 렘브란트의 그림이 담은 다윗의 편지

사무엘하 11장 14절은 믿음(주체의 마음)이 종교를 통해 억압(정형화)되고 예술을 통해 승화된다는 것을 보여주는 징검다리이다.

14 아침이 되매 다윗이 편지를 써서 우리아의 손에 들려 요압에게 보내니

이 구절은 편지를 보내는 사람, 편지를 배달하는 사람, 편지를 받는 사람, '편지 그 자체'를 포함하고 있는 독특한 구절이다. 이 구절만으로는 왜 다윗이 편지를 썼고, 그 내용은 무엇을 의미하는지 알 수 없다. 또한 편지가 잘 전달되었는지도 알 수 없다. 그리고 편지 그 자체의 운명에 관해서도 알 수 없다. 왜 편지가 쓰였는지 사무엘하 11장 초반부터 읽으면 알 수 있을 것 같다. 그러나 사무엘하 7장부터 읽다 보면 왜 이런 편지를 써야 했는지 알 수 없기도 하다. 7장에서 나단은 계시받은 것을 다윗에게 전한다. 곧 하나님의 聖殿을 짓는 것을 말한다. 다윗은 이에 감사의 기도, 서원의 기도로 자신의 결단을 보인다. 8장은 다윗이 모든 전쟁에서 승리하여 조상들에게 약속된 땅을 회복하는 聖戰을 기록한다. 9장에서는 요나단과의 우정에 이어, 그의 아들 므비보셋을 극진히 보살핀다. 10장에서 암몬과 싸워 이긴다. 11장은 다윗과 밧세바의

만남을 보여 준다. 하나님 앞에서 모든 일이 순조로웠고, 이스라엘을 둘러싼 환경도 탄탄했던 이스라엘 왕으로서 다윗은 왜 한 여인을 중심으로 하찮은 잔꾀를 부리게 되었던 것일까?

밧세바가 임신하게 된 것을 알게 된 다윗은 그녀의 임신을 그녀의 남편 우리아에서 시작된 것임을 꾸미기 위해 우리아를 불러 자신의 집으로 보내려고 하지만 실패한다. 그래서 그 다음 날 밤 연회를 베푼다. 그러나 다윗의 작전은 또다시 성과를 거두지 못한다. 이런 상황 앞에서 진퇴양난에 빠진다. 우리아가 부하들과 더불어 곤한 잠을 자고 있을 때, 다윗은 괴로운 밤을 보낸다. 그리고 그 결과 한 통의 편지를 작성한다.

14절에 나오는 세 사람을 엮어주는 것은 편지이다. 이들은 편지로 엮인다. 편지를 둘러싼 사람에 관하여 몇 가지 정리해 본다.

우선, 글은 사람들을 이어준다. 다윗은 자신의 생각을 짧은 문장으로 표현할 수 있는 왕이자 장수였다. 요압도 글의 의미를 파악할 수 있는 다윗의 장군이었다. 글은 이들을 이어주는 기능을 했다. 글은 지휘관이 부하에게 병법을 알리는 도구가 되었다. 하지만 글은 다윗과 요압을 단절시키는 매체가 되기도 한다. 왜 다윗이 그런 내용의 편지를 썼고, 요압이 그 내용대로 이행했는지, 그 글이 만들 사건을 우리아와 요압은 모르고 있다. 어쩌면 이 둘은 계속 몰랐을 수도 있다. 한 사람은 죽었기에 모르고, 한 사람은 병법을 이행했기에 모른다. 이 짧은 구절에서 흘러 다니는 것은 글이다. 글은 돌아다니면서 때로는 장군과 부하 간의 충성의 체계를 세우기도 하고, 때로는 시퍼런 칼이 되기도 한다. 우리는 글을 종이 속에 고정된 것이라 생각한다. 그러나 글은 항상 흘러 다닌다. 지금도 우리의 좌우상하 모든 방향에서 문자 메시지가 날아다니고 있다.

글은 사람들을 소외시킨다. 완성된 편지 글은 다윗 자신을 소외시킨

다. 7장부터 살펴본 다윗의 행적으로 보아서 11장 14절의 편지는 다윗
의 것이 아니라고 말할 수 있을 정도로 스케일이 큰 다윗의 생각과는 먼
게 보인다. 글은 다윗과 우리아의 관계를 더 힘들게 만들었고, 다윗의
충신 요압을 곤경에 빠지게 하였다. 하지만 이런 것은 인간끼리 당면하
는 것일 뿐이다. 이에 덧붙여 글은 다윗을 하나님으로부터 멀어지게 했
다. 쓰인 글은 읽는 사람의 입장에 따라 다르게 이해되는 속성을 갖고
있다. 글은 다중 성격을 가졌다고 볼 수 있다. 이런 글의 특성을 간파한
신학은 수천 년 동안 글의 다중성을 거부하고, 오직 하나의 성질만을 갖
도록 강요해 왔다. 이런 과정에서 형성된 종교학(신학) 체제는 닫힌 체제
를 형성했다. 하지만 예술은 이에 저항한다. 오직 하나만을 주장하는 학
문의 특성에 대하여, 예술은 그 하나의 다른 것으로 이어지는 또 하나,
그 하나와 다른 또 하나, 그 하나에서 제거된 다른 하나에 관심을 둔다.
경전은 이런 것들을 가득 담은 藝書이다. 그래서 경전을 종교학(신학)이
점유하는 것은 바람직하지 않다. 경전은 예술학을 통해 또 하나의 다른
것을 재현함으로 진실을 드러내도록 대기 중이다. 표현의 자유가 부자
연스러웠던 시대의 예술가들은 신화나 성서의 내용을 통해 자신이 하고
자 하는 바를 드러내었다. 사무엘하 11장은 그런 것을 보여주는 좋은
자리이다.

　예술가들은 목욕하는 밧세바와 이를 보는 다윗, 다윗이 보낸 편지를
읽는 밧세바, 다윗의 편지를 전달하는 우리아 등을 담고 있는 사무엘하
11장을 그림의 소재로 삼아 왔다. 가령, 한스 멤링(1480), 장 부르디숑
(1498), 마시스(1562), 코넬리스 반 할렘(1594), 파이터 라스트만(1611),
피터 라스트만(1619), 루벤스(1635), 아르테 미시아(1640), 렘브란트
(1643), 렘브란트(1654), 코넬리스 비스초(1660), 얀 스테인(1660년경,
1673년경), 세바스티아노 리치(1724), 프란체스코 하예츠(1834), 장-레옹

제롬(1889) 등 다수의 화가가 이런 주제를 이용하여 그림을 그렸다. 이 중에서 루벤스, 렘브란트, 코넬리스 비스초, 얀 스테인 등의 화가는 다윗의 편지를 받는 밧세바를 그림으로 표현하였다. 이 화가들은 다윗이 밧세바에게 전령(삼하 11:4)을 보낼 때 편지를 썼다고 상상한다. 파이터 라스트만은 다윗과 요압 사이에서 편지 전달자 역할을 하는 우리아를 그림으로 그렸다.

좌에서 우로 루벤스(1635), 렘브란트(1654), 코넬리스 비스초(1660),
얀 스틴(1660년경), 파이터 라스트만(1611)의 그림이다

이렇게 성서의 내용이나 역사의 한 일화를 그리는 것을 역사화라고 부른다. 역사화는 역사의 진실을 그림에 담고자 한다. 위에서 제시한 다섯 화가들의 그림은 겉으로 봐서는 역사화처럼 보이지만 잘 들여다보면

17세기 당시의 문화를 반영하고 있다. 당시 네들란드에는 얀 스테인을 중심으로 '역사화의 현대적 해석'이라는 흐름이 있었는데,[6] 위의 네 번째 그림이 바로 그런 의미를 담은 얀 스테인의 것이다.

　　렘브란트의 그림도 겉으로 봐서는 성서의 장면을 그린 역사화에 속한다고 볼 수 있다. 하지만 그림의 내용을 들여다보면 매우 섬세하다. 마치 자신의 삶을 밧세바와 편지에 투영하고 있는 듯 보인다. 렘브란트가 1643에 그린 〈목욕하는 밧세바〉는 아내 사스키아 판오이렌부르흐 (Saskia van Uylenburgh 1612~1642)와 사별(1642)한 뒤 갓난 아기 티투스(Titus van Rijn, 1641~1668)를 돌본 유모 헤르트헤(Geertje Dircx, 1610~1656)와 함께 할 때 그린 작품이다. 이 그림의 오른쪽 아래에 그려진 공작새는 사치와 방종 등을 상징하는 데 사용되어 왔다. 이런 배치를 통해 렘브란트는 사별 후 유모인 헤르트헤와 관계하는 자신의 처지를 투영하기 위해 사무엘하 11장의 역사적 장면을 사용한 것으로 이해할 수 있다.

좌는 렘브란트의 〈목욕하는 밧세바〉(1643), 우는 렘브란트의 〈다윗왕의 편지를 들고 있는 밧세바〉(1954)

6) 김소희, "밧세바 또는 매춘부 얀 스테인의 "현대적" 역사화," 「미술사와 시각문화학회」, Vol. 24(2019), 219.

그리고 렘브란트가 1654년에 그린 〈다윗왕의 편지를 들고 있는 밧세바〉는 헨드리케 스토펠스(Hendrickje Stoffels, 1626~1663)를 모델로 한 작품으로 알려져 있다.[7]

이 그림은 다윗의 편지를 받고 고뇌하는 밧세바의 모습을 표현하고 있다. 밧세바가 내려다보고 있는 편지는 목욕하는 자신의 모습을 내려다 본 다윗의 시선처럼 보인다. 다윗이 밧세바에게 전령을 보낼 때 편지를 써서 보내었기에 렘브란트는 그림의 편지 아래 부분에 붉은 색 인장을 찍었다. 이 편지에는 다윗의 어떤 심정이 담겨 있었을까? 이 편지를 읽은 밧세바는 어떤 기로 앞에 서 있었을까? 사무엘하의 저자로 알려진 나단은 다윗의 이 일화를 남기면서 어떤 것에 주목했을까? 마태복음 1장의 긴 계보에서 마태가 "다윗은 우리아의 아내에게서 솔로몬을 낳고"(마 1:6)라고 표현한 후, "마리아에게서 그리스도라 칭하는 예수가 나시니라"(마 1:16)라고 쓴 이유는 무엇일까? 나단은 한편으로 장수를 배신하게 될 다윗과 남편을 버리게 될 밧세바를 통해 비극적 요소를 드러내었고, 다른 한편으로 부한 사람이 가난한 사람의 양 새끼를 빼앗은 예화로 다윗을 하나님 앞에 세워 회개하게 하였다. 마태는 구약성서의 긴 내용과 신약성서의 핵심을 '이름의 계보'에 담으면서 다윗, 우리아의 아내, 예수를 연결하였다.

렘브란트에게 헨드리케 스토펠스는 중요한 여인이다. 〈다윗왕의 편지를 들고 있는 밧세바〉(1654)의 실제 모델이자 렘브란트의 동거인인 헨드리케는 교회법원(1654)으로부터 출석요구를 받는다. 성서에 명시된 항목을 위반했는지를 평가받기 위해서다. 왜냐하면 헨드리케는 당시에 교회에 출석하고 있었기 때문이다. 그러나 교회에 출석하지 않았던 렘

---

7) Cf. Ann Jensen Adams, ed., *Rembrandt's Bathsheba Reading King David's Letter*(Cambridge: Cambridge University Press, 1998.) 이 책은 여섯 명의 학자들이 '다윗의 편지를 읽는 밧세바'를 여러 각도에서 분석하고 있다.

브란트는 교회법원으로부터 자유로울 수 있었다. 그러나 당시 사회 분위기로 볼 때, 헨드리케와 렘브란트의 동거는 세간에 좋지 못한 소문을 돌게 했다. 이것은 그림 제작 및 판매에 영향을 주어 중년기에 접어든 렘브란트가 감내해야 하는 삶의 무게였을 것이다.

그렇기에 렘브란트가 그린 〈목욕하는 밧세바〉(1643), 〈다윗왕의 편지를 들고 있는 밧세바〉(1654)는 자화상으로 널리 알려진 렘브란트의 또 하나의 자화상으로 볼 수 있다. 하나님께 용서를 구한 다윗은 밧세바를 아내로 받아들였고, 여기서 태어난 아이에게 솔로몬이란 이름을 주었다. 그러나 여호와께서는 "여디디야"(여호와께 사랑을 입음, 삼하 12:25)라는 이름을 주었다. 사별한 홀아비 렘브란트는 동거인인 헨드리케와의 사이에서 태어난 딸(Cornelia van Rijn, 1654-1684)에게 코르넬리아라는 이름을 주었다. 이 이름은 자신의 어머니 이름의 이름이기도 했다. 렘브란트의 〈다윗왕의 편지를 들고 있는 밧세바〉(1654)는 1654년에 출생한 딸과 딸의 어머니인 헨드리케의 관계와 상황을 담고 있고, 또한 렘브란트 자신의 어머니와 렘브란트 자신의 관계를 담고 있다. 즉, 이 그림에는 렘브란트 자신과 어머니의 2자 관계가 숨겨져 있다고 볼 수 있다.

글을 쓰기 위해 갈등하는 사람의 '밤'과 그 갈등을 한 문장으로 축소시키는 사람의 '아침'으로 나눌 수 있듯이, 그림을 그리는 사람도 이와 같이 나눌 수 있을 것이다. 다윗은 한 줄의 편지를 쓰기 위해 밤새 갈등한다. 이 모습이 바로 다윗의 모습이다. 이 모습은 한 문장으로, 하나의 판단 속에 정리되지 않는다. 그러나 그 모습이 하나의 성격을 지닌 한 문장으로 정형화되면서 다윗의 모습은 소외당하고, 다윗은 고정되게 된다. 이렇게 고정된 다윗왕의 글은 여과되지 않고 순탄하게-신속하게 실행에 옮겨진다.

다윗에게 '글'이란 자신의 죄를 감추는 밀실, 자신의 음모를 숨기는 방, 밤 동안의 고심을 시원하게 배설하는 아침 화장실과도 같은 공간이다. 우리아에게 '글'이란 왕의 전략이 담긴 용병술이다. 그리고 약속된 땅 대부분을 점령한 다윗의 계속되는 성과를 담은 지시 사항이다. 이런 글을 운반하는 우리아는 자부심을 갖게 된다. 요압에게 '글'이란 충성을 보일 수 있는 기회이다. 요압은 글의 다중성을 모른다. 복잡 미묘한 인간을 모른다. 칼을 휘두르는 장군답게 단순하다. 그는 충성된 군인이지만 전인적인 인간은 되지 못한다.

글은 상황을 자른다. 본질을 숨긴다. 시대가 지나거나 상황이 바뀌면 이해가 달리 된다. 글쓴이의 사정이 담기지만 그 뜻을 그대로 간직하지 못한다. 적군이 언약궤를 강탈하듯이, 글은 글 쓰는 사람의 전인적 인격을 박탈할 수 있다. 이런 글은 돌아다니면서 사건을 만든다. 하지만 구약성경에서 볼 때, 그 글은 그 행한 결과에 대해 책임을 지지 않는다. 책임을 지는 것은 다윗이다. 그러나 바울은 그 글에 책임을 묻는다. 그 글에 못을 박는다.

다윗이 범한 죄목은 십계명에 나타난다. 살인, 간음, 그리고 도적질 하지 말 것, 또한 이웃에게 거짓 증거와 탐내지 말 것을 범했다. 십계명 6, 7, 8, 9, 10 항목의 글을 어겼다. 이 십계명 항목은 다윗과 그 공동체를 분열시켰다. 문자로서의 십계명, 글로서의 율법은 죄인 된 인간을 하나님으로부터 갈라놓는다. 율법을 기록한 글이 인간에게 잘못을 지적한다고 할지라도, 그 지적은 총체적이지 못하고, 단편적이다. 단편적인 죄를 지적받는 인간은 여기저기 도처에 구멍 뚫린 기름통과 같다. 그 통에 불이 접근된다면 곧 폭발하게 될 것이다. 그래서 바울은 자신의 서신 도처에서 이런 위험한 성격을 지닌 글을 고발하고 있다. 바울이 '의문'이라고 말한 것은 '글, 문자'를 의미하는 그라마($\gamma\rho\acute{a}\mu\mu\alpha$, 意文)이다. 바울은 골로새 교회에게 보내는 편지에서 예수님은 "우리를 대적하는 의문으로 된 증서를 도말하"기 위해 십자가에 못 박혔다고 말하고 있다. 구약성경에서 다윗의 글은 심판받지 않았지만, 신약성경에서 십자가의 못은 율법의 문자와 글을 못 박았다. 십자가의 못의 흔적은 십자가에 달린 예수님과 예수님을 맨 나무에만 남은 것이 아니다. 이 못은 사람과 세상을 모두 못 박았다고 말한다. 즉 음모의 편지를 쓰고자 고심한 다윗, 그 다윗이 아침에 쓴 글, 이 글이 돌아다니면서 한 일, 이 모두를 못 박았다고 바울은 말하고 있다.

구약성경 사무엘하의 저자라고 알려진 나단은 왜 10장 다음에 11장을 두었을까? 필자가 볼 때, 나단은 글이란 무엇인가에 관하여 고심했던 선지자였다고 생각된다. '나단, 다윗, 우리아의 아내'에 관하여 마태는 깊은 관심을 두었던 것으로 보인다. 마태는 구약성경과 예수 그리스도를 이렇게 연결한다. "다윗은 우리아의 아내에게서 솔로몬을 낳고 […] 야곱은 마리아의 남편 요셉을 낳았으니 마리아에게서 그리스도라 칭하는 예수가 나시니라." 사무엘하 11장 14절의 글(편지)은 예수께서 이 땅에 오시는 길과 연결된다.

바울은 갈라디아서 6장 14절 주위에서 '못 박힌 이 세상은 완전히 구멍투성이'라고 말하고 있다. 예수께서 못 박힘으로 글도 함께 죽었다. 그러나 그 못의 흔적을 지닌 채 부활하신 예수님은 우리에게 말씀을 남기셨다. 그 말씀은 전 인격을 다하여 여호와를 사랑하고 이웃을 사랑하라는 것이다. 말씀 앞에 설 때 나-우리는 죽고, 회개하고 변화된 인격이 조성된다. 말씀 앞에 다시 설 때, 예수님을 믿는 믿음이 점점 자라고, 흔들리지 않는 인격을 갖게 된다. 말씀과 글의 관계에 대한 흥미가 시작되는 지점이 바로 여기이다.

5. 글을 맺으면서: 재현되는 다윗이 쓴 편지의 진실

이 글은 나단이 정리한 이야기와 이 이야기를 그림으로 표현한 렘브란트의 두 그림 〈목욕하는 밧세바〉(1643), 〈다윗왕의 편지를 들고 있는 밧세바〉(1654)를 라캉의 안목에서 읽으면서 종교와 예술, 이 둘을 관계하는 주체에 관하여 다루었다.

이 글을 시작하면서 던졌던 두 질문에 어떤 답을 구할 수 있을까? 진실은 종교를 통해 정형화(고정, 억압)되고 예술을 통해 승화되는 것일까? 라캉식 해석법에 따라 살펴본 결과, 주체의 진실은 '말'과 '글'(문자)뿐 아니라 '그림'에도 담겨 있을까? 필자는 '그렇다'고 답할 수 있는 근거를 위에서 제시하였다.

다윗은 나단이 들려준 비유를 듣고 자신이 쓴 편지의 진실을 토로했다. 렘브란트는 사무엘하 11장을 읽고 그린 그림(그림 속 편지)에 자신의 진실을 담았다. '말', '글', '그림'은 이중적 시니피앙의 성격을 갖고 있고, 퇴적층처럼 겹겹의 의미를 담고 있다. 이중적 시니피앙은 단지 두 개의 시니피앙을 말하는 것이 아니라 연속적인 시니피앙을 의미한다. 그렇기에 하나의 시니피앙은 또 하나의 다른 말이나 글, 그림으로 재현되면서 주체의 진실을 재현한다. 다윗의 편지가 렘브란트의 그림으로 재현된 것처럼, 렘브란트와 시대적으로나 지역적으로나 가까웠던 얀 스테인(Jan Steen, 1626-1679)의 그림으로 재현되었고,[8] SNS의 시대, AI의 시대, Chat GPT의 시대의 환경에서도 다양한 방식으로 재현되고 있다.

경전과 예술은 서로 교차하면서 다윗이 쓴 편지의 진실이 무엇인지를

---

8) 다윗의 편지와 밧세바와 관련된 얀 스테인의 그림은 〈다윗의 편지를 받은 밧세바〉(1660년경), 〈다윗으로부터 편지를 받은 밧세바〉(1673년경) 등이 있다.

우리로 하여금 재현하게 하는 추동력(Trieb, Pulsion, Drive)이다. 이런 의미에서 필자는 라캉의 말을 이렇게 고쳐서 표현한다. '하나의 경전은 또 하나의 다른 예술에 연결된 주체를 재현한다'(Un texte représente le sujet auprès d'un autre art). 즉, 하나의 경전(다윗의 편지)은 또 하나의 다른 예술(렘브란트의 편지를 담은 그림)에 연결된 주체를 재현하면서 주체의 진실을 보여준다.

참고문헌

강응섭. 『자크 라캉과 성서 해석』. 서울: 새물결플러스, 2014.

김소희. "밧세바 또는 매춘부 얀 스테인의 "현대적" 역사화."「미술사와 시각문화학회」. Vol. 24(2019).

임영방. 『중세 미술과 도상』. 서울: 서울대학교출판부. 2006.

Adams, Ann Jensen, ed. *Rembrandt's Bathsheba Reading King David's Letter*. Cambridge: Cambridge University Press, 1998.

Lacan, J. *Les Psychoses(séminaire III)*. Paris: Seuil, 1981.

Lacan, J. *Les quatre concepts fondamentaux de la psychanalyse(séminaire XI)*. Paris: Seuil, 1973.

Lacan, J. *L'envers de la psychanalyse(séminaire XVII)*. Paris: Seuil, 1991.

종교와 예술 사이에서

박종식(空日)

종교와 예술 사이에서

박 종 식 (空日, 대한불교조계종 봉은사 포교국장)

서론 ; 혼류의 시대!, 자기 역할을 다하고 있는가?

혼탁한 탁류가 가득한 혼류의 시대이다! 정치나 법률이 올바르게 작
동하는지 묻는 일은 이미 의미가 없는 일인지도 모른다. 그러나 종교와
예술 등이 자기 역할을 다하고 있는가? 이는 부단히 물어보아야 할 일이
다. 종교와 미학은 기본적으로 거룩함의 본질과 아름다움의 구원으로
이어진다. 하지만 우리시대의 종교는 어설픈 문화의 외피를 입고 자기
노출이 심하다. 미학은 기교로 변화되어 값싼 예술로 전락하여 저자 거
리로 뛰어 들어 저속하게 되었다. 종교는 문화와 손을 잡아 삶의 흐름
속으로 그 거룩함의 아우라를 보여야 함에도 불구하고 혼류(混流)되며
일상화되는 일, 참으로 슬프다. 더 이상 종교는 거룩함을 드러내지 못하
고 있다. 미학은 예술이라는 테크닉으로 변모하는 특성을 보인다. 특히
우리시대에 들어서면서부터 대중예술이라는 애매한 기류를 형성하였
다. 종교가 문화로 혼류되는 것, 미학이 기교적 예술화하며 저속화되는
것, 이 또한 슬프다. 종교와 미학에 대하여 근본을 물어주는 것이 생명
인 철학조차도 어쩌지 못하고 자기 길을 잃어버리는 현상을 겪게 되어
철학은 드디어 대중들로부터 버림을 받고 있다. 자기 역할을 하지 못하

는 기능은 스스로 비극적으로 퇴장하거나 저급한 변태를 거치며 스스로를 와해시킨다. 이 자기부정의 행로를 거쳐야 새롭게 거듭나는가 보다. 쇄신의 길은 그래서 이제부터 가능한 일이다. 모든 진정한 가치는 숨겨져 있다. 사랑도 숨겨져야 아름다운가 보다. 우리시대의 혼류는 그래서 더 빛나는 것인가? 새벽 또는 늦은 저녁, 한밤중에도 차 한잔이 그리운 이유 또한 이 때문이다. 그리고 사무치게 그리운 것들이 있는 것도 그러하다.

> 기억하세요
> 당신은 내게 하나의 영혼이었음을
> 당신이 던지는 그림자마저도
> 내 얼굴엔 빛이었음을
>
> 나 얼마나 당신을 사랑했는지
> 다만 우리의 사랑은 말이 없었을 뿐
> 너울에 가려져 있었을 뿐
> 하지만 지금 사랑, 그것은 큰소리로 울부짖으며
> 당신 앞에 활짝 열려 있습니다
>
> 사랑, 그것은 이별의 시간이 오기까지는
> 그 자신의 깊이를 모르는가 봅니다.[1]

돌이켜 보면, 근본적으로 쓰고 읽고 계산하는 모든 행위들은 무엇 때문인가? 따지고 보면, 생명에 무슨 이해타산이 있겠는가. 사는 것은 그냥 사는 것이지 뭘 하려고 사는 게 아니다. 돈 벌려고 사는데 돈도 못 만지게 되었으니 살아서 무엇하나 그러는 사람도 있겠지만 돈은 모아서

---

1) 칼릴 지브란의 〈숨겨진 사랑〉

또 무엇 할건가. 결국 죽고 나면 그만이다. 사는 것 자체가 기쁨이지 다른 목적이 있는 것은 아니다. 칸트도 사는 것이 목적이지 수단일 수는 없다고 말했다. 사는 것 자체가 목적이지 무엇을 위해서 살 수는 없다는 말이다. 아름다움에도 목적이 없다. 무엇을 위해 아름다운 것이 아니다. 목적 없는 합목적성이 목적이라고 칸트는 미를 정의했다. 아름다움이 무엇을 위해서 아름다운 것이 아니다. 아름다움 자체가 그대로 좋은 것이지 아름다움이 또 다른 무엇을 위한 것이 아니다. 산다는 것도 마찬가지고 배운다는 것도 마찬가지다. 배우는 것 자체가 좋아서 배우는 것이지 꼭 배워서 써먹기 위해서 그러는 것이 아니다. 써먹을 수 없는 배움이라도 죽는 날까지 배우다 죽으면 그 얼마나 행복한가.[2] 그러니 이제 고전으로 돌아가 오늘의 무게를 달아보아야 한다.

1. 대승(大乘)의 길에서 미혹되다?

삶의 무게를 달아보는 일, 결코 간단하지 않다. 특히 삶과 죽음의 경계에서 살아 있는 사람들이 조금 전까지 함께 살아 숨 쉬던 이웃들이 임종하여 이들을 떠나보내게 될 때, 그 슬픔은 어찌 말로 다할까? 게다가 통과의례로 삶에서 죽음으로 이행되는 절차를 살아 있는 이들이 접하게 될 때의 당혹감은 기묘한 일이기도 하다. 왜냐하면 죽음을 경험하지 못한 입장에서 죽음의 세계로 넘어간 이들을 의례로 송별한다는 것이 일차적 기묘함에 속한다. 그리고 그 의례를 집전하는 종교 기능인들이 집행하는 저 의례란 또한 어떤 일인지가 그 기묘함의 둘째 일이다. 마지막 기묘함은 진정 그 망자들이 의례를 통하여 진정코 떠나 가야할 이승을 뒤로 하고 가게되는 저승이란 게 무엇인지 알수 없다는 것이다. 일종의

2) 김흥호(2003), 『주역강해』 권1, 사색, 398

절대 타자의 영역이 죽음의 세계이기에 그러하다. 그러므로 온갖 것들을 모두 실어 나른다는 대승의 길에서 다시금 미혹될 수밖에! 미혹되는 상황에서 이 의심을 해소하는 일이란 문화의 기능을 탐색하는 일이 된다. 나아가 종교의 기능을 재해석하며 죽음을 삶의 일부로 끌어 안게 되는 예술의 세계로 나아가는 일이기도 하다. 살아 있는 자들이 죽음에게 일정한 자리를 제공하여 잊혀진 사람들을 호명(呼名)하는 일은 일종의 아름다움의 하나이기에 그러하다. 그러므로 여기서 망자를 봉송하는 의례로서, 불보살의 도움에 의지하여 천도를 행하는 작법의례의 하나인 관음시식(觀音施食)의 경문 일부를 검토하고자 한다.

관음시식의 진행에 있어, 일차적으로 한 마음을 모아 간절하게 청하는 일은, 돌아가신 영가를 호명하는 것이다. 그래서 망자의 이름을 부르며 부처님의 위신력과 법의 가피력에 의지하사 이 향기롭게 차려진 단상에 오셔서 법다움 공양을 받으시라고 청하는 것이다. 이때 다음과 같은 경문을 읊조린다.

> 실상은 명상을 떠나있고 법신은 종적 없어라. 인연 따라 숨기거나 드러냄이 거울 속에 비취는 모습 같고, 업을 따라 오르고 내림은 우물 속에 두레박이 오르내림 같아 오묘한 변화 예측하기 어렵거늘 환으로 오감이 어찌 어렵지 않으리오.(이 원문은 이러하다. 實相離名 法身無跡 從緣隱現 若鏡像之有無 隨業昇沈 如井輪之高下 妙變莫測 幻來何難. 이 구절이 종합된 것은 대장경에 들어 있지 않다.)

그러나 위에 인용한 경문 내용은 여러 경전에서 취합한 것이다. 시작되는 구절인 '실상은 명상을 떠나있음'[實相離名]은 수대의 천태지의[隋智顗]가 찬집한 《禪門章》(X55 642c18)의 구절 '모든 법의 실질적인 관념을 곧장 관하게 된다면 그 개념을 떠나게 되므로 관념으로부터 벗어나게 된다.[直觀諸法實相 離名絶相]에서 취한 내용일 뿐이다. 또한 '법신은 종적 없'[法身無跡]다는 일구(一句)는 청대의 원규[淸 元揆]가 설파한 《神鼎一揆禪師語錄》卷8(J37485a21-22)에서 채택한 내용으로, '본래 티끌조차 없는 법의 본체는 당연히 흔적조차 없으니, 뿔 걸린 영양을 어디에서 찾을 수 있는가?'[本無瑕法身無跡 挂角羚羊何處見]에서 가져온 것이다. 그리고 연속 사구게의 내용인 ' 인연 따라 숨기거나 드러냄이 거울 속에 비취는 모습 같고, 업을 따라 오르고 내림은 우물 속에 두레박이 오르내림 같음 '[從緣隱現 若鏡像之有無 隨業昇沈 如井輪之高下]을 노래하는 구절은 명대의 운서주굉[明 袾宏]이 중간한 《法界聖凡水陸勝會修齋儀軌》卷5(X74 817c4-5)에서 인용한 내용이다. 지의, 원규, 주굉 등 수청명(隋淸明)대의 고승들의 문헌에서 제각각 채택한 구절들로 영가를 호명하고 소환하는 것이다. 그러므로 이 구절들이 겨냥한 목표치는 예측하기 어려운 변화의 세계가 얼마나 오묘한지를 설명하여 물질적 몸을 버리고 허깨비와 같은 혼의 몸 즉 귀신의 형체로 온다는 것이 결코 어렵지 않으리라는 것이다.[妙變莫測 幻來何難] 이처럼 대승의 길은 혼미한 영계의 세계를 살아 있는 자들의 세계로 불러내는 것이다. 즉 삶과 죽음의 경계란 본래 없다는 세계관이다. 그러기에 어떤 사람들에게는 이해가 쉽지 않아 혼미스럽고 미혹되는 미망의 세계처럼 보인다.

2. 죽음을 끌어안는 행위들은 거룩하다.

관음시식의 의례는 종교와 예술의 접경지대에서 벌어지는 독특한 현상의 하나라고 지칭하고자 하는 것이다. 시식의 풍경은 다음처럼 이어진다.

일심으로 청합니다. 만일 부처님의 경계를 아시고자 한다면 마음을 허공과 같이 맑히고 망상과 육도를 멀리 여의셔야 합니다. 즉 마음이 어디에도 걸림이 없게 하소서. 오늘 천혼재자가 지성으로 바라오니 영가여, 부처님의 위신력과 법의 가지에 의지하사 이 향단에 오셔서 법공양을 받으소서.

한 마음을 모아 간절하게 청하는 일은, 돌아가신 영가를 초혼(招魂)하여 부처님의 위신력과 법의 가피력에 의지하사 이 향기롭게 차려진 단상에 오셔서 법다움 공양을 받으시라고 하는 일이다. 이때 영가를 초혼하는 핵심 구절은 '만일 부처님의 경계를 아시고자 한다면 마음을 허공과 같이 맑히고 망상과 육도를 멀리 여의셔야 합니다. 즉 마음이 어디에도 걸림이 없게 하소서.'라는 내용이다. 이 경문은 화엄경에서 거론된 내용으로서 '如華嚴云 若人欲識佛境界 當淨其意如虛空 遠離妄想及諸取 令心所向皆無礙'(《百法明門論論義》, X48 311b9-11)을 채택한 것이다.

이제 소환된 혼령들에게 음식을 차려 드릴 시간이다. 서구의 진혼곡은 눅눅하고 어둡지만, 관음시식의 내용은 어찌 보면 경쾌하게 진행된다. 초혼된 저들에게 잔치상을 올려 드리면서 다섯마디의 박자를 가볍게 진행한다.

수아차법식 하이아난찬 기장함포만 업화돈청량 돈사탐진치 상귀불법승 염념보리심 처처안락국(受我此法食 何異阿難饌 飢腸咸飽滿 業火頓淸凉 頓捨貪瞋癡 常歸佛法僧 念念菩提心 處處安樂國, 우리 말로 해석된 내용을 살펴보면, 받으신 법식은 아난의 반찬과 다르지 않으므로 굶주린 배는 채워지고 업의 불길 꺼지리다. 탐진치를 떨쳐내고 불법승에 의지하여 보리심을 잊잖으면 처처극락 되오리다.)

위의 경문은 어딘지 순서가 애매하게 보인다. 이 인용문의 원문은 아마도 명대의 진보가 편찬한 것을 요대의 순어가 재편집[明 陳實編　姚舜漁重輯]한 문헌《大藏一覽》卷6(J21 528a6-8)에서 가져온 '受我此法食 何異阿難餐? 常歸佛法僧 頓捨貪癡恚 饑腸咸飽滿 業火頓清涼 念念菩提心 處處安樂國'일 것이다. 이 원문을 의례에 입각하여 재해석하면 이 내용은 다음과 같아야 한다.

> 내가 받은 법다운 음식이 어찌 아난의 반찬과 다르리요?
> 항상 불법승 삼보에 의지하여 탐진치를 몰록 떨쳐냄이여!
> 굶주린 배를 채우며 업의 불길은 꺼지리다.
> 생각생각마다 보리심을 일으킨다면 곳곳마다 안락한 정토에 도달함
> 이여!

검토해 본 내용들에서 알 수 있듯이, 종교적 의례가 문화적 행사의 일환으로 거듭나고 있음은 『생전예수시왕생칠재의찬문』(生前豫修十王生七齋儀纂文)의 서문에서 밝히고 있는 다음의 글에서도 확인이 된다.

> 무상하고 공한 나를 참된 나라고 당연히 받아들인 존재들은 그 존재의 집에서 벗어난다는 것은 죽기보다 어려울 수 있습니다. 한순간 그것을 깨치고 나의 것이 본래 없다는 평범한 가르침을 달통하면 한순간 여래의 경지에 들 수 있지만 탐욕으로 이어온 아상은 견고하게 그지없어 깨기가 어렵습니다. 이렇게 되어 대승불교 시대에 접어들면 초기불교의 순수한 교설은 현실의 실천적인 의례행법으로 정교하게 시설됩니다. 그것의 하나가 바로 "예수시왕생칠재" (약칭 생전예수재, 예수재)라고 할 수 있습니다. 이 재는 살아 있을 때에 시왕에게 칠칠재를 올려 미리 선업을 닦는 의례입니다. 칠칠재는 사후에 나를 위해 다른 이들이 닦아주는 의례라고 할 수 있지만 예수재는 내가 나의 칠칠재를 위해 설판하는 것입니다. 생

전예수재는 살아 있을 때 내가 나의 업장을 소멸하고 내생의 극락왕생을 위해 실행하는 재이므로 주체성이 부각됩니다. 그 의례의 속살을 보면 전생의 빚을 갚는다는 의식과 내생을 위해 금강경이나 수생경을 염송하며 염부의 시왕과 그 권속들에게 공양을 올립니다. 각각의 의례는 얼핏 보면 단순하고 소박해 보이지만 의미와 효과는 지대합니다. 공양을 올리고 재를 올린다는 것은 재자가 재를 마련하는 데서 출발합니다.[3)]

불교의 문맥에서 관음시식이나 생전예수재 등의 천도작법의식은 위에서 검토한 내용들을 기본으로 진행한다. 그리고 천도작법의 핵심은 여래의 이름이 지닌 열 가지 개념어를 독송하는 전후, 대승경전의 핵심 내용들을 간절히 들려주는 순서로 진행되고 있다. 그 많은 경전들에서 핵심적 내용만 도출한 것으로 그 첫 번째는 『금강경』〈제5 여래실견분〉(진리와 같이 참다움을 보는 분)에 등장하는 사구게이다.

범소유상 개시허망 약견제상비상 즉견여래
(凡所有相 皆是虛妄 若見諸相非相 卽見如來)

어느 새벽녘 촛불 하나를 켜고, 맑은 물 한 사발을 떠 놓고 위의 게송을 그윽히 읽어보라. 그러면 그 의미가 더욱 깊이 각인되며 어쩌면 황홀경에 들 수도 있다. 일체의 유위법, 즉 인연에 의하여 형성되어진 존재하는 모든 것들이란 대승적 진리의 입장에서 보면 참다운 실상이 될 수 없다. 그러므로 의례에 초대된 영가들은 물론 재를 모시는 재자들은 아상으로부터 벗어날 필요가 있다는 것이다. 영가는 육신의 형상을 잃어버린 중음신을 말한다. 이들 영가가 가지고 있는 기존의 관념들은 완전한 허구라는 사실을 깨달아야 한다는 것이다. 이 사구게의 전통적인

---

3) 생전예수재보존회(2020), 『생전예수시왕생칠재의찬문(生前豫修十王生七齋儀纂文)』, 서문.

해석은 '만약 모든 상이 상 아님을 보면 즉시 여래를 보리라'이다. 범본이나 현장본 금강경의 전후 문맥을 검토해보면 제상(諸相)이란 32상을 구족한 것이고, 비상(非相)은 32상이 구족되지 않은 것을 의미한다. 흔히 회자되는 '32대인상'은 고대 인도인의 사상으로, 전륜성왕이나 붓다의 형상을 지칭하는 것이다. 그러나 『금강경』은 32대인상을 가지고 있을 것이라는 생각에 대하여 "상으로 여래를 보아서는 안 된다"고 설파하신 것이다. 『금강경』의 흐름에서 간파되듯 32상에 대한 집착을 타파하는 것이, 상념을 깨는 지름길임을 보여 주고 있다. 모든 상이 상이 아니라고만 하면 현상세계의 질서가 흐트러지고 결국에는 허무론에 빠지게 된다. 구족상과 그렇지 않은[非具足相] 두 측면 모두에 빠지지 말아야 하는 것이지, '상이 상이 아니다'해 버리면 더 이상 논의의 여지가 없어진다. 구족상이나 비구족상을 떠나야만 여래를 보고 깨달음을 이룰 수 있음을 영가에게 알려 주고 있다. 영가는 자신의 형상을 집착하게 되므로 금강경 사구게를 일러주어 진리를 깨닫게 하려는 뜻이 있다. 여기서 흔히 거론되는 사구게가 올바르게 번역되었는지 검토할 필요가 있다. 후진의 라집 역본에 해당하는 위의 경문(凡所有相 皆是虛妄 若見諸相非相 則見如來: 《金剛般若波羅蜜經》後秦 鳩摩羅什譯, T8 749a24-25)에 비하여 보리유지의 역본[元魏 菩提流支譯]은 2종으로 '凡所有相 皆是妄語 若見諸相非相 則非妄語 如是諸相非相 則見如來'(T8 753a22-23)와 '凡所有相 皆是虛妄 無所有相 即是真實 由相無相 應見如來'(T8 757c11-13)이 있음은 널리 알려져 있다. 또한 진제 역[陳 真諦譯] 문헌에는 '凡所有相 皆是虛妄 無所有相 即是真實 由相無相 應見如來'(T8 762b22-23)로 되어 있다. 이들 문헌의 차이를 세밀히 살피는 것은 종교적 의례의 문제가 아니라 '매체미학'의 영역으로 진행하게 된다. 각설하고 진리조차 얽매이지 않아야 한다니 거짓 이야기들은 두 말할 필요가 없다. 다시 말하면 대부분의 세상을 떠도는 무수한 말들은 본래부터 진실되지 못하다고 해야 할까?

3. 세상의 언어는 원래 참되지 않다! [世間言語原非眞]

음악과 미술 사이에서 고민을 하다 보면 청각과 시각을 검토하게 된다. 『능엄경』 등 불전에서는 이근원통(耳根圓通)이라고 하지만, 어쩌면 그림이 더욱 절실하다고 느껴질 때가 있다. 아마 내 기질이 저열한 하근기라 그럴지도 모른다. 그림 이야기로 시작했으니, 동양화 일부를 거론하고자 한다. 제화시(題畵詩)란 말 그대로 시구의 제목에 '題(inscribed on)' 혹은 '書(written on)'를 포함하는 것이다. 때로는 이러한 말이 없이 단지 그림의 제목을 시의 제목으로 하는 경우도 있다. 나아가 '도(圖, painting)'가 생략되기도 한다. 이러한 점에서 제화시는 그림에 대한 제화의 여부보다는 그림에 의해 격발된(inspired) 것으로 보는 것이 더 적절하다. 그리고 그대들의 상상력이 뛰어나다면, 한시 몇 구절을 읽음으로 깊숙한 피안의 세계로 갈 수도 있다. 스스로 그림을 그려낸다는 것이다. 그 실례로 소동파의 글을 살펴보면,

「章質夫寄惠崔徽眞」 (장질부가 은혜로 최휘의 진영을 부쳐오다.)

말을 못하는 그림이 나은 법이니
세상의 언어는 원래 참되지 않기 때문이네.
그로 인해 그대 고통 받고 더욱 근심했음을 아니
지금 이 화권을 늙은이에게 주면서 고졸함을 깨우치네.4)

---

4) 不如丹靑不解語 世間言語原非眞 知君被惱更愁絶 卷贈老夫驚老拙

당송팔대가의 한 사람인 동파 소식(東坡 蘇軾)의 싯구에서처럼, 세상의 얄팍한 싸구려 속임 말들이란 본래부터 거짓이다[世間言語原非眞]. 온갖 귀에 발린 소리들을 분별해보라. 상업화된 발린 소리들이 오늘도 여전히 어리숙한 우리들을 홀리고 있지 않은가? 그러므로 다음과 같은 싯귀에 마음을 실어 보게 된다.

「李頎秀才善畵山, 以兩軸見寄, 仍有詩, 次韻答之」(산수화를 잘 그리는 이 수재가 그림 두 점을 보내줘서 그림에 들어 있는 시의 운을 빌어 답하다.)

> 평생동안 스스로 산 속에 사는 이라 자처하며
> 고깃배를 따라 무릉도원의 실제 모습을 그려내려 했네.
> 시구를 그대와 겨루어보니 솜씨라 하기 힘들고
> 구름과 샘물은 내게 빨리 세속에서 몸을 거두라고 하네.
> 근래 머리 희어져 가을이 빨리 가는 것에 놀라고
> 항상 청산이 세상과 함께 새로워짐을 길게 근심하네.
> 이제 북쪽으로 돌아가면 슬픈 원망 접으리니
> 주머니 속에 무릉도원의 봄을 담았기 때문이라네.5)

이 글에 깊이 공감하는 그대와 나 또한 저 북망산을 향하는 걸음을 걸으며 삶에 대한 기대를 거두어야 한다. 세상에 대한 바램 또한 바람결에 흩뿌리려 하노니 우리들 주머니 속에는 참된 것들이 가득하기 때문이 아닌가? 어쩌다가 그 누구와도 나누기 힘든 무릉도원의 찬란한 봄이 호주머니에 가득하게 되었나?[從此北歸休悵望 囊中收得武陵春]. 마른 하늘에서 번개라도 치듯 금강경(金剛經)의 사구게(四句偈)가 번뜩한다.

---

5) 平生自是箇中人 欲向漁舟便寫眞 詩句對君難出手 雲泉勸我早抽身 年來白髮驚秋速 恐靑山與世新 從此北歸休悵望 囊中收得武陵春

모든 있는 바, 상이란 것은 모두 허망하다, 모든 상이 상이 아니라는 사
실을 바로 본다면 여래를 보는 것이다.
[凡所有相 皆是虛妄 若見諸相非相 卽見如來]

모든 유위의 법은 꿈, 허깨비, 물거품, 그림자, 이슬, 번개 같은 것이다.
마땅히 그렇게 관해야 되느니라.
[一切有爲法 如夢幻泡影 如露亦如電 應作如是觀]

그렇다. 따지고 보면, 애쓰고 수고하는 인간들의 어리석음이란 늘
언 발에 오줌 누듯 비루하고 시시하게 지나간다. 청년 예수도 얘기하시
기를,

공중의 새를 보라! 심지도 않고 거두지도 않고 창고에 모아들이지도 아
니하되, 너희 하늘 아버지께서 기르시나니 너희는 이것들보다 귀하지 아
니하냐? 너희 중에 누가 염려함으로 그 키를 한 자라도 더할 수 있겠느
냐? 또 너희가 어찌 의복을 위하여 염려하느냐? 들의 백합화가 어떻게
자라는가 생각하여 보라! 수고도 아니하고 길쌈도 아니하느니라. 그러나
내가 너희에게 말하노니, 솔로몬의 모든 영광으로도 입은 것이 이 꽃 하
나만 같지 못하였느니라. 오늘 있다가 내일 아궁이에 던져지는 들풀도
하나님이 이렇게 입히시거든 하물며 너희일까보냐? 믿음이 작은 자들아!
그러므로 염려하여 이르기를 무엇을 먹을까 무엇을 마실까 무엇을 입을
까 하지 말라.6)

그러므로 세상에 기대지 않는 것은 실로 중요하다. 그런 시대가 되
었다. 유행을 쫓다가 스스로를 잃어버릴 것이다. 물론 이런 이야기를 읽
거나 들어줄 사람 많지 않다는 것을 잘 알고 있다. 그러나 대숲에서 소

6) 개역개정 신약성경, 마태복음 6장 26-31.

리치는 심정으로 중얼거려 본다. 비통한 심정으로!

4. 운명에 맞서는 자, 비통해진다.

비분강개의 인물 항우(項羽, BC232~BC 202)를 생각해 본다. "그는 단한 번도 운명에 굴복하지 않고 끝까지 하늘이 의도적으로 진정한 영웅인 자신을 제거하려 한다고 분노를 토한다. 하늘의 뜻에 순종하는 동양인의 인생관에서는 찾아볼 수 없는 오만한 태도다. 그는 하늘과 운명에 순종하지 않고 끝까지 항거하다 끝내 자살하고 시신이 여러 조각으로 찢기는 처참한 종말을 맞는다. 서양 비극에 등장하는 영웅의 종말을 보는 듯하다. 중국 문학에서 정통 비극의 인물로 꼽을 수 있는 인물은 항우 한 사람밖에 없다."[7] 그는 하늘을 향하여 그리고 자신의 운명을 회고하며 다음처럼 항변한다. "내가 군사를 일으켜 이제 8년째다. 70여 번을 싸워 맞선 자는 격파했고, 공격한 자는 굴복시켰다. 일찍이 패배한적이 없어 드디어 천하를 제패하여 차지했었다. 그러나 이제 여기에서 끝내 곤경에 처하니 이것은 하늘이 나를 망하게 한 것일 뿐 전투를 잘하지 못한 잘못이 아니다"라고! 항우의 노래 「해하가」(垓下歌)는 비극적 운명에 맞서는 영웅의 비분강개의 풍격을 보여주는 전형적인 사례라고 할수 있다.

> 힘은 산도 뽑고 기운은 세상을 뒤덮건만
> 때가 불리하여, 오추마도 나서지 않네
> 오추마가 나서지 않아도 도리 없지만
> 우야 우야 너는 어찌한단 말이냐[8]

---

7) 안대회(2013), 『궁극의 시학, 스물네 개의 시적 풍경』, 파주: 문학동네, 518.
8) 力拔山兮氣蓋世 時不利兮騅不逝 騅不逝兮可乃何 虞兮虞兮乃若何

비분강개! 비개(悲慨, melancholy and depression 또는 be like a hero)의 의미를 학자들은 더 세밀하게 설명하여 비장강개(悲壯慷慨) 비분강개(悲憤慷慨), 비통감개(悲痛感慨), 비통개탄(悲痛慨歎) 등으로 표현하고 있는데 조금씩 차이는 있으나 대체로 비슷하다. 인간의 감정을 표출하는 시에서 비애와 절망의 정서가 빠질 수는 없다. 세상에 부대끼며 겪는 부조화와 개인의 불우함은 시에 곧잘 드러나기에 비개의 정서는 시에서 매우 중요하다. 그러므로 송나라 이후 중국이나 한국의 비평에서 비개가 비분강개한 정서를 표현하는 일반적인 어휘로 널리 사용된 것은 전혀 어색하지 않다. 비개가 표현하는 비애와 절망의 정서는 그 범위가 상당히 넓다.9) 이 비개의 정서는 영화 〈패왕별희〉에서 표현된 바 있거니와, 전통 중국의 시학에서는 무엇이라고 하는지 슬쩍 들여다 보자.

大風捲水 큰 바람이 물을 말아 올리고,
林木爲摧 숲의 나무들이 바람에 꺾인다네.
意苦若死 마음이 괴로워 죽을 것 같아,
招憩不來 쉬어 가도록 불러도 오지 않는다네.
百歲如流 인생 백년이 흐르는 물 같이 지나고,
富貴冷灰 부귀영화는 차가운 재가 되었도다.
大道日往 커다란 법도는 날마다 멀어지니,
若爲雄才 웅대한 재주는 어떻게 되었는가.
壯士拂劍 용맹한 장사의 검이 털어지고,
泫然彌哀 확연히 슬픔이 가득하도다.
蕭蕭落葉 쓸쓸히 낙엽지고,
漏雨蒼苔 빗물은 푸른 이끼에 떨어진다네.10)

9) 안대회(2013), 앞의 책, 503.
10) 『시품』의 19번째 주제인 悲慨 전문

서럽다. 비통하다. 그리고 세상을 등지고 떠날 곳조차 없어 보인다. 이것이 영웅적 비분강개의 심정이다.

5. 미학과 예술에 대한 다양한 전통들

이 비개를 서구적 관점으로 잠깐 들여다 보기로 한다. Aristoteles 의 저서 『시학』(詩學, Poetics)의 그리스어 원제는 περί ποιητικής이다. 그러므로 "시 창작의 기술에 대하여" 서술한 문헌이다. 『시학』은 미메시스(Mimesis, 模寫, 模倣), 카타르시스(Catharsis, 淨化), 페리페테이아(Peripeteia, 急轉), 아나그노리시스(Anagnorisis, 自己認識, 意識), 하마르티아(Hamartia, 缺陷 또는 handicap), 미토스(Mythos, 극의 줄거리 또는 synopsis), 에토스(Ethos, 性格 또는 character), 디아노이아(Dianoia, 主題), 렉시스(Lexis, 言辭, 語法), 밀로스(Melos, 律動), 옵시스(Opsis, 스펙타클, 章景) 등의 중심 주제들을 다루고 있다. Aristoteles는 결국 언어를 통한 예술적 창작의 핵심에 인간 행동에 대한 통찰과 이해를 두고 있다. 'poie'는 '만든다'는 뜻의 동사로서, poietike의 어원이 된다. 따라서 포이에티케는 일반적인 의미로 '만드는 기술'을 뜻한다. 포이에티케는 허위의 조작이 아니라 인간의 삶과 역사를 끌고 가는 힘에 대한 인식이다. 이 포이에티케를 기반으로 미메시스의 실천이 도출된다. 진리의 핵심과 본질을 보여 주는 창작 행위는 개별적 현실을 요령 있고 아름답게 재현하는 행위가 가능하다. 이 미메시스는 카타르시스로 이어진다. 본질을 성찰하는 시인은 자신을 통하여 세계를 재인식하도록 시민들을 돕고 있다. 즉 시인은 감상자에게 지성적 정화작용인 카타르시스에 도달하도록 한다. 시의 창작에 대한 아리스토텔레스의 사유는 여러 중심 주제들을 포이에티케라는 하나의 축으로 귀결시키며 미메시스와 카타르시스를 중요하게 여기고 있다고 할 수 있다.

이 『시학』의 1부에서는 모방(imitation)이 카타르시스의 핵심이라고 규정한다. 모방의 형태는 3가지로, 매개체(또는 매체, the medium), 대상들(the objects), 모방의 방식(the mode of imitation)를 언급하고 있다. 매체(the medium)로는 몸짓과 노래가, 대상들(the objects)은 행동하는 사람들(캐릭터)을, 모방의 방식(the manner of imitation)으로는 나레이션(narration)에 의한 성격과 가치관의 모방을 제안하고 있다. 이어서 2부에서 아리스토텔레스는 비극(Tragedy)을 희극보다 진지하게 다루면서 본격적으로 모방(imitation)과 카타르시스의 관계 그리고 비극과 플롯(plot)의 관계를 기술하고 있다. 전체적으로 『시학』은 서구적 미학의 표준을 제시하였으며, 비극적 숭고를 지향하고 있다. 칸트와 헤겔의 미학에서, 숭고미는 미학의 최고의 자리에 위치한다. 서구적 미학이 추구하는 최고의 극치인 숭고미는 대자연의 현상 등으로 놀라움, 두려움, 위험 등에 직면하였을 때, 표출되는 정서이다. 그 기이함에 어찌할 바를 모르는 당혹스러운 감정이 숭고미이다.11) 그래서 영웅들의 운명을 그려내어 삶을 환기시키고 일반인들에게 의무를 지우고자 고양시키곤 하였다. 서양 미학의 원류를 검토해 볼 때, Aristoteles는 Plato과 달리 상상을 이성적인 활동으로 보았고, 서양 철학사에서 상상력에 대해 포괄적이고 체계적인 분석을 처음으로 시도하였다. 그에 따르면 상상은 지각을 통해 발생하는 지각과 유사한 표상(phantasmata)이 나타나도록 해주는 것이고, 현실에 대상이 보이지 않을 때에도 정신을 통해 그 표상을 볼 수 있도록 한다. 그러므로 Aristoteles는 상상이 지각도 아니고, 사고도 아니며, 지각과 사고의 결합도 아니라고 하였다. 상상은 지각과 사고의 중

---

11) 원혜영(2013), 「마라(Māra)의 미학」, 『동양고전연구』 51집, 동양고전학회, 163.

간에서 독립된 위치와 기능을 가지고 있다는 것이다. 이러한 흐름은 근대 서양의 학계에서도 마찬가지인 듯하다. Kant의 영향을 받은 Coleridge(1983)의 상상 영역은, 인간의 모든 지각작용을 일으키는 원동력으로 무의식이 작용하는 1차적 상상과 1차적 상상력을 포함함과 동시에 예술 창조의 원동력이 되며 의식이 작용하는 2차적 상상의 두 가지로 분류된다.12) 앞장에서 거론한 비개는 일종의 영웅적 삶이 보여주는 숭고와 장엄의 아름다움일 것이다.

6. 『나띠야 샤스뜨라』와 라사!

영웅의 호방함이 인도의 미학에서라면 어떻게 표현될까? 우선 『시학』(詩學, Poetics)에 비교되는 인도의 문헌 『나띠야 샤스뜨라』(Nātya Śāstra)에 대한 이야기를 해야 한다. 『나띠야 샤스뜨라』는 극학(劇學)이라는 의미를 가지고 있다. 그러므로 Aristoteles의 『시학』(詩學, Poetics)과 비교된다. 『나띠야 샤스뜨라』에 의하면 연극은 신들의 요청에 의해 창조신 브라흐마가 다섯 번째 '베다'로서 "창조"한 것이다. 브라흐마는 리그 베다에서 대사[pāṭhyam]를, 사마 베다에서 운율을 취하고, 야주르 베다에서 연기법(演技法), 그리고 아타르와 베다에서 라사(Rasa)를 취하다고 한다. 여기에 쉬와 신은 딴다와춤을 보태고, 비슈누 신도 연극의 다양한 표현 양식을 담당하는 책임을 맡는다.13) 이처럼 『시학』이 고대 그리스인들이 파악한 문학이론과 비극(연극)에 관한 고전이라면, 『나띠야 샤스뜨라』는 고대 인도인들이 추구한 아름다움과 감성에 대한 문제였다. 또한 현대 인도인들의 미의식의 근간이기도 하다. 즉 인도 대륙이 발견한

---

12) 플라톤, 아리스토텔레스, 칸트 쿨러리지 등의 이론적 내용들은 이시은(2016)의 전북대학교 박사학위논문 「상상의 구조와 과정 분석」을 참조하였다.
13) 이재숙(2009), 「나띠야 샤스뜨라와 라사」, 『코기토』 66, 부산대학교 인문학연구소. 37.

문학이론과 연극 전통에 관한 지고의 가치라는 의미이다. 『나띠야 샤스
뜨라』는 연극과 연관된 다양한 분야를 검토하고 있다. 즉, 제의적 관습,
무대 구조와 설치, 문학이론, 시작법, 연기법, 의상, 분장, 춤, 음악, 이
야기 구성, 등장인물, 관객의 역할에 이르기까지 광범위한 주제를 매우
상세하게 다루고 있다. 고대 그리스 극의 서양의 연극에 끼친 영향과도
비교될 수 있는 인도 고전극의 이 같은 비중을 생각한다면 『나띠야 샤스
뜨라』는 인도의 고전극에 대한 색다른 정보를 제공하고 있다. 이 색다름
의 한 가운데에는 라사 개념이 자리하고 있다. 라사에 대한 최초의 언급
은 바라따(Bharata)가 지은 고대 문헌인 『나띠야 샤스뜨라』(Nātya
Śāstra)에서 찾을 수 있다. 그 후 9세기와 11세기 사이에 차례로 등장한
아난다바르다나(Ānandavardhana), 바따나야까(Bhaṭṭanāyaka), 아비나바
굽따(Abhinavagupta)로 인해서 비약적인 발전을 했다.[14]

　『나띠야 샤스뜨라』는 인간의 정서 가운데 심미적 경험을 다루고 있
다. 심미적 경험이란 '다양한 내적, 심리적 상태들을 일깨우는 것이다'.
이때 일깨워진 다양한 심적 상태들은 결국 몇 가지의 매우 특별하고도
특징적인 심적 상태들로 모아지며, 라사 이론은 그것을 여덟 개의 '맛'
또는 여덟 개의 '심미적 감정' 즉, 라사로 구분, 환원시킨다. 『나띠야 샤
스뜨라』는 이것을 다음과 같이 나열한다 : 연정(Śṛṅgāra), 해학(Hāsya),
비애(Karuna), 분노(Raudra), 영웅적 기개(Vīra), 공포(Bhayānaka), 혐오
(Bībhatsā), 경이로움(Adbhūta)이다. 이들 8종의 라사는 『나띠야 샤스뜨라』
제6장 제15송에서 제시되는데, 이는 각각 śṛṅgāra(戀情), hāsya(諧謔),
karuṇa(悲哀), raudra(憤怒), vīra(氣槪), bhayānaka(恐怖) bībhatsa(嫌
惡), adbhuta(驚異)이다.

---

14) 김은경(2015), 「라사 이론을 통해서 살펴보는 인도 미학의 미 개념」, 『미학』 81권 1
　　호, 129.

"연정, 해학, 비애, 분노, 기개, 공포, 그리고 혐오, 경이라고 이름 붙여진
여덟 가지가 연극에서 라사들로 일컫는 것들이다."15)

그후 아비나바굽타에 의해 첨가된 아홉 번째 라사는 평정의 라사로
서 Sānta-Rasa가 대두된다. 이는 Appaisé or Silence로 번역된다. 이
들 심미적 감정들은 다양한 경험의 축적물들을 - 삼스카라 (samskāra),
혹은 바사나(vāsanā)라고 일컫는- 바탕으로 형성된 것이다.16) 라사의
이러한 미적감정의 발현을 두고 이론가들은, 일상의 감정 상태에 대한,
'비일상적(non-ordinary)인 감정'이라 명명하였고, 나아가 '탈일상적
(extra-ordinary)', 또는 '초속세적(supra-wordly)'인 경험이라고 정의하
였다. 이를 통해 알 수 있는 것은 라사 이론은 예술을 어떠한 방식으로
는 삶과 연결되어 있게끔 하는 동시에, 또 다른 방식으로는 그것을 일상
적 삶과의 근본적인 단절로써 파악하도록 한다는 것이다.17) 예술의 형
식은 그것이 감상자의 심리적 경험에 깊고 생생하게 상응할 때 존재의
의미를 갖는다.

그러나 동시에, 미적 경험은 삶의 단순한 투영이 아니라 탈일상적인
것이 되고 있다. 왜냐하면 그것은 '나'의 내면으로부터의 변화를 이끌
고, 흩어진 다양한 감성들의 특별한 의미의 집합과 결합을 이루어 내는
것이기 때문이다. 그리하여 예술은 스스로를 위해 존재하게 되며, 감상
자들은 일상으로부터의 탈출을 통해, 또는 세계로부터 고립을 통해 매

---

15) śṛṅgārahāsyakaruṇāraudravīrabhayānakāḥ bībhatsādbhutasaṃjñaucety aṣṭaunāṭye
rasāḥ smṛtāḥ (NŚ 6.15.)
16) 김예경(2010), 「라사 미적 경험에 관한 고찰을 중심으로」, 『영상문화』 15호, 한국영상
문화학회, 312.
17) 김예경(2010), 앞의 논문, 319.

우 멋진 그 무엇인가를 '맛'보기위해 예술품을 마주하게 되는 것이다. 이처럼 미적 경험이란 순간적이나마 이러한 독특한 경험적 차원으로의 이행을 통해 일상으로부터의 등 돌림을 낳는 것이다.18) 전체적으로 『나 띠야 샤스뜨라』는 인도의 고전에 기반하고자 한다. 그러므로 베다와 우 빠니샤드에 이르는 오랜 전통을 중시하고 있다. 우빠니샤드에서는 절대 자인 신성이며 이 세계 자체인 브라흐만(Brahman)의 본질적 속성을 삿-치 트-아난다(saccidānanda)라고 표현한다. 이는 존재-의식-환희(existence-consciousness-bliss)를 표현하는 것이다. 인도의 철학 전통은 이러한 브 라흐만의 세 가지 속성을 각각 쁘라메야샤스뜨라(prameyaśāstra, 형이상학), 쁘라마나샤스뜨라(pramāṇaśāstra, 인식론), 알람까라샤스뜨라(alaṁkāraśāstra, 미학)로 발전시켰다. 인도 미학은 이처럼 처음부터 인도 철학의 주요 분 야로 발전했으며 예술이 주는 즐거움과 초월적인 즐거움을 같은 선상에 서 보고 예술작품으로 인해서 변화를 일으키는 인간의 감정에 주목했 다.19) 인도 철학은 이처럼 세상이 창조된 원인을 즐거움으로 볼 뿐만 아니라 창조자의 내적 본질을 즐거움으로 보기도 한다.20)

> 태초에 신은 홀로 존재했다. 하지만 홀로 존재하는 것이 행복하지 않았 다. 그래서 그 자신으로 세상을 창조했다(브리하드아란야까 우빠니샤드 (Bṛhadāraṇyaka Upaniṣad), I.4.3).

인도 미학은 이러한 신적인 즐거움이 예술작품을 통해서 얻는 즐거 움과 유사하다고 보았고 예술작품을 통해 감상자의 마음에서 일어나는 즐거움을 라사라고 했다. 이처럼 라사가 감상자 안에서 일으켜지는 예

---

18) 김예경(2010), 앞의 논문, 320.
19) 김은경(2015), 앞의 논문, 128.
20) 김은경(2015), 앞의 논문, 130.

술적 즐거움이라면 미는 예술가가 자신의 주관적인 감정을 외부의 객관적 사물로 형상화시켜 놓은 것이다. 즉, 라사는 감상자의 주관적 체험이고 미는 생산자의 객관적 표현이다.21)

　　라사는 '감정을 자극하는 결정적 요인'(vibhāva), '결과로 나타나는 정서'(anubhāva), 그리고 '일시적인 정서'(vyabhicāri-bhāva)의 세 요소가 합해졌을 때에 나타난다.22) 라사에는 스링가라(śṛngāra, 연정), 하시아(hāsya, 해학), 까루나(kāruṇa, 비애), 라우드라(raudra, 분노), 비라(vīra, 영웅적 기개), 바야나까(bhayānaka, 공포), 비밧사(vībhatsa, 혐오), 아드부따(adbhuta, 놀람) 등 여덟 가지가 있다. 결국 라사는 감각을 통해서든, 마음을 통해서든, 정신을 통해서든 인간이 '맛보는' 것, '경험하는' 것을 지칭할 때 사용되었다.23) 완전한 자유를 의미하는 해탈(Mokṣa)이나 신(神)에 한 완전한 믿음과 헌신 즉, 신헌(信獻, bhakti)을 표현하는 '지극한 희열'이라는 의미로도 사용되었다.24) 불교적으로는 한 가지 맛[一味]라고 할 수 있지만, 이 라사의 의미는 실로 다양하게 표현되고 있음을 알 수 있다.

7. 인도의 미학, 8종에서 9종의 라사로

　　나중에 아비나바굽타와 아난다바르다나가 샨따(śānta, 평화로움)의 라사를 추가해서 우리가 보통 라사라고할 때는 이 아홉 가지를 말한다.25)

---

21) 김은경(2015), 앞의 논문, 130.
22) 류현정(2017), 「희곡 『나가난다』(Nāgānanda) 연구」, 동국대학교 박사학위논문, 63.
23) 이재숙(2009), 앞의 논문, 41.
24) 이재숙(2009), 앞의 논문, 41.
25) 김은경(2015), 앞의 논문, 131.

라사가 일어나기 위해서는 기본 감정인 스타이바바가 비바바, 아누바바, 뱌비짜리바바와 합쳐져야만 한다.26) sthāyi-bhāva는 관객들을 포함한 모든 사람의 마음속에 경험을 통해 이미 영속적으로 존재하는 라사의 기반이 되는 정서이며, vyabhicāri-bhāva는 각 정서를 구성하며 잇따라 변화하는 일시적인 감정을 말한다. 그리고 sattvaja는 〈라사 수트라〉에서 말하는 일종의 몸짓연기 anubhāva에 해당하는 것으로 배우들이 표현하는 정서의 발현방식으로 이해할 수 있다.27) 기반이 되는 정서(sthāyi-bhāva)는 해당 라사가 어떤 것인지를 결정해 주는 중요한 요인이 되며, 일시적인 정서(vyabhacāri 또는 sañcāri-bhāva)와 정서 표현(sattvaja 또는 sāttvika)은 그에 부수적으로 따르게 된다.28) 스타이바바(sthāyībhāva, 기반 정서)는 인간의 기본 감정을 말한다. 이러한 기본 감정은 예술작품을 체험하는 동안 라사로 변한다. 아홉 가지의 라사에 대응하는 아홉 가지 스타이바바가 존재한다.29) 비바바(vibhāva, 바탕 감정)는 라사가 일어나는 1차적 요인으로 알람바나(alambana) 비바바와 우디빠나(uddipana) 비바바, 두 가지가 있다. 알람바나 비바바는 라사를 불러일으키는 중심인물을 가리키고 우디빠나 비바바는 라사 발생 시 기폭제 역할을 하는 것으로 중심인물의 배경이나 주변의 자연 환경 등을 가리킨다.30) 아누바바(anubhāva, 반사적 반응): 알람바나 비바바를 중심으로 일어나는 다양한 반응(reaction)을 말한다.31) 뱌비짜리바바(vyabhicārībhāva, 부수적 정서)는 다음처럼 이해된다. 산스끄리뜨어 '뱌비짜라(vyabhicāra)'는 '규칙을 벗어나다'라는 뜻을 가지고 있다. 뱌비짜리바바는 일시적인

---

26) 김은경(2015), 앞의 논문, 132.
27) 류현정(2017), 앞의 논문, 65, 66.
28) 류현정(2017), 앞의 논문, 68.
29) 김은경(2015), 앞의 논문, 131.
30) 김은경(2015), 앞의 논문, 131.
31) 김은경(2015), 앞의 논문, 131.

심리적 상태를 일컫는다. 즉 '어떤 감정 X가 일어나면 뱌비짜리바바 Y가 발생한다'는 식의 규칙은 없다. Y는 감정 X로 인해서도, 또는 Z로 인해서도 발생할 수 있기 때문이다. 말하자면 주된 감정에 딸려오는 장식품 같은 것이 뱌비짜리바바다.32) 즉 라사 이론은 주관과 객관을 독특하게 결합시킨 인도 미학의 미의 개념이다.33)

『나띠야 샤스뜨라』의 라사 이론에는 명확하지 않은 부분이 있었고 그것은 자연스럽게 학자들의 논쟁을 이끌었다. 그 중 가장 뜨거운 논쟁은 과연 라사가 내재되어 있다가 드러나는 것인지 아니면 없었던 것이 생기는지를 밝히는 것이었다. 아난다바르다나의 경우 라사는 내재되어 있다가 드러나는 것이었고 바따나야까는 이러한 아난다바르다나의 생각에 반대했다. 하지만 아비나바굽따는 아난다바르다나의 의견에 동의한다. 비바바, 아누바바, 뱌비쨔리바바가 비록 라사를 드러나게 하는 원인이지만 라사를 생성시키지는 않는다고 보았던 것이다. 불이 켜짐으로 인해 방안에 있던 물건이 보이는 것은 사실이지만 불이 꺼져서 물건들이 안 보인다고해도 물건은 그대로 존재한다. 불빛의 존재여부가 물건의 존재를 결정짓지는 않는 것처럼 비바바 등의 외부 자극과 라사의 원리도 그와 같다. 『나띠야 샤스뜨라』에서는 '라사→기반이 되는 감정→일시적인 감정→감정의 표출'의 순서에 따라 정서의 흐름이 진행된다고 설명한다.34) 동시에 아비나바굽따는 바따나야까의 사다라니까라나 이론을 지지했다. 바따나야까 이론의 핵심은 문학 작품이 비바바 등과 더불어 기본 감정을 감상자의 마음으로 전달하면 사다라니까라나의 작용으로 인하여 감상자가 즐거움을 느끼고 그러한 경험이 바로 라사라는

32) 김은경(2015), 앞의 논문, 131.
33) 김은경(2015), 앞의 논문, 130.
34) 류현정(2017), 앞의 논문, 67.

것이다. 이 때 라사를 느낄 수 있게 하는 것은 문학과 같은 예술작품이 두 가지 작용을 하기 때문인데 그것이 바로 '전송'과 '즐거움'이다. 여기서 아비나바굽따는 바따나야까가 말하는 '전송' 작용이 바로 다름 아닌 아난다바르다나의 '함축적 의미'와 같은 것으로 보았다.35)

결론적으로 바라타의 8종 라사 이외에 9번째 평안(śānta) 라사가 후대에 도입되었는데, 이를 처음으로 인정한 인물은 우드바타(Udbhaṭa, 9세기)로 알려져 있다. 그는 바마하(Bhāmaha, 7세기)의 저작에 대한 주석을 달면서 자신의 이론을 펼쳤는데, 그의 이론 역시 후대 학자들에게 영향을 주면서 급기야 이 라사를 논쟁점에 오르도록 만들었다.36) 평안 라사를 거론한 인물들은 대부분 9~10세기 이후의 학자들로, 작품의 독특한 분위기에 특정한 이름을 부여하려 하였다. 이는 극이 다루는 목적을 인간의 목표(puruṣārtha)와 연관 지어 설명할 때에 일반적으로 거론되는 세 가지, 즉 dharma, artha, kāma에 대해서는 언급이 되지만 해탈(mokṣa)에 대해서만큼은 언급되지 않았다는 사실과도 관계가 있어 보인다. 아마도 평안 라사는 이러한 맥락에서 mokṣa와 연계되었을 것이다. 고전 산스크리트 희곡에서는 기존의 라사들로는 설명하기 어려웠던 Nāg와 같은 작품이 지니고 있는 분위기를 평안의 라사로 해석하기에 적합하였다.37) 평안 라사의 가장 큰 특징은 욕망의 소멸에서 오는 행복이고 이는 연정 라사가 지니고 있는 것과 정확히 대치되며, 어떤 중개 역할을 할 라사(이 경우는 경이로움의 라사)가 없이는 제 기능을 발휘하지 못하는 것으로 간주된다.38) 길고 지루한 이야기의 핵심은 이렇다. 아홉

---

35) 김은경(2015), 앞의 논문, 145.
36) 류현정(2017), 앞의 논문, 69.
37) 류현정(2017), 앞의 논문, 76.
38) 류현정(2017), 앞의 논문, 77. : Masson, J. L.; Patwardhan, M. V.(1969). *Śāntarasa & Abhinavagupta's Philosophy of Aesthetics*. Bhandarkar Oriental

번째의 라사가 등장하면서 기존의 감동들은 세속적인 것으로 이해할 수
도 있다 적정의 아름다움인 샨타 라사에서 비로소 우리는 미학적 감동
을 넘어서 종교적 신비의 영역으로 돌입하는 것이다. 이 글의 중심인 종
교와 예술 사이를 연결하는 아홉 번째의 라사! 이것을 거론하기 이전에
그렇다면 동양의 미학 또는 시의 품격론은 어떻게 진행되는가를 들여다
보자.

8. 문질빈빈(文質彬彬)과 산화비의 괘상(山火賁卦 ䷔)

『논어』의 〈옹야편〉에서 동양의 미학적 정수에 해당하는 다음과 같
은 구절이 나타난다.

子曰: "質勝文則野, 文勝質則史. 文質彬彬, 然後君子."

바탕이 꾸밈을 이기면 야해지고, 꾸밈이 바탕을 이기면 사해진다.
꾸밈과 바탕이 조화를 이룬 뒤에야 군자라고 할 수 있다. 그러므로 바탕이
꾸밈보다 나으면 촌스럽고, 꾸밈이 바탕보다 나으면 사치스러워진다.
『주역』에서 우리는 무엇을 배우는가? "여러 가지가 있겠지만 『주역』에
서 항상 말하는 것은 인의예지다. 인의예지를 배워야 한다. 달리 말하면
종교, 철학, 과학, 예술을 배워야 한다. 우리는 70년, 80년을 배워도 다
배웠다고 할 수가 없다. 그런데 배움은 무엇을 위해서 배우는 것이 아니
다. 배우는 것이 그저 즐겁기 때문에 배운다. 사는 것도 마찬가지다. 사
는 것이 그저 즐겁기 때문에 산다. 배우는 것은 마냥 즐거운 것이다. 이
해타산과는 아무 상관이 없다."39) 그래서랄까? 주역에서는 이 문질빈빈

Series no.9. Poona: Bhandarkar Oriental Institute. 9.

의 의미를 통해 주역의 미학을 산화비괘(山火賁卦 ䷕)를 통하여 제시하고
있다. 아래에 불을 의미하는 리괘(離卦 ☲)과 있고 위에 산을 의미하는 간
괘(艮卦 ☶)가 있다. 리괘는 '불', '밝음'이고 간괘는 '산', '그침'이다. 괘
상의 강유(剛柔)가 세 개씩 위와 아래로 뒤섞여 있으므로 무안가를 꾸미
며 장식하는 형상이다. 산 아래 밝은 해가 있음이거나 위쪽의 푸른 산을
그 아래 붉은 단풍이 가득히 메꾸고 있는 형국이다. 그러므로 을긋불긋
한 단풍이 푸르른 산을 아름답게 꾸미고 있다는 의미가 찾아진다. 꾸밈
에서 중요한 것은 '밝음'과 '그침'이다. 즉 절제의 미학이라 할 수 있다.
밝기를 어느 정도에서 그칠지 명암(明暗)이 중요하다. 지적인 똑똑함도
어느 정도에서 머물고 그치는 중요하다. 이 산화비의 괘상이 제시하는
미학은 『대학』에서 말하는 것과도 일맥 상통한다. "대학의 도는 밝은
덕을 밝히는 데 있으며, 백성을 새롭게 하는 데 있으며, 지극히 착한 데
머무름에 있다(大學之道 在明明德 在親民 在止於至善)"고 하였다. 이는 도에
의하여 덕이 꾸며진다는 것이다. 그리고 그 결과로 백성을 새롭게 하게
되며 최종적으로 지선에 머무른다는 것이다. 아름다움을 바탕으로 하여
도와 덕의 합일을 구현하고자 하는 것이다.

　주역은 하나의 괘상을 다양하게 변화시킨다. 산화비괘(山火賁卦 ䷕)를
말아 뒤집으면 도전괘인 화뢰서합괘(火雷噬嗑卦 ䷔)가 된다. 서합괘는 잘
게 씹어서 합하는 괘상이다. 서괘(序卦)전에 따르면 사물이 합하여 질때
에도 그 순서와 행렬(行列)이 있게 마련이라고 설명한다. 합해지면 반드
시 새로운 질서를 형성하기에 서합괘 다음에 산화의 비괘가 오게 된 것
이다. 산화비괘(山火賁卦 ䷕)의 강함과 부드러움[剛柔]을 뒤바꾸면 배합괘

---

39) 김흥호(2003), 앞의 책, 398. 젊은 시절, 김흥호 선생님으로부터 여러 경전들을 배운
　　적이 있었다. 그 인연으로 주역 괘상의 풀이는 김흥호 선생님의 책을 위주로 하였다.

가 되는데, 비괘의 배합괘는 택수곤괘(澤水困卦 ䷮)이다. 택수곤괘는 곤궁함을 뜻하므로 김흥호는 곤괘를 고난이라고 설명하여 밝힌다. 그 강유가 서로 교차하여 아름답게 빛나는 것이 비괘인데, 즉 강유가 바뀌면 서로 꾸미는 빛을 잃고 곤궁에 빠진다는 것으로 삶의 흐름을 비유하기에 좋은 괘들이다. 산화비괘(山火賁卦 ䷟)의 소성괘가 위 아래로 서로 바뀐 역위생괘는 화산려괘(火山旅卦 ䷷)다. 화산려괘는 안으로 그쳐 있고 밖에 있는 밝은 불이 타오르니 방랑하는 모습이다. 또는 산꼭대기 위로 불꽃이 번쩍번쩍 날아다니는 형상이니 나그네를 의미하는 려괘가 된다. 산화비괘(山火賁卦 ䷟)의 속에 있는 효(234/345)로 재구성한 호괘는 뇌수해괘(雷水解卦 ䷧)다. 해괘는 '풀림', '해빙'이다. 꾸밈의 알맹이는 겨울이 지나 봄에 해빙하면서 비롯된다.40) 전체적으로 산화비괘(山火賁卦 ䷟)는 아름다움으로, 큰 무늬는 자질구레 칠하지 않아야 한다는 것이다.

　　문질빈빈의 아름다움은 오늘날 어디에 있는가? 오늘날 아름답게 꾸미는 장식(裝飾)은 지나치게 극성을 부린다. 우리 주변을 살펴보자. 온갖 장신구들 즉 신발, 옷, 머리스타일, 허리띠, 시계, 목걸이, 귀걸이, 반지, 팔찌, 발찌, 문신, 성형, 자동차……. 겉으로 드러나는 꾸밈에만 너지나치게 힘을 기울인다. 산화비괘를 보면서 장식과 꾸밈의 본질을 생각해 본다. 신체나 겉모습을 꾸미는 것도 그 근본은 몸 자체를 꾸미는 데 있다. 건강한 몸과 단련된 신체는 군살 없이 잘 훈련되어 있어 그 자체로 아름답다. 걷거나 뛰는 모습이 힘차고 탄력이 있는 신체들은 생명력이 가득하여 아름답다. 물이 올라 온몸에서 윤기가 나면 신발이나 옷 등의 꾸밈이 없어도 그 신체의 아우라는 얼마나 빛나고 아름다운가? 물론 요즘 헬스나 크로스핏 등으로 육체를 단련하여 꾸미기도 한다. 그러나 일

---

40) 김흥호(2003), 앞의 책, 391-403.

과 육체의 단련이 너무 괴리되어 있고, 가시적이고 상업적으로 경쟁하다 보니 약물도 사용하여 너무 인위적이고 억지스러운 면이 많다. 이러한 경박함이 우리 시대의 주요한 질병이라고 할 수 있다. 신체적 문질빈빈은 요원한 상태가 되어만 가고 있다. 인문학 본래의 문질빈빈이나 산화비의 형국도 애써 찾아볼 정도로 희귀하다.

9. 스물네 가지 동양 시론(詩論)의 풍격

『시학』과 『나띠야 샤스트라』를 통하여 다양한 아름다움에 대한 이야기를 검토하였다. 그렇다면 동양적 시론들은 어떻게 진행되는가? 『시학』서 거론한 미메시스 등의 주제들이나 『나띠야 샤스트라』에서 제시한 8 혹은 9종의 라사들에서처럼 동양적 시학들도 다양한 내용을 제시하고 있다. 시에 대하여 중국 미학은 네 가지 계열로 분화되어 서술되는데, 사공도(司空圖, 837~908)의 『이십사시품』(二十四詩品, 이하 『시품』), 교연의 19식, 엄우의 『창랑시화』(滄浪詩話)가 구현하고 있는 9품, 유협의 『문심조룡』(文心雕龍)에 나타나는 8체 등으로 파악한다. 『시품』은 이 과정에서 동아시아 미학에서 꾸준히 애용하였으며 미학을 대표한다고 볼 수 있다.41) 이들을 간략히 제시하면 다음과 같다. 『문심조룡』은 「체성」(體性) 편에서 '전아(典雅)' '원오(遠奧)' '정약(精約)' '현부(顯附)' '번욕(繁縟)' '장려(壯麗)' '신기(新奇)' '경미(輕靡)'의 여덟 개 범주로, 『창랑시화』에서는 '높음(高)' '예스러움(古)' '깊음(深)' '멂(遠)' 긺(長)' '웅혼(雄軍)' '표일(飄逸)' '비장(悲壯)' '처완(悽惋)'의 아홉 개 범주로 시의 풍격을 나누었다. 많은 비평가들이 이렇게 시의 풍격을 범주화하여 시적 정서의 세계를 분

<hr>

41) 하정숙(2017), 「이광사의 사공도(司空圖) 「이십사시품(二十四詩品)」 이해」, 『문화와 예술 연구』, 10, 114.

류하려는 시도를 했으며, 그에 따라 시의 미학을 나누는 다양한 관점이 생겨났다. 한국에서도 율곡(栗谷) 이이(李珥)가 1573년에 배울 만한 역대의 시를 뽑아『정언묘선』(精言妙選)을 편찬하면서 '충담소산(沖澹蕭散)' '한미청적(閒味淸適)' '청신 쇄락(淸新灑落)' '용의정심(用意精深)' '정심의원(情深意遠)' '격사청건(格詞淸健)' '정공묘려(精工妙麗)' 등 몇 개의 범주로 풍격을 나눈 것을 손꼽을 수 있다.42)

여기에서는 24항목으로 구분하여 시의 풍격 또는 품격을 제시한 『이십사시품』을 살펴보고자 한다. 『이십사시품』의 24개의 표제들을 보면 웅혼(雄渾), 충담(沖淡), 섬농(纖穠), 침착(沈著), 고고(高古), 전아(典雅), 세련(洗鍊), 경건(勁健), 기려(綺麗), 자연(自然), 함축(含蓄), 호방(豪放), 정신(精神), 진밀(縝密), 소야(疏野), 청기(淸奇), 위곡(委曲), 실경(實境), 비개(悲慨), 형용(形容), 초예(超詣), 표일(飄逸), 광달(曠達), 유동(流動) 등으로, 지극히 추상적이고 모호한 개념들이다. 이 개념들은 각각 4자의 시(詩) 12구로 풀이되어 있는데 그 내용도 응축적이고 심오하다. 제목부터 풀이까지 몹시 난해한 내용으로 구성되어 있다고 말할 수 있다.43) 사공도(司空圖)의 「이십사시품(二十四詩品)」은 4언 12구 48자 운문으로서 원문은 전체 1,152자로 이루어져 있다. 『시품』의 24개의 풍격이 계절과 절기와도 관계가 있으며, 체제에 있어서는 무체계라 볼 수 있다. 그리고 시인들은 작법에 의해 그들의 생활과 사상을 다루고 있다. 또한 24라는 숫자가 이십사산(二十四山), 이십사상(二十四相) 등 도교와 관련되었다하여 대부분의 학자들이 『시품』을 도가적 미학으로 논하고 있다.44)『詩品』은 그 저

---

42) 안대회(2013), 앞의 책, 24.
43) 고연희(2013), 「궁극을 향한 연구, 세상과 나누는 소통- 안대회, 『궁극의 시학-스물네 개의 시적 풍경』에 대한 서평」, 『인문논총』, 70, 441.
44) 하정숙(2017), 앞의 논문, 112.

자와 창작연대를 두고 극심한 논쟁이 벌어졌다. 특히 사공도의 저작인가의 문제가 논쟁의 쟁점이었다. 다시 말해서 명나라 초기부터 여러 간행물에 등장한 『시품』이 명나라 말엽부터 널리 읽히기 시작하여 400여 년 동안 사공도의 저작으로 알려져 왔다. 그러나 1994년을 전후하여 『시품』의 저자를 놓고 격심한 논쟁이 시작되었다. 사공도의 저작으로 보기는 어렵고 정황상 남송 말엽에서 원대에 이르는 시기의 학자일 것이라는 추정45)이 타당하다는 것이다.

결론 : 종교가 예술이 되거나 문화가 미학적으로 전개되거나!

한참 위에서 항우를 거론하면 동양적 정서로서 비개의 시품을 검토하였다. 이 비개는 인도 문맥에서는 비애(Karuna)의 라사일 것이다. 그리고 실상을 설명하는 대승경전의 사구게들은 이들 정서를 어떻게 수용할 수 있을까? 나아가 예술의 본질, 그 아름다움의 비밀은 무엇인가? 삶과 죽음의 온전한 이해라든가 통합이 가능한가? 불교 의례의 이야기를 다시 거론하면, 천도작법은 『법화경』과 『열반경』의 핵심 구절들을 독송하며 대미를 장식해 들어간다. 그 구절들은 각각 다음과 같다.

> 모든 법은 본래부터 오감없이 적멸하니
> 이 길 닦는 모든 불자 내세에 성불하리.46)

> 일체 행은 무상한 생멸의 이치
> 터어남과 사라짐을 끝내야만 열반이리라.47)

---

45) 하정숙(2017), 앞의 논문, 114, 각주 1.
46) 《妙法蓮華經》卷1(T9 8b25-26) : "諸法從本來 常自寂滅相 佛子行道已 來世得作佛."

위의 두 구절은 얼핏 살펴보아도 아홉 번째의 적정의 라사를 지시하고 있다고 보여진다. 또한 속된 세계를 초월하려는 바램을 그려내고 있는 『시품』의 스물 한 번째 풍격인 〈초예(超詣)〉에서도 그렇지만, 뒤이은 스물 둘째 풍격 〈표일(超詣)〉에서는 구름 속 한 마리 학의 모습과 심산유곡을 거니는 신선의 경지를 설명하고 있어 이러한 정서에 대한 희미한 그림자가 은근히 드러난다. 표(飄)는 물건이 바람에 불려 가볍게 공중에 날리는 것을. 일(逸)은 빼어나고 방종하다는 것을 뜻한다. 『시품』이 제시하는 스물두번째 풍격 '표일(飄逸, drifting aloof 또는 flying into fairyland)'은 '표연히 허공을 난다'는 뜻이다. 이 말은 "성품이나 기상 따위가 뛰어나게 훌륭하다"와 "세상일을 마음에 두지 않고 태평하다"는 뜻으로 풀이된다. 즉 매인 데 없이 자유롭고 활달한 사람의 성품을 가리켰던 말이, 서체(書體)가 활달하다는 의미로, 그 후 시공을 초월하여 상상력을 발휘한 비범한 시문을 가리키는 용어로 사용되었다.48)

특히 엄우의 『창랑시화』는 이 표일를 상당히 중요한 개념으로 제시하고 있다. 시의 품격 아홉 가지 가운데 표일은 이백의 시를 설명하는데 적격이라고 여겼다. 가을 하늘은 한가롭고 고요한데 외로운 구름에 한 마리 학이 나는 것과 같은 격이다. 외로운 구름에 한 마리 학이라는 비유가 보여주듯이, 표일은 무엇보다 갑갑한 현세를 훌쩍 벗어나 시공을 초월해 자유롭게 노니는 멋을 드러낸다. 여기에 비범하고 도도한 자태와 사방을 활달하게 노니는 역동성을 함께 제시했다. 이렇듯 표일은 자유롭게 사유하며 풍부한 상상력을 지닌, 천부적 재능을 타고난 시인에게서 찾아볼 수 있는 풍격이라고 여겼다. 도가적 색채를 짙게 풍기는 표

---

47) 《大般涅槃經》卷3(T1 204c23-24) : "諸行無常 是生滅法 生滅滅已 寂滅為樂."
48) 안대회(2013), 앞의 책, 568 내용정리.

일의 풍격은 이백과 같은 특정한 시인과 그 시인들의 시를 논할 때 자주 언급되었다.[49] 어찌되었든, 『시품』의 표일은 다음과 같다.

落落欲往 뒤로 처져서 가려고 하나니,
矯矯不群 교교히 무리에 어울리지 않는도다.
緱山之鶴 구지산에 머무는 학이요,
華頂之雲 태화산 봉우리의 구름이라네.
高人畵中 이름난 화가의 그림 속에,
令色絪縕 아름다운 빛 온기에 싸여있도다.
鄕風蓬葉 바람결에 실려 쑥 잎을 타고서
泛彼無垠 저 먼 곳에 마음 띄워 끝없이 흘러가네.
如不可執 그를 잡을 수 없을 듯하지만
如將有聞 장차 소식이 있을 것도 같도다.
識者已傾 아는 자는 이미 그것에 기울어 지지만,
期之愈分 기대할수록 더욱 멀어지기만 한다네.[50]

위의 풍격으로 제시한 표일은 일관되게 한 가지 사실을 말하고 있다. 현실 세계를 초월하여 머나먼 선계로 신선같은 고고한 사람(人)이 날아가고, 그를 쫓아갈 수 없는 사람이 뒤에 남아 아쉽게 그 신선을 그리워한다는 내용이다. 처음부터 끝까지 저 세계로 표연히 떠나는 사람을 이 세계에서 바라보고 묘사한다.[51] 선계와 속계 사의의 거리란 얼마나 먼가? 천국과 이 세상이 그러하고 정토인 극락세계와 예토인 사바세계의 차이가 실은 절대타자의 속성을 드러내 주고 있다. 그리하여 끝끝내 세속과 어울리지 못하는 정서, 시대와의 불화를 두려워하지 않음은 오

---

49) 안대회(2013), 앞의 책, 570 내용정리.
50) 『시품』의 스무 둘째 풍격 〈표일(超詣)〉 전문.
51) 안대회(2013), 앞의 책, 572

히려 동양의 은둔지사의 거룩한 속내를 빛나게 한다. 그리고 그들의 절
개는 다소 종교적 거룩함이 깃들어 있다. 이렇게 의미가 깊어지는 최종
의 정서는 서구적 의미에서도 "나이를 먹고 죽음에 가까이 갈수록 그 깊
이는 한층 더해 가는 것"이라고 유사하게 거론되기도 한다.

> "유희가 보여주는 명랑성은 시시덕거림도 자기만족도 아니라네. 그것은
> 최고의 인식이자 사랑이고, 온갖 현실에 대한 긍정이며, 모든 심연과 나
> 락의 절벽 끝에 서서도 정신 차리고 깨어 있는 일이야. 성인과 기사의 덕
> 성이지. 어지럽힐 수 없는 것이며, 나이를 먹고 죽음에 가까이 갈수록 그
> 깊이는 한층 더해 가는 것이야. 그것은 아름다움의 비밀이며 모든 예술
> 의 본질인 셈이지."52)

『유리알 유희』의 한 구절을 통해서 종교성과 예술의 일치점에 대한
가능성이 열리는 듯하다. 그리고 불교의례에서 살펴본 내용들도 사실은
이에 다름 아니다. 영가에게 무상법문을 해주고, 부처님의 열 가지 명호
를 알려 주고, 아미타 부처님의 원력에 의지하여 극락세계에 가서 태어
나도록 염불해 주는 것이다. 적정의 세계! 이에 도달하는 것이 종교이며
예술이나 미학의 마지막이기도 하기에 그렇다. 더 중요한 것으로, 오늘
날 진리에 이르는 길은 세속을 경유한다. 또한 종으로서의 인류는 발전
의 시작에 서 있다. 발터 벤야민이 내뱉은 이 언설들은 종(種)으로서의
인간이 발전의 마지막에 도달한 지 오래되었다는 말이기도 하다. 이제
경전의 언설들이 미학적으로 재해석되고 현실에서도 유용할 수 있는지
검토할 시간이라고 읽어도 무방하다. 서론에서 제시한 제목은 혼류의
시대!, 종교와 예술, 자기 역할을 다하고 있는가? 였다. 우리는 세속을
경유하는 진리를 추구하여야 할 것이다. 새로운 실험들은 특히 심리실

---

52) 『유리알 유희』(*Das Glasperlenspiel*)에서.

힘으로서 인문학은 더 많은 시행착오를 통해서 전진해야 한다. 그 혼미의 길을 탐험하고 나서야 진정한 새 길이 열릴 것이므로!

참고문헌

『大般涅槃經』卷3(T1)

『妙法蓮華經』卷1(T9)

Nātya Śāstra

고연희(2013), 「궁극을 향한 연구, 세상과 나누는 소통- 안대회, 『궁극의 시학-스물네 개의 시적 풍경』에 대한 서평」, 『인문논총』, 70, 서울대학교 인문학연구원.

김예경(2010), 「라사 미적 경험에 관한 고찰을 중심으로」, 『영상문화』 15호, 한국영상문화학회.

김은경(2015), 「라사 이론을 통해서 살펴보는 인도 미학의 미 개념」, 『미학』 81권 1호, 한국미학회.

김흥호(2003), 『주역강해』 권1, 사색.

류현정(2017), 「희곡 『나가난다』(Nāgānanda) 연구」, 동국대학교 박사학위논문.

생전예수재보존회(2020), 『생전예수시왕생칠재의찬문(生前豫修十王生七齋儀纂文』.

안대회(2013), 『궁극의 시학, 스물네 개의 시적 풍경』, 파주: 문학동네.

원혜영(2013), 「마라(Māra)의 미학」, 『동양고전연구』 51집, 동양고전학회.

이시은(2016), 「상상의 구조와 과정 분석」, 전북대학교 박사학위논문.

이재숙(2009), 「나띠야 샤스뜨라와 라사」, 『코기토』 66, 부산대학교 인문학연구소.

칼릴 지브란, 원혜정 역(2014), 『예언자』, 부천: 매월당.

하정숙(2017), 「이광사의 사공도(司空圖) 「이십사시품(二十四詩品)」 이해」, 『문화와 예술연구』, 10.

헤르만 헤세, 박혜령 역(2002), 『유리알 유희』, 서울: 홍신문화사.

예술 요소로서 불전(佛典) 속 식물의 활용

민 태 영

예술 요소로서 불전(佛典) 속 식물의 활용

민 태 영 (한국불교식물연구원)

1. 서론

한국에서의 불교는 단지 하나의 종교만으로 규정짓기 어렵다. 불교는 한국 전래 이후 한국인의 종교와 사상, 문화와 예술, 각종 제도는 물론 일상사에 이르기까지 한국인의 생활 전반에 걸쳐 많은 영향을 끼쳤다.

역사적으로 종교와 예술의 관계에서 보면 종교는 예술가들에게 영감과 주제를 제공하면서 예술에 영향을 미쳤다. 그리고 음악, 건축, 조각, 회화 등 모든 예술 영역은 공통적으로 종교의 의식과 의미 전달을 위해 발전되어 왔고 불교도 예외가 아니다.

종교에 있어 예술은 종교적 경험을 공유하고 믿음의 결속을 다지려는 의도로 존재하였으며 그 작품이 종교의식에서 사용되면서 종교의 활성과 전파, 강화하는 도구로 활용되기도 한다.

종교예술과 동시대와의 관계에서 종교예술은 특정 시대와 문화에서 많은 영향을 받기도 하고 동시대 정치적, 사회적 현상을 반영하며 예술과 문화의 가치 기준이 되기도 한다. 예술의 측면에서 불교예술은 원시 샤머니즘과 유교, 도교의 가치관과 견해가 혼재되어 발현된 부분도 있지만 예술의 속성상 동시대인들 다수가 믿는 종교의 영향을 많이 받았고 현존하는 유무형의 역사적 유산에서 보이는 불교적 요소들을 보면 불교가 한국사에 있어 예술에 상당 부분 영향을 끼쳤음을 알 수 있다.

예술이 다른 사회적 제도와 마찬가지로 그 의미와 기능이 문화와 사회적 맥락과 그 결을 같이 한다는 점에서 불교는 우리 민족문화에 지대한 영향을 끼쳤으며 한국 고유의 역사, 문화적 전통과 분리하여 생각하기 어렵다.

그리고 한국의 불교문화 그리고 이에서 파생된 불교예술은 우리 민족과 명맥을 같이해 온 종교적 정체성과 역사적 전통성을 갖추어 문화 원형적 가치 또한 내포되어 있다고 할 수 있다.

이처럼 종교적인 목적뿐만 아니라 예술 요소의 문화적 부분까지 포함하고 있는 불교문화는 신앙의 실천과 수행의 목적 외에도 시대에 따라 지역에 따라 사찰을 중심으로 형성되고 또 변화되며 변형되는 과정을 거치면서 보호, 보존되어 왔다. 그리고 한국에서 불교예술이 어떠한 위치를 점하고 있는가에 대한 논지의 합의가 도출되었다 해도 자칫 과거의 답습과 보존에만 머물 수 있는 불교예술의 발전적인 방향을 모색하기 위해서는 불교예술의 영역이 어디까지인가에 대한 논의와 개념 정의가 필요하다.

다양한 논의를 종합해 보면 원론적으로는 불교예술의 조건은 무엇보다 불교의 근본정신과 가치를 불교적 상징성과 불교적 상상력을 작동시켜 예술적으로 형상화한 것이며 내용적인 면으로는 불교적인 내용을 포함하고 있는 문학, 음악, 무용, 건축, 공예, 조각, 회화 등을 의미하는 것이라고 할 수 있다.

불교적이란 무엇인가에 관한 논의 또한 필요하며 이 또한 다양한 주장이 있을 수 있지만 본 논의에서는 '불교의 근본정신과 사상의 형상화에 주목하여 이뤄지는 유무형의 것'을 불교의 예술이라고 정의하고 예술 요소로서 불교의 자연 특히 불교 경전과 불교 사서 속에 수록된 식물

에 대한 의미와 이미지의 분석 그리고 그 활용을 통해 이뤄지는 불교예
술의 이해와 활용에 대해 부분적으로나마 제안적 의견을 제시하고 그
발전 방향을 제시하고자 한다.

2. 불교예술의 범주와 역할

불교예술이란 불교와 관련된 예술, 예술을 불교적으로 표현한 것 등
을 지칭한다고 할 수 있다. 그리고 모든 예술 활동에 있어 불교와 관련
있는 창작물이 불교적인 사상과 연계하여 창조, 형성된 것 또한 불교예
술이라고 할 수 있다.1)

불교와 예술의 요소가 연관되어 불교 본연의 존재성과 예술의 지향
점이 결합하게 되고 이를 예술의 형식으로 표현하게 되는 것이 불교예
술이라는 의미일 것이다. 불교예술에 관해 『가산불교대사전』에서는 불
교적인 내용을 포함한 문학, 음악, 무용, 건축, 공예, 조각, 회화 등을 총
칭한다고 정의하고 있다.2) 그러므로 불교예술이란 모든 예술 활동에 있
어 불교와 관련 있는 창작물이 불교적인 사상과 연계하여 창조되고 형
성된 것이거나 불교의 근본정신이나 가치를 불교적 상징성과 불교적 상
상력을 작동시켜 예술적으로 형상화한 것으로 보아야 할 것이다.3)

불교의 도입 이후 불교사상과 불교예술의 발전 및 이에 따른 성과는
우리나라 사람들의 문화현상에 많은 영향을 끼쳤다. 다만 한 사회의 예
술적 표현은 사회 일반이 신앙하는 종교의 영향을 많이 받기 때문에 전
래된 불교뿐 아니라 기존의 토속적인 문화가 융합되어 한국적인 예술

---

1) 장재진(2016), 「예술학으로서 불교예술학의 지형과 방법」, 『한국불교학』 77집, p.156.
2) 이지관 편저, 『가산불교대사림 11』, (2009. 가산불교문화연구원), p.230.
3) 이찬훈, 「불교예술에서 『화엄경』의 활용가능성에 관한 연구」, 『동아시아불교문화』 제22
   집(2015). p.65.

창작물이 형성되고 그 과정을 통해 오랜 기간에 걸쳐 예술관이 형성되었다고 할 수 있다.4)

그러나 이러한 예술관도 전통과 종교의 틀에 갇혀서 소극적인 보존에만 머물게 되면서 희석되어 불교문화와 예술은 불교를 종교로 하는 사람들끼리만 공유하는 문화로 축소된 경향이 없지 않다.

현대의 경제성장과 사회 문화의 급격한 변화 특히 복잡하고 다차원적인 생활과 교육에 익숙한 현대인들은 문헌과 고착화된 수동적 수용에 머무는 예술의 형태와는 거리가 멀지만 이를 극복하려는 노력은 여전히 부족해 보이는 것이 사실이다. 십여 년 전 수행된 종립 대학생들을 대상으로 한 연구에서 학생들은 불교를 역사성과 전통성의 요소로만 인식하고 있고 비활동적이며 정적이고 사회성도 부족한 것으로 인식하고 있었다.5) 종립대학의 특성상 일반대학에 비해 불교적 호감도나 이해도에서 우위를 점하고 있을 것으로 판단되었으나 이와는 별개로 미래의 불교를 이끌어 갈 주역이 될 차세대에게 불교는 참신하고 역동적인 이미지를 심어 주지 못하고 있을 뿐 아니라 활력 넘치고 흥미로우며 미래지향적인 불교에 대한 비전이 제시되지 못하고 있다는 것이다.

물론 십여 년 전의 연구 자료라는 점에서 그 이후의 변화를 기대해 볼 수 있으나 불교의 자연스러운 전달 매체가 되어줄 불교예술의 방향성에 관한 연구 자체가 많지 않고 문화, 예술, 콘텐츠의 개념 정립이 여전히 명확하지 않다는 점에서 불교예술 바라보는 시각 또한 크게 달라지지 않았을 것으로 판단된다.

불교예술과 관련된 연구의 방향성에 대해 한국의 불교예술이 능동적으로 유무형의 예술 작품을 생산해내면서 한국의 전통으로 공감하도

---

4) 장재진, 「불교가 한국인의 예술관에 끼친 영향」, 『한국불교사연구』 7호(2015), p.127.
5) 최종석, 「의미분석법을 활용한 불교 이미지에 관한 연구」, 『한국불교학』 제69집(2014), p.430.

록 이끄는 체계적인 논의를 해야 할 필요한 시점이라는 것이다.

3. 불교예술의 방향성

피터 드러커(Peter F. Drucker)는 21세기는 문화에서 각국의 승패가 결정되며 최후 승부처가 바로 문화산업이라고 주장한 바 있다. 그의 말대로 현대는 '산업' 중심의 사회에서 '문화' 중심으로 국가의 문화 수준 정도가 국가경쟁력을 결정하는 중요 척도가 되는 시대로 변화하고 있다[6]

그리고 다변화하는 시대적 흐름 속에서 불교 또한 문헌학이 중심이 되는 불교 교학보다는 불교와 사회 문화와의 접점을 연구하려는 응용불교로 관심이 더해가고 있는 것이 현실이다.

불교대학, 대학원뿐 아니라 사찰의 불교대학에서도 교학보다는 불교문화, 불교예술, 불교 명상, 불교 심리상담 등의 강의에 참여하는 학생이 훨씬 많다는 점이 이러한 현실을 대변하고 있다고 할 수 있다.[7]

그러므로 이러한 연구 경향의 변화에 근간이 될 불교 문화유산은 종교로써 포교를 위해 활용하고 개발하는 것을 넘어 우리 문화의 정치적·사회적 상황의 결과물이자 예술적으로 표현된 콘텐츠라는 통합적 시각과 관점으로 이끌어갈 새로운 시각이 요구된다고 하겠다.

현대사회는 생활방식이나 가치관에 많은 변화가 이뤄지고 있으므로 이에 대한 적응과 적용에 불교문화 콘텐츠의 개념을 불교예술의 영역에 적용하는 것은 지극히 자연스러운 시대적 요청이라고 할 수 있다.

---

6) 손희영, 「불교문화를 활용한 문화예술교육의 방향성 연구, -사찰을 중심으로-」, 『동아시아불교문화』 42집 (2020), p.348.
7) 백도수, 「불교예술 입문서 간행의 현황과 분석 그리고 대안」, 『한국불교사연구』 16호 (2019), p.261.

1) 불교예술, 대중화에 귀 기울이다.

불교는 한국의 철학과 사상사 및 종교 의례를 포함한 다양한 측면의 문화현상을 이끌어왔다. 그리고 과거 불교 속의 예술은 불교라는 종교 그 자체이거나 대변자로서 역할을 하였으나 불교 자체가 아닌 불교의 본원적 논지를 현실에 적용할 가능성과 인류 공존의 미래적 가치를 대변할 수 있는 유효 적절한 논지로 평가받는 시대가 되었다. 불교를 포함한 종교는 문화의 한 요소이면서도 문화의 기원이라는 역설적 자리를 차지하고 있다.8) 그러한 이유로 종교는 문화의 원천이었고 세계문화유산의 상당수가 직접적으로 종교와 관련 있는 종교 문화유산이기도 하며9) 세계 각국의 주요 문화재 가운데 절대다수가 종교문화재이다, 그리고 종교적 색채를 드러내지 않은 경우라 해도 종교적 세계관의 영향을 받고 있다. 우리나라도 예외가 아니어서 문화유산 대부분이 고대 한국의 중심 문화의 중심이었던 불교 문화유산 또는 종교문화재이다.

따라서 불교를 포함한 종교는 단지 신성성과 그 가르침을 표현하는 언어로만 단정 지을 수는 없다. 그러므로 전하고자 하는 메시지를 좀 더 드러내기 위해서도 단순화된 종교는 설 곳이 없는 반면 다양한 예술적 요소들 즉 그림과 건축 음악 미술 등을 통해 더욱 잘 발현될 수 있다.

현대인은 보여지고 감각적으로 느끼는 것에 훨씬 더 익숙하다. 문헌자료를 넘어 다양하고 자유로운 형태의 요소들을 제공해야 하며 이러한 점에서 불교예술은 21세기 대중에게 불교를 전하고 불교적 삶을 유도하는 중요한 단초를 제공할 수 있는 중요한 분야로서 인식되어야 할 당위성은 충분하다.

---

8) 이창익, 「예술이라는 종교의 미디어」, 『종교와 문화』 27호(2014), p.90.
9) 신광철, 「성과 속의 접점 찾기:종교학과 문화콘텐츠학」, 『인문학과 문화콘텐츠(문화콘텐츠신서7)』, 다할미디어(2006), p.147.

불교예술이 창조적인 자기 형식을 창출하지 못하고 전통적인 상징을 복제하고 재생산하는데 머물면 불교예술은 관습적이고 이차적인 것으로 격하될 수밖에 없다. 현대인의 다양한 욕구에 불교사상만을 강조하기보다 대중과 소통하고 교감할 수 있는 불교예술 분야를 널리 알리는 작업이 필수적 조건이다10) 불교예술이 단지 과거 유물과 유산에 대해 답습과 반복 재생하거나 수동적인 관찰자의 입장에만 머물러 있지 말아야 한다는 의미이다. 언어에만 의존하는 불교, 대중과의 소통 없는 불교, 예술의 형식을 통한 표현을 하지 않는 불교란 생명력을 점차 잃어갈 수밖에 없을 것이다.

그리고 불교문화에 있어서 모방과 답습을 넘어 새롭게 창작되고 이 시대에 맞는 불교를 통해 확대 재생산하기 위해 한국의 문화예술원형으로서의 다양한 요소들을 활용하고자 하는 시도가 요구되며 불교의 예술을 다양한 방식을 통해 대중화하려는 노력이 필요하다.

2) 불교예술, 중요 요소인 식물에 주목한다.

불교예술 속의 식물은 어디에 어떤 모습으로 있을까? 다른 종교와 마찬가지로 불교에서도 종교적 신성성을 표현하거나 복합적 의미를 쉽고 명확하게 전달하기 위해 다양한 상징을 사용한다. 그것은 예술의 이름일 수 있고 또 다른 이름으로 상징화되고 있기도 하다. 불교 속에서 동물과 식물 등의 자연 요소를 비롯하여 다양한 문양과 음율, 색채 등이 상징화되어 불교예술은 이 모든 상징물 또는 상징성의 결정체라고 할 만하다. 그 가운데 가장 광범위하게 이용되고 있는 요소가 동물과 식물을 포함한 자연 요소라고 할 수 있을 것이다. 인간은 오랜 시간 주변 자

---

10) 백도수, 앞의 글, p.280.

연 요소에서 영감을 얻고 신앙의 대상으로 삼거나 생활에서 이용해 왔기 때문이다.

경전의 궁극과 종취를 담은 대표적인 식물 가운데 연꽃의 예를 들어 보면 법당의 불보살에는 연꽃을 형상화 한 연화좌가 있다. 탑과 석등, 기와와 벽돌에 이르기까지 불교의 거의 모든 조형물, 회화와 조각에 표현되어 연꽃을 중심으로 한 꽃들에 담긴 불교의 이미지를 통해 궁극의 세계인 연화장세계를 구현하고자 한다.

불교사상과 불교예술의 종합체라 할 수 있는 사찰의 예에서 예술 요소로서 식물을 찾아보면 사찰에서는 용과 물고기 등 다수의 동물이 발견될 뿐 아니라 식물들도 자주 볼 수 있는데 연꽃뿐 아니라 그 외의 식물들도 발견된다. 대웅전 기단의 받침, 바닥의 전돌, 법당 외곽의 벽화, 기와와 서까래 등에 모두 온전한 형태의 연꽃이 있으며 연꽃을 상징하는 점을 찍어놓기도 하였다. 법당 내부 천정과 창살에서 꽃이 발견되는데 연꽃 광배에 보상화문(寶相華文)이라고 부르는 덩굴식물 문양이 배경이 된 연화대가 존재한다. 이 덩굴식물은 흔히 인동덩굴을 사용한 인동문(忍冬紋)과 같은 의미로 해석하고 있으나 실제로는 보상화문의 식물은 인동과(忍冬科, Caprifoliaceae) 식물로서 금은화 또는 인동초라 부르는 허니서클(Honeysuckle)은 물론 쥐꼬리망초과(-科, Acanthaceae)의 식물인 아칸투스(Acanthus)도 포함하고 있다.

그리고 사찰에는 부귀영화를 상징하는 모란과 사군자 가운데 하나인 국화도 존재한다. 이를 통해 성스러운 공간의 식물은 장엄과 신성화 그리고 미의 표출을 위해 효과적인 요소임을 알 수 있다.

경전 속에서 혹은 불교 사서 속에서도 식물은 단순한 자연 요소가 아니다. 경전의 명칭에 그대로 사용되거나 특정 경전에서 강조하고자 하는 점, 진리의 궁극을 식물로 이미지 치환을 하기도 한다.

그러므로 불교예술의 개념에서 거론하였듯 '불교적인 사상이 담겨 있는 것'이 불교예술의 전제 조건이라고 한다면 연꽃 뿐 아니라 깨달음의 이미지를 담은 『화엄경』의 보리수와 불교의 궁극을 담은 『열반경』의 사라수 또한 예술의 대상이 될 수 있을 것이다.

그리고 이미지뿐 아니라 경전이든 대표적인 불교적 전서라고 할 수 있는 『삼국유사』든 불교의 본원적 친생명적 사고를 담고 있는 것처럼 현대사회가 안고 있는 문제들을 해결하는 논리와 가치가 그 안에 들어 있다면 그 식물들의 존재 자체가 탈과거적인 불교예술의 대중성, 미래지향성에도 부합하는 요소라고 할 수 있을 것이다. 따라서 불교의 예술의 방향을 찾고 의미 확장을 원한다면 콘텐츠 요소, 예술 요소로서 식물을 주목해야 할 당위성은 충분하다고 여겨진다.

4. 불교예술과 불교식물

경전과 불교 사서 속에 수록된 식물과 예술의 관계는 어떻게 풀어나갈 수 있을까? '불교의 근본정신과 사상의 형상화에 주목하여 이뤄지는 유무형의 것'인 불교예술의 정의에 근거해 먼저 전 장 2)항에서 거론한 바와 같이 불교 경전과 사서 속에 담긴 불교의 본원적 친환경 친생태의 미래적 코드로부터도 무형의 예술적 요소를 찾을 수 있다.

불교는 다른 존재들에 대한 평등을 설하는 자비와 제 요소 간의 관계성을 중시하는 연기의 철학이다.

여섯 가지 생명의 형태가 윤회의 기본 요소가 되며 각각의 존재는 업의 결과로서 윤회하기 때문에 영원하지 않으니 모든 존재는 평등할 수밖에 없다는 의미다. 자신을 포함한 세계를 하나의 환경으로 생각하고 이러한 환경을 이루는 각각의 요소 간의 관계성을 통찰하고 있다는 것은 불교의 예술이 이를 바탕으로 미래적으로 재창조될 여지가 충분함을 보여준다. 또한 같은 논리구조로, 예술의 주요 요소가 되는 식물 즉 교리의 함의, 종교의 성화, 장엄과 의식의 도구 등으로 나눌 수 있는 경전과 사서에 수록된 식물의 역할11)을 통해서도 가능할 것이다.

즉 본원적 사고는 물론 이러한 식물의 역할과 경전이나 사서의 중심 논지와의 관계로부터 도출하거나 종교적 성화의 방식, 장엄과 의식의 절차와 도구로부터 도출해낼 수 있다는 것이다.

이러한 관점에서 이 장에서는 비록 예술 요소의 일부분을 대상으로 한 제안적인 논의이긴 하나 주요 대승 경전과 불교 사서로서 『삼국유사』를 통해 그 당위성을 제시하고자 하며 『삼국유사』 또한 대승의 논지를 이은 사서로서 경전과 사서에 공통적으로 존재하는 논리구조와 한국불교와의 접점을 찾고자 동일선상에서 다루고자 한다.

1) 『화엄경』

『화엄경』에는 나무 18종, 꽃과 풀이 17종 등 35종의 식물이 수록되어 있는데 특히 다른 대승경전에 비해 연꽃12)과 보리수13) 두 식물의 수록 빈도가 월등히 높아14) 총 39품 가운데 연꽃과 수련류는 18개 품에 보리수는 14개 품에 수록되어 있다.

『화엄경』은 연꽃으로 시각화된 법의 세계를 연화장세계로 그려내고 있다. 연화장세계는 '궁극의 세계'이면서 '제 중생의 수행처'이기도 하고 '깨우친 중생의 자비가 실현되는 공간'이기도 하다.

---

11) 민태영, 「『화엄경』에 나타난 식물 연구」, 『동아시아불교문화』 33집(2018), p.2.
12) 학명 *Nelumbo nucifera*
13) 학명 *Ficus religiosa*
14) 민태영, 위의 글, p.2.

즉 꽃으로 이뤄진 연화장세계는 깨달은 붓다와 그의 지혜에 의해 드러난 세계로서 깨달음에 이르는 과정으로서의 수행체계가 망라된 세계이며 이것을 식물의 관점에서 보면 연화장세계란 곧 연꽃의 식물학적 특성과 생명의 원리가 화엄이 추구하는 이상으로 형상화된 세계라고 보아도 과언이 아닐 것이다.

『화엄경』에 담긴 화엄사상은 한국불교사에 있어 그 어느 사상보다 주도적 역할을 해왔으므로 그 사상적 의미의 다양한 발현 즉 불교예술, 문화적 활용성에 관심을 가져야 함은 물론이다.

특히 『화엄경』에는 불교적 상상력을 자극할 수 있는 수많은 예술적 소재와 형식들이 무궁무진하게 포함되어 있어 그 안의 극적인 이야기들을 시대적 현실과 결합한 현대적 감각의 변상도의 제작, 범패나 작법이 아닌 무용의 창작 나아가 경의 내용 특히 「입법계품」의 영화화 등을 제안하기도 한다.15)

또한 「입법계품」에 담긴 공감 소통과 현대인을 위한 불교의 갈등 방안 연구, 극양식으로 본 『화엄경』 「입법계품」의 등장인물 연구를 비롯해 선재동자 이야기를 유아교육에 활용 하는 방안 연구16)는 물론 화엄사상과 불교의 글로벌한 이미지를 적용하여 〈선재구법도〉의 스토리텔링과 도상, 본인의 작품을 콘셉트로 순례길에 브랜드 디자인을 구축하여 불교를 대중화하고 유럽의 '산티아고 순례길'이나 일본의 '구마노

---

15) 이찬훈, 「불교예술에서 『화엄경』의 활용 가능성에 관한 연구」, 『동아시아불교문화』 22집(2015), pp.99~100.

16) 정도진, 권대원, 「『화엄경』 「입법계품」의 선지식에 대한 유아수학교육적 내용 분석 및 활용 방안」, 『종교교육학연구』 54권(2017); 정도진, 「선재동자 이야기를 활용한 유아과학교육 프로그램 개발 연구」, 『한국영유아보육학』 제113집(2018); 강기선, 「극양식으로 본 『화엄경』 「입법계품」의 등장인물 연구」, 『철학논총』 96집(2019): 강기선, 「현대인을 위한 불교의 갈등 방안 연구 - 『화엄경』 「입법계품」을 중심으로 -」, 『동아시아불교문화』 42집(2020); 강기선, 「『화엄경』 「입법계품」에 담긴 공감 소통 연구」, 『철학논총』 100집(2020) 등이 있다.

길' 17)등과 같은 종교적 순례 문화를 목적으로 하는 연구가 이루어지기
도 하였다.18)

이처럼 심리학과 문학, 아동교육학, 사회과학적 관점의 연구가 이뤄
지고 있는 사례에서와 같이 식물과 생물인 자연 요소의 관점에서 전개
해 나간다면 구법이나 깨달음의 길목에 있는 길가의 식물들 자체가 예
술의 소재가 될 수 있고 사상적으로 큰 의미가 있는 연꽃과 깨달음의 요
체인 보리수의 역할도 불교 철학적인 예술의 소재가 될 수 있으며 붓다
의 생애와 관련된 식물은 종교적 성화 예술의 소재로, 대중들의 생활에
도움이 되는 식물은 생활예술 요소로 활용이 가능할 것이다.

2)『법화경』

『법화경』(妙法蓮華經)은 경의 제목 '묘법(妙法)'을 백련19)에 비유하여
중심 논지를 설명하고자 하며 대중들에게 경의 의미를 전하기 위해 다
양한 비유가 담겨 있다는 특징이 있다. 그리고 이 경을 이뤄나가는 식물
의 관점에서 보면 다른 대승 경전들에 비해 유독 꽃나무가 꽃과 풀에 비
해 다수 수록되어 있다.

대부분 경전에서 나무와 꽃, 풀의 수록 비율은 거의 비슷하다.20) 그
러나『법화경』에는 총 27종의 식물이 수록되어 있고 그 가운데 16종이
꽃이 피는 나무이다.

---

17) 와카야마현에 위치한 구마노고(熊野古道)도 순례길은 2004년에 신성한 산과 전통적인
순례길이 UNESCO 세계문화유산으로 지정되었다.
(일본 관광국 https://www.japan.travel.).
18) 김유미, 「선재구법도를 통한 장소 브랜드 디자인 모형 개발에 관한 연구」, 동국대학교
박사학위논문(2022).
19) 백련은 분타리가, 분타리로 수록되어 있다(分陀利迦, 芬陀利: Puṇḍarīka,पुण्डरीक, 학명
Nymphaea lotus).
20)『화엄경』에는 수록 35종 식물 가운데 나무가 17종, 꽃과 풀이 18종이다.

그 이유는『법화경』을 받드는 공덕을 찬탄하는 내용이 다른 경에 비
해 큰 비중을 차지하면서 그 상황을 장엄하는 웅장하고 화려한 꽃이 피
는 나무들이 다수 등장하는 구조이며 이 나무들은 모두 관상적 가치가
뛰어난 꽃나무로 불교에서 만다라 단으로 꾸미는 등의 의식에서 사용되
는 향나무일 뿐 아니라 그 향은 명상과 수행에도 이용되는 식물이다.

이들은『법화경』에서 연꽃과 수련 종류21)를 포함하여 천화라는 이
름으로 붓다의 등장 시 장엄함과 종교적 성화를 강조하는 유사한 역할
을 하고 있다. 실제로 이 식물들은 불교의 발상지인 인도와 네팔지역에
서 매우 흔한 식물들로 생활 속에서 다양하게 활용하고 있는 친근한 식
물이기도 하다.

또한『법화경』에는 11종의 천화가 수록되어 있는데 일반적으로 불
교에서 천화는 '모든 중생을 위하여 바른 법을 설하시고, 이 모든 부처
님의 처소에 각각 보살이 앉아서 법을 듣다가, 대지가 여섯 가지로 진동
하고, 큰 광명을 놓으며, 갖가지 꽃비가 내리는...' 등의 장엄하고 환상
적인 분위기에 등장한다.22)

천화의 의미에 경전뿐 아니라『육조사적편류』와『시율무고』23) 등

21) 『번범어』(翻梵語),『혜원음의』(慧苑音義),『번역명의집』(翻譯名義集),『대일경의석』(大日
經義釋) 등에 의하면 천화에는 우발라화, 파두마화, 구물두화, 분타리화로 부르는 연
꽃과 수련 종류를 지칭하는 식물이 다수를 점하고 있는데 대체로 파드마는 모두
붉은 계통의 연꽃류, 분타리(뿐다리까)는 모두 백련임을 밝히고 있다.
우발라의 경우『번역명의집』에는 청련,『대일경의석』에는 적색과 백색 두 종을 지
칭한다고 수록하고 있다. 구물두화는『혜원음의』에서는 적백 또는 백색으로,『대일경
의석』에서는 적색과 청색으로 적고 있다. 니로발라는 천화로 분류하고 있지 않지만
『대일경의석』에 의하면 문수사리보살이 들고 있는 연꽃을 칭한다고 밝히고 있다.
22) 민태영,「『法華經』에서 '功德의 果報'로 나타나는 '天華'의 의미 연구」,『교수불자연합
학회지』27-3호(2021), p.136.,"『법화경』에서 10종 천화에 속하는 종은 9종이며 이
에 속하지 않은 침향과 전단, 포함하여 모두 11종이 천화로 수록되어 있다."
23) 장돈이(張敦頤),『육조사적편류』(六朝事跡編類)〈卷上 . 樓臺門 第四〉, 雨花臺,「梁武帝時,
有雲光法師講經 于此, 感得天雨 賜花, 天廚獻食, 荊公有詩云..」: 여조겸(呂祖謙),『시율무
고』(詩律武庫)〈卷一〇 . 釋學門〉, 講經天花墜,"梁武帝重佛, 尤敬於雲 雲與誌公相善, 誌亦
重雲, 號為大我法師 雲常講經次, 有天花散墜大眾咸睹..."

의 전서(全書) 속에서도 고승의 강경(講經)에 하늘이 크게 감동해 흩뿌리는 것으로 묘사되어 있다.

그리고 불교 사서로서 『삼국유사』(三國遺事)에도 염촉(이차돈)이 순교를 하자 흰 젖이 한 길이나 솟구쳐 올랐고 하늘이 깜깜해지더니 비낀 햇살마저 빛을 감추었고 온 땅이 진동하였으며 꽃비가 떨어졌다는 대목이 수록되어 있다.[24]

천화와 천화가 내리는 상황의 화려함과 웅장함, 그리고 종교적 경건함이 망라되어 있다는 점에서 그 과정과 절차에 관한 각색과 재창작에 따른 이미지 활용으로 제사 의식뿐 아니라 불교적 축제에 응용할 여지가 있을 것이다.

또한 불교예술이 불교의 근본정신과 가치에 기반한 예술의 형상화를 의미한다는 점에서 유형의 설치미술작품과 공간연출 또한 가능하며 예술 자원개발의 영역에서 명상과 힐링에 도움을 주는 향료, 향기 치유 용품의 개발도 가능할 것이다.

3) 『열반경』

사라수(*shorea robusta*)는 『열반경』에서 경전의 논지뿐 아니라 그 논지가 탄생하게 된 배경을 알 수 있는 핵심 요소이다.

단단함과 불변의 상징인 사라수는 50만여 년 전부터 그 땅에 존재하였으며 인도 숲의 약 14% 정도를 점하고 있는 나무이다. 그리고 사라수는 종교적 의미뿐만 아니라 생활 요소로서도 중요한 식물로 티크(*tectona grandis*)에 버금가는 뛰어난 목재 자원으로 나무의 수지(resin)

---

24) 제3권 「흥법」〈염종흥법염촉멸신〉조, "舍人作誓 獄吏斬之 白乳湧出一丈, 天四黯黲斜景爲之晦明 地六震動 雨花爲之飄落."

는 의약품으로도 이용된다.

또한 종교의식에서 향으로 이용되며 열매에서 추출된 기름(seed butter)은 화장품으로 잎은 그릇으로 이용하는 등 종교와 일상생활에서 모두 유용한 식물이다. 사라수에서 예술을 찾고자 하는 핵심 요인은 사라수에 이 경의 궁극점인 '열반'을 그대로 의미 치환하면서 열반의 필요충분 조건의 요소로서 역할을 하였다는 점이다.

사라수는 『열반경』에서 열반의 순간을 조성하는 존재였으며 열반 자체였다. 심오한 철학을 다루는 그것도 대승불교 철학의 정점인 열반을 다루면서도 많은 부분 사라수에 빗대어 열반의 조건과 환경을 담아내고 있다. 심지어 사라수를 곧 상락아정 자체라고 표현하니 사라수의 이미지는 끝맺음과 죽음, 새로운 탄생을 상징하는 존재로서 사라수와 관련된 일련의 과정에 대해 현대적 관점에서 표현예술로 재탄생시킬 수 있다. 당연히 나무로서 유용성을 살려 문화예술의 요소로도 활용할 수 있다.

붓다는 『법화경』의 '법화칠유(法華七喩)'의 예와 같이 비유를 통해 어떤 불법의 의미를 다른 사물, 상황으로 설명함으로써 법을 듣는 대상이 더욱 쉽게 깨우쳐주고자 하였는데[25] 열반의 의미를 대중들에게 익숙하고 신성성과 강인함, 실용성 등을 두루 갖춘 사라수에 열반의 의미를 빗대어 설명하는 부분 또한 유사한 사례로 볼 수 있을 것이다.

좁은 의미에서의 불교는 붓다의 가르침 자체이지만 넓은 의미에서는 열반 또는 깨달음을 구하는 것을 최고의 가치 또는 목적으로 하고 그 실현을 목표로 하여 세계 각 지역에서 전개되는 문화의 종합적 체계[26]라는 논지에서 읽을 수 있듯 불교 안에는 문화적인 요소가 포함되어 있다.

그러므로 나무가 곧 경의 종취인 사라수의 활용은 곧 불교적인 사고

25) 김민아, 「『법화경』의 비유 연구」, 『종교학연구』 34(2016), p.36.
26) 이재수, 「산업적 활용을 위한 불교문화콘텐츠 기획」 vol.8, 『동국대학교 전자불전 문화콘텐츠연구소』(2006), p.64.

와 신앙 및 실천수행이라는 무형의 불교적 자산을 나무라는 또 다른 방식의 문화예술 요소를 활용해 재구축해나가는 방안으로 활용해볼 수 있을 것이다. 사라수의 역사성은 물론 신목으로 중시 여겼졌던 신성성, 대중들에게 널리 이용되었던 사회문화적 포용성까지 사라수라는 하나의 나무를 둘러싼 스토리의 창작과 구성의 가능성은 충분하다.

전 인류적 신앙적 상징물인 수목의 신성성에 대해서는 영화 '아바타' 속에서도 수목신앙이라는 인류 공통의 문화원형이 영상예술 속에 담겨 쉽게 공감을 줄 수 있었다27)는 점은 불교뿐 아니라 우리 민속에서도 익숙한 코드의 활용이라는 측면에서 참고할만하다.

4) 삼국유사

『삼국유사』는 인문학의 고전으로서 한국인의 정체성과 인식의 틀을 가장 폭넓게 다루고 있는 사서이며 문화 원형적 요소가 다양해 문화콘텐츠의 보고로서도 그 가치를 인정받고 있다.28)『삼국유사』의 불교적 사서여부에 대한 논란의 여지가 있을 수 있으나『삼국유사』는 대승 경전의 의미가 한국불교로 이어지는 통로로서 역할을 하기도 한다.

『삼국유사』에는 경전들과 마찬가지로 다양한 불교적 의미를 함축하

---

27) 민태영, 「비주얼인문학의 실현 :『삼국유사』속 식물문화원형을 바탕으로 조성하는 역사 테마식물원 제안」, 『한국교수불자연합학회지』 28-2권(2021), p.42, "전 세계 역대 영화 흥행 기록 1위를 기록했던 영화 '아바타'에도 인류 공통의 수목숭배라는 문화원형이 존재한다. 수목 신앙이라는 인류 공통의 문화원형이 있었기에 영화 속 이야기에 대해 쉽게 세계적 공감대를 얻을 수 있었다. 영화 속에서 나비족은 나무를 숭배하는 의식을 행한다. 그리고 생명과 영혼의 나무인 '에이와'에서 휴식을 취하고 재충전하는 모습을 보여준다. 우리에게도 익숙한 수목 신앙이 인류 공통의 문화원형으로 재창조된 사례였다."

28) 민태영, 「차로 이용하는 식물의 다양화 연구-『삼국유사』에 수록된 식물의 문화원형적 의미를 중심으로-」, 『차문화. 산업학』 45집(2019), p.23.

고 있는 식물이 등장하는데 한국인에 있어 식물은 중요한 신앙적 상징물이었으며 단순한 감상의 대상에 머물지 않았다.

식물들은 관상적인 용도보다는 농경이나 수렵민족으로서 그들의 생활과 밀접한 관계가 있는 것을 우선시하였을 뿐 아니라 그들에게는 신의(神意)를 담은 대상이기도 하였다.29)

따라서 한국사와 식물의 관계는 한국인의 의식과 문화, 철학적 정체성을 담은 존재로서의 식물로 풀어나갈 수 있으며 이러한 시도는 역사를 또 다른 관점에서 조망할 수 있는 계기가 될 수 있다.

『삼국유사』는 최근 콘텐츠화와 관련된 연구를 포함한 폭넓은 주제의 연구성과가 있으나 『삼국유사』에 50여 종의 많은 식물이 수록되어 있고 식물을 포함한 자연물들의 역할과 의미가 적지 않음에도 불구하고 이들을 다양한 관점에서 연구하고 활용하려는 시도는 거의 이뤄지지 않고 있다.

그러나 식물은 인간의 의식주 대부분의 기본 요소인 만큼 『삼국유사』 속에서도 의복, 직업, 음식, 주거, 인물 등 다양한 소재들과 수록 식물과의 연결을 통해 문화예술로 재창조될 여지는 충분하다고 할 수 있다.

만파식적의 대나무를 모티브로 만파식적제(萬波息笛祭)를 개최하면서 전 세계인들을 초청해 경연을 펼치고 전시회까지고 있는 것은 공연예술로 재창조된 사서 속 대나무 활용 의 긍정적인 사례라고 할 수 있다.30)

그리고 경북 군위의 삼국유사 테마파크를 통해 다양한 콘텐츠를 접할 수 있는 것처럼 주변에서 흔히 접할 수 있는 식물의 문화원형성을 바탕으로 무형의 자산인 『삼국유사』의 철학과 사상을 식물로써 체화하여 살아 있는 인문학 공간으로 꾸미는 예술의 공간을 조성31)해볼 수 있을 것이다.

---

29) 이윤호, 「서라벌의 꽃나무 이야기-한국의 고대식물상-『삼국유사』를 중심으로」, 『숲과 문화』 10권 4호(2001), p.3.
30) 신라 만파식적 보존회에서 20년간 진행해오고 있다.
31) 민태영, 위의 글, p.23.

5. 결론

본론에서는 불교예술의 범주화 역할을 정리하고 불교 경전과 사서 속의 식물 활용이라는 방식을 통해 불교예술을 미래지향적으로 발전시킬 수 있는 제안적 방안을 제시하였다.

예술의 한 요소로서 식물을 활용할 수 있는 방향이 매우 다양함에도 불구하고 단편적인 몇 개의 예로서 마무리되었다는 아쉬움이 있으나 향후 개발 가능한 예술요소에 대한 관심을 환기하고자 하였다는 점에서 이 글의 의미를 찾고자 한다.

문화는 예술보다 넓은 범위를 포괄하고 있으나 양자를 분리해 설명할 수 없을 만큼 의미의 큰 부분을 공유하기 때문에 예술은 문화의 핵심이자 기초라고 할 수 있다.

불교예술에 주어진 가장 절실한 과제는 불교적 전통의 전승은 물론 재창조에 있다고 할 수 있다. 따라서 불교예술에 관한 담론은 과거 역사의 학문적 연구가 아니라 불교예술을 보는 관점을 바꾸어 변화된 연구 방법론과 활용론에서 대안을 찾아야 할 것이다.

불교예술에 대한 변화의 중심에는 미래적 불교의 추구라는 인식의 전환을 위한 도구요 전법의 변화와 활로를 모색하는 방안으로서의 문화예술과 콘텐츠에 대한 인식이 필요하다는 의미이며 본론을 통해 그 요소로서 경전과 불교사서 속 식물의 존재와 역할에서 답을 얻을 수 있음을 역설하였다.

경전은 한국사의 전반에 작용하면서 동시대인들의 의식과 정치, 사회 문화와 생활양식 등에 많은 영향을 끼쳤다. 그러므로 경전과 불교 사서 속에 담긴 불교의 근원적인 진리에서부터 불교문화 및 불교예술에 이르기까지 다양한 역사적, 문화적 원형을 찾아 활용할 수 있으며 결국 불교문화에 내포된 예술적인 요소는 한국의 불교문화가 갖는 정통성과 문화적 원형성을 확대하는 내용을 포함할 수밖에 없다.

경전과 사서 속의 식물은 연꽃의 경우처럼 단순한 생명체가 아니라 교리의 좀 더 편한 방식으로 이해시키는 역할을 하고 있다.

요체는 지극히 대중적인 식물의 생물학적 특성과 불교적 지혜와 지식을 수용자들에게 전달하는 것인데 주변 요소인 식물의 특성에 빗대어 설명되는 불교를 통해 불교는 좀 더 쉽게 대중들에게 다가설 수 있다.

그리고 불교 식물의 인식과 활용의 측면에서 불교예술이 발전해나가기 위해서는 식물이라는 요소가 어떠한 의미가 있으며 어떠한 역할을 할 수 있는가를 활발히 연구하고 토론하는 일이 중요하다. 식물에 대한 지식의 중요성은 연꽃의 예를 들면 잘 알 수 있다. 연꽃을 의식주 재료와 의미로 파악하면 그때부터 연꽃은 교학의 전체뿐 아니라 불교 생활용품이 된다. 연꽃을 보며 화과동시(花果同時)와 처염상정(處染常淨), 진공묘유(眞空妙有)와 종자불실(種子不失) 등 불교의 속성과 지혜의 의미를 떠올린다. 그러나 식물로서 연꽃의 꽃은 차로 열매는 식용과 약용으로 꽃대 속의 질긴 섬유질은 의류 직조용으로 이용하니 의미와 건강을 모두 챙기는 유용한 식물이다.

식물을 통한 불교의 과학적 이해와 활용 지식의 확장을 통해 종교로서 불교는 대중 속으로 더 가까이 다가설 수 있다. 다양화된 지식은 불교예술의 질 좋은 토양이 될 수 있는 것이다.

참고문헌

『화엄경』(T.10)

『법화경』(T.9)

『열반경』(T.12)

『삼국유사』(T.49)

장돈이, 『육조사적편류』(六朝事跡編類)

여조겸, 『시율무고』(詩律武庫)

김민아, 「『법화경』의 비유 연구」, 『종교학연구』 34, 한국종교학연구회(2016)

민태영, 「『화엄경』에 나타난 식물연구」, 『동아시아불교문화』 33집, 동아시
아불교문화학회 (2018)

_____, 「차로 이용하는 식물의 다양화 연구-『삼국유사』에 수록된 식물의
문화원형적 의미를 중심으로-」, 『차문화.산업학』 45집, 한국차문
화학회(2019)

_____, 「『法華經』에서 '功德의 果報'로 나타나는 '天華'의 의미 연구」, 『교
수불자연합학회지』 27-3권, 교수불자연합학회(2021)

_____, 「비주얼인문학의 실현 : 『삼국유사』 속 식물문화원형을 바탕으로 조
성하는 역사테마식물원 제안」, 『한국교수불자연합학회지』 28-2
권, 한국교수불자연합학회(2022)

백도수, 「불교예술 입문서 간행의 현황과 분석 그리고 대안」, 『한국불교사
연구』 제16호, 한국불교사학회(2019)

손희영, 「불교 문화를 활용한 문화예술교육의 방향성 연구,- 사찰을 중심으
로」, 『동아시아불교문화』 42집, 동아시아불교문화학회(2020)

신광철, 「성과 속의 접점 찾기:종교학과 문화콘텐츠학」, 『인문학과 문화콘
텐츠(문화콘텐츠신서7)』, 다할미디어(2006)

이윤호, 「서라벌의 꽃나무 이야기-한국의 고대 식물상-삼국유사를 중심으로」. 『숲과 문화』10권 4호(2001)

이재수, 「산업적 활용을 위한 불교문화콘텐츠 기획」 Vol.8, 『동국대학교 전자불전 문화콘텐츠연구소, 2006)

이지관 편저, 『가산불교대사림 11』, 가산불교문화연구원 출판부(2009)

이찬훈, 「불교예술에서 『화엄경』의 활용 가능성에 관한 연구」, 『동아시아 불교문화』 22집, 동아시아불교문화학회(2015)

이창익, 「예술이라는 종교의 미디어」, 『종교와 문화』 27호, 서울대학교 종교문제연구소(2014)

장재진, 「예술학으로서 불교예술학의 지형과 방법」『한국불교학』 77집, 한국불교학회(2016)

＿＿＿, 「불교가 한국인의 예술관에 끼친 영향」, 『한국불교사연구』 제7호, 한국불교사학회(2015)

최종석, 「의미분석법을 활용한 불교 이미지에 관한 연구」, 『한국불교학』 제69집, 한국불교학회(2014)

일본 관광국 https://www.japan.travel.

음악의 이해 : 인간·문화·사회·종교 사이의 연결고리, 그 깊은 본질에 대하여

김 준 희

음악의 이해 : 인간·문화·사회·종교 사이의 연결고리, 그 깊은 본질에 대하여

김 준 희 (인천대학교)

1. 음악이란 무엇인가, 첫 번째 이야기

다니엘 바렌보임[1]은 『경계의 음악』(에드워드 사이드)의 추천사에서 "음악이 담고 있는 인간성, 음악적 사색이 품고 있는 가치, 그리고 시공을 초월하는 소리로 표현되는 사상 따위의 개념을, 요즘 세상은 갈수록 인정하지 않고 있다."는 말로 음악이 부재된 현실을 비판한다. 우리에게 잘 알려져 있지 않으나, 조선시대 중관해안(中觀海眼, 1567~?)선사라는 분의 시 중 다음과 같이 일상이 수행임을 나타내는 내용을 찾을 수 있다.

> 배가 고파오면 밥 먹고 피곤 오면 잠을 자니
> 다만 이 수행은 그윽하고 더욱 그윽하다.
> 세상 사람에게 알려줘도 모두 믿지 않고

---

1) 다니엘 바렌보임(1942~)은 아르헨티나 출신의 유대인 음악가이다. 피아니스트로 출발하여 현재 지휘자로 활동하고 있으며, 절친인 에드워드 사이드와 중동지역 젊은 음악가들로 구성된 '서동시집오케스트라'를 창단해 연주활동을 펼쳤다. 정치적 이견과 반목을 넘어서는 화합을 위해 음악과 대화로 풀어나가는 그의 행보를 인정받아 2021년 제25회 만해평화대상 수상자로 선정되었다.

도리어 마음 밖 따라 부처를 찾는구나.

김영욱, 『선의 통쾌한 농담』중에서

바렌보임은 음악의 본질적 속성을 너무나도 명쾌하게 설명한다. "음악이 담고 있는 내용은 소리 이외의 방식으로 표현할 수 없다." 우리 주변은 온통 소리로 가득하다. 비오는 소리, 창문 밖 새의 지저귐, 어느 집에선가 들리는 라디오 소리, 이 모든 것이 음악이다. 아니 지나가는 자동차 소리, 아기의 울음소리도 음악이다. 음악은 우리 주변 어디에서나 존재하며, 그것은 시간과 공간을 초월하는 감정의 언어이다. 동의하기 어려운가?

중관해안 선사가 세상 사람에게 진리를 알려주고, 가장 내밀한 수행의 비밀을 알려주어도 믿지 않는다는 말이 '빈 말이 아님'을 아는 이 얼마나 있을까? 그처럼 아무리 음악의 비밀을 알려주어도 사람들은 모두 자신이 알고 있는 음악의 지식으로 이것은 종교적 음악, 이것은 사랑의 노래, 이것은 치유의 음악이라는 등 쉽게 정의내리곤 한다. 그것이 전적으로 틀린 말은 아니지만, 음악의 본질을 알지 못하는 한, 그 말은 모두 틀렸다. 오답이다.

사람들은 음악을 매우 협소하게 이해한다. 예를 들어, 음악을 어떤 일부 전문가들의 전유물로 생각하거나, 음악을 단순한 민첩한 손놀림의 테크닉으로 이해한다. 또는 음악을 구조적·화성적으로 해부하는 학문적 관점에서만 탐구하거나, 종교적 관점으로 한정해서 바라본다. 이러한 이해 또한 부분적으로는 옳으나 음악에 대한 올바른 이해는 아니다. 오답에 가깝다.

고대부터 음악은 반드시 배우고 익혀야 할 그 어떤 것이었다. 서양

에서는 고대 그리스부터 자유인들을 위한 학예(자유학예)를 두었다. 즉
교양 교과목이라고 이해하면 되는데, 이를 3학(三學, Trivium) 4과(四科,
Quadrivium)라고 한다. 문법, 수사학, 논리학(3학)과 산수, 기하학, 천문
학, 음악(4과)이다. 중세 유럽에서는 자유학예를 배워야 비로소 법학, 의
학, 철학 등 전문부에 들어갈 수 있었다. 자유학예 중 음악이 수의 원리
를 기본으로 하는 수학적인 분야들과 한데 묶여있는 것이 흥미롭다. 이
것은 음악이 수학적 논리를 기본으로 하고 있다는 의미이기도 하다. 그
리고 전문학문 분야를 서포트하는 학문이라는 의미도 담고 있다.

　한편 중국에는 《주례(周禮)》에서 말하는 여섯 가지 기예를 뜻하는 육
예(六藝)의 분류체계가 있다. 6예는 예(禮), 악(樂), 사(射), 어(御), 서(書), 수
(數)이며, 이는 각각 예학(예법), 악학(음악), 궁시(활쏘기), 마술(말타기 또는
마차몰기), 서예(붓글씨), 산학(수학)에 해당한다. 또한 인도에서는 전통적
으로 베다의 보조학문(vedāṅgas)이란 체계가 있다. Śikṣā(음성학),
Chandas(운율학), Vyākaraṇa(문법학), Nirukta(어원학), Jyautiṣa(천문
학), Kalpa(제례학)의 6가지이다. 여기에서 음악과 가장 밀접한 것은 운
율학(chandas)이다. 베당가의 하나인 운율학을 배우는 이유는 베다와 같
은 고대 경전은 암기하기 쉬운 시 형식으로 구전(口傳)되었기 때문이다.
운율을 제대로 익히지 못하면 경전을 올바르게 전달하거나 문장을 만들
수 없다. 그래서 경전들은 반복적인 리듬과 멜로디 패턴을 포함하여 뚜
렷한 운율적 특성을 갖는다. 그리고 부가적으로 이러한 소리의 반복은
명상적이고 영적으로 고양된 분위기를 조성해서 종종 명상음악을 대신
하기도 한다.

　우리가 오늘날 음악에 대해 떠올리는 이미지와는 달리, 고대 동양과
서양에서 음악은 단순히 귀를 기울이는 예술의 한 형태를 넘어, 학문의
중요한 분야로서 크게 인정받았다. 음악의 이러한 위치는 단순히 음악

의 미학적인 가치 때문만은 아니었다. 첫째로, 음악은 고대 사회에서 천문, 수학, 철학과 함께 학문의 근간을 이루며 우주와 자연의 법칙을 이해하고 표현하는 도구로 여겨졌다. 특히 서양에서는 기원전의 피타고라스가 '음악의 조화'를 통해 우주의 조화를 설명하려 했으며, 이러한 관점은 중세 유럽의 교회 음악에도 큰 영향을 미쳤다. 둘째로, 동양에서 음악은 정신의 수련과 교화의 수단으로서 중요하게 여겨졌다. 중국의 고대 철학에서 음악은 도덕과 인격을 닦는 수단으로 간주 되었으며, 이러한 사상은 나라와 사회의 안정과 조화에 기여하는 중요한 역할을 했다. 이와같이 고대 동서양에서 음악은 단순한 예술 이상의 가치를 지니며, 인간, 자연, 그리고 우주와의 관계를 탐구하고 해석하는 중요한 수단으로 간주되었다.

2. 언어로서의 음악, 그리고 종교

지금까지 음악이 갖는 보편성에 대한 내용을 살펴보았다. 이제는 언어적 측면에서 음악을 이해해 보자. 인간은 언어적, 사회적 존재인 동시에 음악적인 존재이다. 왜냐하면 인간은 이성과 감성의 존재이기 때문이다. 인간은 이성을 통해 사회적 존재로서 살아간다. 감성을 통해 예술적 존재로 살아간다. 예술 가운데 감정의 언어를 가장 잘 쓰는 것이 음악이다. 따라서 음악은 감정을 표현하는 언어라고 할 수 있다. 이성의 언어는 텍스트화 된 언어라면, 감정의 언어는 소리라는 언어형식으로 나타난다. 우리는 이 두 언어를 모두 적절하게 잘 사용할 수 있어야 한다.

흔히 인간은 이성과 감성이 조화를 이룰 때 균형 있는 삶을 산다고 한다. 이성이 너무 강하면 인간미 없이 차갑다는 오해를 받기도 하며 감성이 너무 발달하면 논리적인 침착성을 가져야 한다는 소리를 듣는다.

'차가운 머리, 뜨거운 가슴'이라는 말은 이 두 가지 언어를 모두 사용할 수 있어야 한다는 의미이다.

그러면 종교는 이성과 감성 중 어느 쪽에 더 가까울까? 모든 종교는 문자 언어로 기록된 텍스트를 기본으로 한다. 이 말은 종교는 이성의 측면이 강하다는 의미다. 그런데 정말 그런가? 클래식 음악 가운데는 종교적 목적을 위해 작곡된 작품들이 있다. 잘 알려진 미사(Mass)와 레퀴엠(Requiem, 진혼곡)등은 종교 의식이나 예배의 수단으로 사용되어 왔다. 이들을 흔히 종교음악 혹은 전례음악이라도 하는데, 이는 종교가 감성의 언어를 사용한 대표적인 예라고 할 수 있다. 적극적으로 감성의 언어를 활용하는 종교는 기독교, 힌두교, 이슬람을 들 수 있다.

그러면 불교는 어떤가? 불교는 초기불교 이래 이성을 더욱 중시하는 전통을 갖고 있다. 그래서 많이 오해하는 것 가운데 하나가 고따마 붓다가 음악에 대해서 부정적이었다는 것이다. 그런데 사실 붓다는 음악을 즐기거나 연주하는 것 자체를 나쁘다고 한 적은 없다. 다만 수행과 덕성을 함양하는데 방해가 되는, 즉 유혹의 요소로써 음악에 대한 과도한 탐닉을 경계했을 뿐이다. 이 두 가지를 명확히 구분하는 것은 매우 중요하다. 왜냐하면 불교 역시 감성의 언어를 자유자재로 잘 써야만 하기 때문이다.

이성의 언어와 감성의 언어가 조화를 이룰 때, 부처님의 가르침이 더욱 효과적으로 잘 전달되고, 또한 가슴의 울림을 경험한 사람들은 붓다의 가르침에 더욱 열성적일 수 있게 된다. 가슴의 울림은 이성적 언어보다는 감성의 언어로 더 잘 표현될 수밖에 없다. 음악은 말로 표현하기 어려운 신성한 감정과 경험을 전달하는 데 매우 효과적이라는 것은 이미 역사가 증명하는 바이기도 하다.

3. 불자 피아니스트

나는 피아니스트이다. 만 네 살, 피아노를 접한 이후 피아노 연주는 나의 까르마, 업이 되었다. 그리고 연주 활동과 더불어 대학에서 피아노 전공 실기와 그에 해당하는 이론 과목, 그리고 교양 음악 강의를 하고 있다. 또한 학문 분야를 넓혀 나의 종교인 불교에 대해서도 연구하고 있다.

그런데 내가 자주 듣는 질문 중 하나는 '클래식은 기독교 음악 아니야?'이다. 이 질문을 조금 더 자세하게 풀이하자면 '클래식 음악은 죄다 기독교 노래인데, 왜 이 피아니스트의 종교는 불교인가?'이다. 오해와 편견으로 가득 찬 질문이다. 이 질문에 의하면 필자는 '불자로서 기독교 음악을 연주하는 자'인가? 물론 아니다. 나는 당연히 단 한 번도 기독교 음악을 연주한다는 생각을 해 본적이 없다. 왜냐하면 클래식 음악은 기독교 음악이 아니기 때문이다. 다음과 같은 질문 몇 개로 증명이 가능하다. 베토벤의 소나타 〈월광〉은 기독교 음악인가? 쇼팽의 전주곡 〈빗방울〉은 기독교 음악인가? 물론 아니다. 고대 그리스에서 서양 클래식 음악의 연원을 찾을 수 있고 그들의 문화적 배경인 기독교를 기반으로 전개되어 왔다는 이유로 클래식 음악이 모두 기독교 음악이라 할 수 없는 것은 조금만 생각해보면 쉽게 알 수 있다.

그런데 아이러니하게도 클래식이 기독교 음악이 아니냐고 묻는 사람들이 '명상음악'이나 '음악명상'에 관해 이야기할 때면, 필자에게 '선생님이 해야하는 거 아닌가요?'라고 말한다. 분명 조금 전까지 나는 이상한 불자였는데 말이다. 이러한 아이러니는 클래식 음악에 대한 단편적 이해와 명상음악 혹은 음악명상에 대한 피상적 이해에서 기인한다.

현재의 기독교(개신교와 천주교 모두) 교회에서는 합창단 형태의 성가대가 예배 음악을 담당한다. 서양에서 유래된 종교의 전례음악을 클래식 합창단이 책임지는 것은 당연하다. 그렇다면 불교는 어떠한가? 상당히 많은 절에 합창단이 존재한다. 서양음악의 합창단과 구성이 같다. 지휘자와 피아노 반주자, 그리고 각각의 성부를 맡은 단원들이 있다. 그런데, 우리나라 불교음악을 전공하거나 연주하는 많은 분들은 '불교음악은 우리나라 역사와 함께 했으므로 우리의 음악(국악)을 바탕으로 발전되어야 한다'고 한다. 이 부분에 대해 조금 더 생각해보자.

서양음악의 미사나 레퀴엠 등의 종교음악은 예배를 위해 연주되는 '전례음악'이다. 종교음악 중 예배에 사용하지 않고 연주 무대를 위해 작곡되는 '비전례 종교음악'도 존재한다. 이 곡들은 예배에서의 찬양이나 전도를 목적으로 작곡되는 경우도 있지만, 순수하게 장르를 빌어와 무대에서의 연주만을 위해 작곡되는 경우도 많다. '비전례 종교음악'의 대표 장르가 '오라토리오[2]'이다. 불교음악의 경우, 연주 무대를 위해 작곡되는 비전례 종교음악은 국악을 기반으로 하는 작품들이 많이 작곡되는 것도 상당히 좋은 일이다.

그러나 국악과 불교와의 관계를 살펴보면, 생각보다 그 연결고리는 상당히 약하다. 불교가 국교였던 삼국시대와 고려시대의 음악은 현재 악보도 존재하지 않고, 구전되지도 않아 그 음악의 형태를 알 수 없다. 송(宋)나라를 통해 들어온 '보허자(步虛子)'와 '낙양춘(洛陽春)' 정도만 남아 있을 뿐이다. 반 클라이번 콩쿠르에서 우승한 피아니스트 임윤찬이 언

---

2) 오라토리오(oratorio)는 종교적인 내용을 기반으로 한 음악극을 말한다. 무대나 연기, 의상이 배제된 채로 공연이 이루어지며 해설과 독창, 그리고 합창으로 이야기가 전개된다. 종교적인 내용을 담고 있지만 예배를 목적으로 하는 전례음악이 아닌 개별적인 종교음악의 형태를 띠고 있다. 오라토리오는 20세기에 들어서는 구소련 사회주의 체제의 선전이나 국가주의적인 내용을 포함하는 작품들도 생겼다. 종교적인 내용을 극화한 오라토리오는 서양문화권에서는 성경의 내용이 중심이 된다. 그러나 동양문화권을 기반으로 하는 오라토리오는 불교, 유교, 도교 등 다양한 종교 이야기를 음악극화 하는 것 역시 가능하다. 작곡가 윤이상(1917~1995)의 오라토리오 〈옴 마니 파드메 훔!(연꽃 속의 진주여!)〉는 최초의 불교 오라토리오로 이 작품이 가지는 역사적, 음악적, 종교적 가치는 상당히 높다.

급하여 화제가 되었던, 신라 시대 우륵의 '애절하지만 슬프지 않은(哀而
不悲)' 가야금 뜯는 소리는 특정한 작품이나 연주법을 가리키는 것이 아
니라 그의 음악적 사상을 나타낸 것이다. 즉, 우륵의 연주와 그가 작곡
한 작품을 재현하는 것은 불가능하다.

　현재 우리에게 익숙한 국악은 대부분 조선시대의 음악이다. 숭유억
불 정책으로 인해 조선시대의 국악은 불교와의 연결성은 상당히 약하다
고 볼 수 있다. 굳이 연관성을 찾자면 '영산회상불보살(靈山會上佛菩薩)'
의 일곱 글자, 그리고 불교음악의 가장 중요한 범패, 염불 그리고 승무
정도를 들 수 있겠다. 민속악의 몇몇 노래가 염불과 관련이 있지만, 엄
밀히 말하면 이들은 '전례음악'과는 거리가 멀다. 오히려 유교를 근간으
로 한 조선 시대의 제례음악(전례음악)은 문묘제례악, 종묘제례악 등이고
이 역시 조선시대의 국악의 일부분일 뿐이다. 이것은 서양 클래식 역사
에서 르네상스 시대 이후 기독교 관련 음악이 클래식 음악의 일부분만
차지하는 것과 같은 맥락이다.

　이런 상황에서 현재 각 사찰의 합창단이 연주하는 찬불가는 절반 정
도는 서양의 합창곡과 유사한 스타일이고, 절반은 국악 스타일의 선율
을 기본으로 하고 있다. 그러나 원래 한국음악(국악)은 서양음악과 달리
화성적인 기반이 없다. 그래서 불교 합창단이 부르는 국악스타일의 합
창곡들 중 어딘가 어울리지 않는 3화음이거나 감음정을 포함한 4, 5도
혹은 완전4도나 5도 중심의 듣기 어색한 곡들도 찾을 수 있다. 국악기
반의 새로운 창작곡이 무대에서 그날의 연주에 맞게 악기나 구성원이
세팅된 상태에서 연주되는 것은 바람직한 일이지만, 매주 사찰에서 거
행되는 법회에서 음악을 담당하는 합창단이 꼭 국악을 기반으로 해야
할 이유가 있을까? 국악기 반주가 아닌, 피아노나 키보드로 반주를 하며
국악풍의 합창곡을 꼭 불러야 할까? 21세기에 태어난 세대는 우리나라

사람들만 알 수 있다는 그 한(恨)의 감정을 체득하고 있을까? 현재를 살아가는 우리에게 익숙한 스타일의 음악이 예불과 함께해야 하지 않을까? 조금 과장된 표현으로 왜 불교음악은 국악을 고집하는 걸까?

4. 음악이란 무엇인가, 두 번째 이야기

앞에서 음악은 감성의 언어라고 했다. 음악은 무의식 혹은 잠재의식에 접촉하는 매우 신비한 힘을 갖고 있다는 의미이기도 하다. 그래서 예부터 종교나 제식에서 음악을 적극적으로 사용했다. 맷 로사노[3]는 선사시대 사피엔스들에게 이른바 인지혁명이 일어난 이유를 모닥불을 피워 놓고 노래하고 춤추면서 엑스터시를 경험한 것에서 찾는다. 음악이 우리의 뇌에 자극을 주어, 이전에 없었던 새로운 작용이 촉발된 것이라고 할 수 있다. 따라서 음악은 단순히 귀의 달팽이관을 통해 전기신호로 변환된 소리가 아니라, 다양한 진동과 진폭을 추상적으로 배열한 결과물로서의 소리이다. 음악과 뇌는 사실 직접적이기 보다는 간접적으로 깊은 연관성을 갖고 있다. 그래서 음악을 만들거나 듣고 음악에 심취하는 것, 또는 음악을 연주하는 것은 고도의 뇌 훈련 방법이라고 할 수 있다.

이렇듯 음악은 우리의 의식 저편에서 드러나지 않은 무의식의 영역을 활성화시키는 강력한 매체이다. 무의식의 영역이 의식화 되었을 때, 음악은 언어로 표현된다. 즉 음악활동이 언어능력을 촉진시키는 것이다. 그로 인해 인간은 이성의 언어와 감성의 언어 모두를 사용함으로써, 자기 자신은 물론 타자와 더욱 다양한 소통의 수단을 갖게 된다.

우리는 음악을 들으면서 때로는 감정을 공유하고, 그것을 통해 자신

---

3) 매트 J. 로사노(1962~)는 사우스 이스턴 루이지애나 대학의 심리학 교수이자 의례와 종교의 진화에 관한 저명한 권위자이다. 〈진화와 종교의 의례: 심리적 및 의례적 자원〉의 저자이다.

의 내면을 돌이켜 보게 된다. 그리고 때로는 그 감정이 과거의 기억을 떠올리게 만든다. 따라서 음악은 우리의 감정을 깊이 탐구하는 도구이며, 그것을 통해 우리는 자신을 더 잘 이해하게 되고, 나아가 타인의 감정을 존중할 수 있게 된다.

한편 음악은 문화와 역사를 매개하는 언어이다. 서양 클래식 음악을 예로 들면, 바로크, 고전, 낭만 등 각기 다른 시대와 문화에서 탄생한 음악은 해당 시대의 정신과 가치를 반영한다. 이러한 음악들을 통해 우리는 그 시대의 사람들이 무엇을 생각하고, 어떻게 느꼈는지를 알 수 있다. 이외에도, 음악은 전쟁, 혁명, 사랑, 죽음과 같은 인간의 기본적인 경험과 감정을 기록하는 역사의 일부이다. 텍스트로 전하지 못한 메시지가 음악을 통해 전해지는 것이다.

그리고 우리는 음악을 통해 사회적 교유와 연대를 강화하기도 한다. 음악 행사나 공연에 참석하면, 다양한 배경과 문화를 가진 사람들이 모여 그들의 감정과 경험을 공유하는 모습을 볼 수 있다. 음악은 경계를 넘어 서로를 연결하는 힘이 있으며, 그것은 인간의 사회적 본능을 강화시킨다.

앞에서 살펴본 것과 같이 음악은 인간의 삶과 감정, 문화, 역사, 사회와 불가분의 관계를 맺고 있다. 그것은 우리의 존재와 경험을 표현하고 기록하는 무형의 예술이다. 음악은 단순한 소리의 연속이 아니라, 인간의 복잡한 내면세계와 그 주변 세계를 연결하는 중요한 다리이다. 음악을 통해 우리는 자신을 발견하고, 다른 사람과 연결되며, 그리고 이 세상에 대한 더 깊고 넓은 통찰을 얻게 된다. 이러한 음악이 갖는 특징은 프랑스의 사실주의 작가 발자크의 말을 상기시킨다.

"음악에는 한계가 없다. 음악이라는 언어는 음에 의해서 우

리들의 마음에 어떤 상념, 혹은 우리들의 지성에 어떤 심
상을 일깨워 준다."

5. 에필로그

필자는 피아노를 처음 만났던 네 살 어느 봄날, 이미 불자였다. 불교와는 문화적 배경이 다른 클래식 음악을 전공했지만, 나에게 불교는 공기와도 같았고, 한 번도 클래식 음악과 충돌되는 지점이 있다고 생각한 적이 없다. 연주와 강의를 병행하고 학문 융합적인 글을 쓰면서 연구를 계속하다 보니 만나는 사람들마다 '어떻게 클래식 음악과 불교를 함께 이야기할 생각을 했는지' 궁금해한다. 또 '언제부터 불교에 관심을 가졌는지' 그 스토리를 알고 싶어하는 경우도 많이 있다. "저는 불자인데요"라고 하면 대부분 고개를 갸우뚱한다.

클래식 음악과 불교가 그만큼 많은 이들에게 멀게 느껴지는 것일까. 음악계에서는 내가 교회를 다니지 않는다고 이상하게 생각하는 경우는 많이 없었는데, 불교계에서는 내가 클래식 음악 전공자라는 것이 그렇게 생경한 것일까? 음악과 종교의 보편성과 특수성을 굳이 들지 않더라도 음악을 비롯한 사회문화적 현상과 종교, 이들의 본질 대한 깊은 이해와 그 연결고리에 대해 조금만 관심을 가진다면, 전혀 낯선 일이 아닐텐데 말이다.

저자 소개

박 수 영

연세대학교에서 지질학과 철학을 공부하고, 10여 년간 공기업에서 직장생활을 하였다. 이후 회사를 휴직하고 KAIST 비즈니스 스쿨에서 경영학석사과정(MBA)을 공부하였고, 동국대에서 불교학으로 석사, 인도철학으로 박사학위를 취득하였다. 현재는 동국대에서 강의중이며, 한국불교학회에서 학술이사로 일하고 있다. 주요 논저로는 산스끄리뜨어의 기원에 대한 "Proto-Indo-European 오그먼트의 기원과 역할: 오그먼트는 어떻게 과거를 지시하는가?"(인도철학 42집), 빠니니 문법의 구조를 분석한 『아슈따디아이』 따디따(taddhita) 부분의 구조"(인도연구 21권1호), 바르뜨리하리의 인도사상사적 위치를 다룬 "바르뜨리하리(Bhartṛhari)의 재조명"(남아시아연구 25권1호), 힌두이즘의 기원 문제를 다룬 "힌두이즘의 기원에 대한 재조명: 힌두교는 동인도회사(EIC)의 발명품인가"(인도철학 57집), 『포스트코로나 시대의 새 종교지평』, 『상호문화적 글로벌시대의 종교와 문화』(공저) 등이 있다.
이메일: souyoung@naver.com

이 명 권

연세대학교 신학과를 졸업하였고, 감리교 신학대학원 및 동국대학교 대학원 인도철학과에서 석사학위를 마쳤다. 서강대학교 대학원 종교학과에서 박사학위를 취득했고, 미국 〈크리스천헤럴드〉 편집장, 관동대학교에서 '종교간의 대화' 강의, 그 후 중국 길림사범대학교에서 중국문학 석사학위 후, 길림대학 중국철학과에서 노자 연구로 박사학위. 중국 길림사범대학교에서 교환교수로 재직, 동 대학 동아시아연구소 소장을 역임. 그 후 서울신학대학교에서 초빙교수로 동양철학을 강의함. 현재 코리안아쉬람대표 및 K-종교인문연구소 소장으로서 코리안아쉬람TV/유튜브를 통해 "이명권의 동양철학"을 강의하고 있으며, 인문계간지 『산넘고 물건너』 발행인이다.
저서로는 『우파니샤드』, 『베다』, 『노자왈 예수 가라사대』, 『예수 석가를 만나다』, 『공자와 예수에게 길을 묻다』, 『무함마드, 예수, 그리고 이슬람』, 『암베드카르와 현대인도 불교』가 있다. 공저로는 『오늘날 우리에게 해탈은 무엇인가?』, 『사람의 종교, 종교의 사람』, 『종말론』, 『통일시대로 가는 평화의 길』, 『평화와 통일』, 『포스트 코로나 시대의 새 종교지평』, 『포스트 코로나 시대의 평화사상과 종교』, 『상호문화적 글로벌 시대의 종교와 문화』, 『종교와 정치』 등이 있다. 역서로는 『종교간의 대화와 협력을 위한 영성』, 『간디 명상록』, 『마틴 루터 킹』, 디완찬드 아히르의 『암베드카르』, 세샤기리 라오의 『간디와 비교종교』, 한스 큉의 『위대한 그리스도 사상가들』(공역), 『우리 인간의 종교들』(공역)이 있다.

이메일: imkkorea@hanmail.net

최 자 웅

동학혁명의 현장과 본거인 고향 전주에서 조실부모의 환경으로 성장하며 파랑새의 민요와 함께 조숙하게 세계고(世界苦)에 눈 떠 일찍이 시인과 혁명가와 종교의 꿈을 지니고 그 길을 작정하게 되었다. 1980년대 초반에 김지하 시인과 원주 자택에서 만나 대화하고 시인에게서 미륵(彌勒)의 필명을 제안 받기도 하였다. 성공회에서 사제서품을 받고 노동사목의 꿈을 지니고 어려움 속에 분투하기도 하고 한신대 수학 후에 서강대 대학원을 거쳐 독일 Bocum대학에서 신학박사과정을 수료하고 성공회대에서 'Maoism과 Sunwenism의 인간이해'의 주제로 사회사상과 종교사회학 박사학위를 함. 1983년 풀빛에서 '그대여 이 슬프고 어두운 예토(穢土)' 상재한 첫 시집으로 당시 문단의 어른인 소설가 김정한 선생으로부터 '위대한 사랑의 울부짖음'이라는 평가와 신경림, 고은, 이운룡 시인들로부터 찬사와 긍정적 비평 속에서 제2시집은 독일유학의 과정 중 목도한 사회주의권의 붕괴와 함께 아픈 문명사적인 사상적 좌절과 공황상태를 〈겨울늑대-어네스토 체 게바라의 추상〉으로 엮었다. 빈민현장과 나눔의 집 원장직들을 거친 사제직의 마지막에는 사회적 약자계층으로 전락한 이 땅의 노년세대의 조직과 운동에 착수하여 〈노년유니온〉을 창립하고 상임위원장으로 활동하고, 전국시니어클럽협회장을 역임하였음. 기타를 연주하며 잔잔하고 낮게 노래하는 시인 가객(歌客)으로 잃어버린 고향상실에의 끝없는 서정과 함께 굵고 치열한 역사의식과 서사로 이루어지는 시세계를 추구하며 한민족의 분단비극을 극복하는 통일이념과 체제와 새로운 세계의 지평을 뜨겁게 응시하며 시작(詩作)과 학문에 임하고 있음. 현재 코리안아쉬람 인문예술원장직과 이곳에서 펴내는 종합인문계간지 〈산넘고 물건너〉의 편집인의 역할을 담당하고 있다. 연구논문으로는 혁명적 Ideology와 종교적 구원/ 민주주의의 이념과 기독교의 윤리적 역할 연구/ 윤노빈의 '동학의 세계사상적 의미'의 단상.1989(신생철학) / 동학혁명의 광맥에서 본 수운 최제우의 인내천 개념의 변천 및 전개. 2020 / 마오이즘의 세계인식과 평화관. 2021/ Yogissar 김지하 사상의 종교적 요소 __동학과 민중신학을 중심으로. 2022 등이 있음.
이메일: fernstern@naver.com

김 영 주

김영주(동양철학박사)는 동국대학교 일반대학원 철학과에서 철학박사 학위를 받았다. 주요 논문으로는 「『궁달이시』의 '천인유분'과 '시명관'에 관한 연구」, 「왕충의 비판유학에 관한 연구」, 「불교의 우주론과 생태 이해」 등이 있다. 현재 동국대학교 동서사상연구소 연구원 및 한양대학교 ERICA 융합산업대학원 동양문화학과 겸임교수로 있다.
이메일: yjkim7431@naver.com

강 응 섭

총신대학교 신학과를 졸업하고, 프랑스 몽펠리에3대학교 정신분석학과거쳐, 몽펠리에개신교대학교에서 프로이트와 라캉의 정체화(Identification) 개념으로 루터와 에라스무스의 의지 논쟁을 분석하여 박사학위를 받았다. 1999년부터 예명대학원대학교의 조직신학 교수로 재직하고 있고, 정신분석학 전공을 개설하여 프로이트와 라캉을 잇는 흐름의 석사 및 박사 과정을 운영하고 있다. 프로이트-라캉주의 분석가로부터 분석을 받으면서 정신분석 이론과 임상을 연결하고 있다. 또한 한국현대정신분석학회 부회장, 편집위원장, 재무이사, 한국조직신학회 편집위원을 맡고 있다. 저서로는 『동일시와 노예의지』, 『프로이트 읽기』, 『첫사랑은 다시 돌아온다』, 『자크 라캉의 「세미나」 읽기』, 『자크 라캉과 성서해석』, 『라깡과 기독교의 대화』, 『한국에 온 라캉과 4차 산업혁명』 등이 있다. 역서로는 『정신분석대사전』, 『라깡 세미나·에크리 독해 1』, 『프로이트, 페렌치, 그로데크, 클라인, 위니코트, 돌토, 라깡 정신분석 작품과 사상』(공역) 등이 있고, 그 외에 신학 정신분석학 리더십학을 잇는 다수의 논문과 다수의 공저를 발표하였다.
이메일: harmonie@hanmail.net

박 종 식(법명:空日)

유랑잡승을 자임하는 만종공일(卍宗空日)은 서울대학교와 동국대학교에서 책을 보았다. 20대의 젊은 시절 산업현장을 떠돌았으며, 30대에 백두산

언저리에서 발해와 고구려 유적지와 항일독립투쟁의 현장을 찾아 돌아다녔
다. 또한 공동체에 관심을 갖고 지내며 덕유산 자락에서 자연농법과 영성
에 대한 다양한 실험을 하였다. 40대에 출가하여 설악산과 지리산 자락의
절집과 남해 바닷가의 아란야에서 지냈다.
2020년 겨울 이래, 서울 봉은사에서 교육 및 포교 관련 업무를 담당하고
있다. 최근에는 동국대학교 객원교수로서 한국불교학회 등에도 관여하고
있으며, 한국연구재단의 연구사업에도 참여하고 있다. 주요 관심사로는 문
명비평에 초점을 둔 불교미학 검토, 생명현상을 검토하는 불교의학 연구,
선어록에 대한 신선한 해석작업 등이다. 홀로 차(茶) 마시기를 즐기며 달빛
좋은 날이면 주위 사람들에게도 향이 깊은 차를 내주곤 한다. 〈나라다 박
띠수뜨라의 박띠사상연구〉〈치선병비요경의 불교의학 연구〉 등의 학위논문
이 있으며, 저서로는 〈설악무산의 문학, 그 깊이와 넓이〉〈상호문화적 글
로벌 시대의 종교와 문화〉 등이 있다.
이메일: jyotisa33@daum.net

민 태 영

중앙대학교에서 경제학을 공부하여 관련 업종에서 근무하다 식물과 인연을
맺었다. 이후 불교 경전에 수록된 식물들을 인도와 네팔의 식물을 중심으
로 정리해 건국대학교 분자생명공학과에서 석사학위를 취득하였다. 보고서
와 자료집으로만 존재하였던 경전 속의 식물과 관련한 불교 최초의 학위
논문이었다. 동국대학교에서 대승 경전에 나타난 식물의 식물학적 실체와
교학적 의미를 불교가 자연을 바라보는 관점에서 연구해 박사학위를 취
득하였으며 동 학위 논문으로 제8회 대원불교문화상(학위논문 부문)을 수
상하였다. 또 「대승 경전에 나타난 식물들의 상징성을 중심으로 한 교법
(敎法)이해 모형 연구」로 제6회 불광 전법학술상을 수상하였다. 현재 동국
대학교 인문학술연구 교수이자 한국불교식물연구원(www.kbpi.org)원장으
로 불교 경전과 불교 사서에 수록된 식물의 자원식물학적, 종교적 활용과
식물문화콘텐츠 개발 등 식물을 통한 다양한 방식의 불교학 연구에 매진
하고 있다. 「비주얼 인문학의 실현-『삼국유사』속 식물문화원형을 바탕으
로 조성하는 역사테마식물원」,「『법화경』에서 '공덕의 과보'로 나타나는'천
화'의 의미 연구」를 비롯한 다수의 논문이 있다. 저서로『 경전 속 불교 식
물-자비의 향기를 전하다.』(네이버 지식백과 정보제공 도서)와 『마음을 밝
히는 붓다의 식물 108가지』가 있다.
이메일: tymin62@naver.com

김준희

예원학교, 서울예고, 서울대학교(피아노 수석입학)와 동대학원을 졸업하고 미국 일리노이 대학교에서 박사과정을, 샌프란시스코 콘서바토리에서 전문 연주자 학위를 마쳤다. 미국 스탠포드 대학교 Visiting Scholar를 역임했다. 현재 국립인천대학교 기초교육원에서 교양교육을 담당하고 있으며, 경희대학교, 계명대학교, 고려사이버대학교에서도 강의하며 후학 양성에도 힘쓰고 있다. 한국일보 콩쿠르, 삼익 피아노 콩쿠르, 문화일보 콩쿠르, 리스트 국제 콩쿠르 등에서 상위 입상하였고, 국내외에서 30회 이상의 독주회와 협연, 실내악 연주회를 가졌다. 법보신문에 '클래식으로 듣는 붓다', '피아노로 감상하는 불교' 등의 불교와 클래식 음악의 융합이라는 신선한 내용의 칼럼을 3년간 연재했고, 현재는 청호불교문화원 웹진에 '음악의 전당'을 기고하고 있다. 클래식 칼럼은 물론 유튜브를 포함한 다양한 매체를 통하여 클래식 음악으로 붓다의 생애와 가르침을 소개했다. 특히 BBS 라디오 '박경수의 아침저널'에서 1년간 클래식 전문 패널로 활동하며 많은 호응을 받았다. 저서로 〈클래식을 만난 붓다(2021년 세종도서 선정)〉가 있으며, 〈슈베르트의 소나타 D.960, 삶과 죽음을 통한 해석〉, 〈윤이상의 오라토리오 '연꽃 속의 진주여!'에 관한 연구〉, 〈K-pop에 대한 연구 동향 분석- 2011년부터 2018년까지의 연구논문을 중심으로-〉, 〈BTS의 노래와 유엔연설문을 소비하는 청소년의 정서탐색화 심리표상〉, 〈음악명상 연구논문 분석과 비판적 고찰〉, 〈선가귀감의 구조 분석을 통한 통합적 이해〉 등의 다양한 분야의 논문들도 발표하였다.
이메일: pianistjk@naver.com

종교와 예술

지은이 박수영 이명권 최자웅 김영주
          강응섭 박종식 민태영 김준희

발행처 열린서원
발행인 이명권
발행일 2023년 9월 27일

주 소 서울특별시 종로구 창덕궁길 117, 102호
전 화 010-2128-1215
팩 스 02) 2268-1058
전자우편 imkkorea@hanmail.net
등록번호 제300-2015-130호(1999년)

값 20,000원
ISBN 979-11-89186-35-7 03200